谷口安平 著
菊間千乃 聞き手

谷口安平オーラル・ヒストリー

終わりなき好奇心

グローバル・ジュリストへの軌跡
endless curiosity

北大路書房

序　文

松　尾　　翼

ともかく、面白い本です。そしてとても楽しい本です。読者のご家族が読まれても、まわりの方が読まれても。

それにしても、谷口先生のように、ご自分の好きなことをお好きなようにずっとやり通していらした学者も珍しい。しかもWTO上級委員のお話のように（第八章）、そういう日本人が選ばれるときに，世界中からたった一人の日本人が選ばれるというとき、先方からそういう頼みが入って来るのですから。

但し、谷口先生はその点について一言も触れていませんが、黙って谷口先生のお好きなことをやらせていらした明子奥様は、大した人だと思います。

なお、これは全く私個人の考えなのですが、谷口先生の自由を尊ぶところや学問的良心を学者としての仕事をしながら通し切っているという心の底には、海外留学が、アメリカから、アメリカ法の勉強から入ったというところにあるのではないかと思います。例えば、戦前の末弘厳太郎先生は、アメリカ留学から外国での法律学研究を始められました。そして、帰国されるやこれを東京大学法学部で、ハーバード大学でラングデル教授が始められてからまだ五〇年というケース・メソッドによる学習方法を提案し、実施されています。これは、戦前からヨーロッパ大陸の大学への留学組が多く、戦後も相当時期までそうだったと言う事実と比較すると、「学問の自由」についての学者の信念に何となく現れているのではないか、と私は思います。特に、谷口先生が留学の一番最初に行かれたのは、カリフォルニア大学バークレーキャンパスでした。このバークレー校には、第二次世界大戦前にナチズムの弾圧から逃れてヨーロッパ各地からアメリカに亡命された学者が多く、アメリカのリベラルな思想あふれる大学であったことも影響しているのではないかと思います。

ただ、たった一つどうしても触れておかねばならないのは、新民事訴訟法改正のときの話です。幸いに、三ヶ月章先生が「松尾君のところなら良いだろう」と小杉先生に言って下さったお蔭で、谷口先生に私共の法律事務所に来て戴くことができました。そしてお約束したように、全くお金も払わずに、但し谷口先生のお好きなように自由にして戴くことについては、ささやかな貢献をしたと思っております。土、日であろうと、夜の八時過ぎからであろうと、好きなときに現れて、好きなようにパソコンに向っておられます。ただとても遠慮して、ご自分一人のとき、冬と夏とは暖房も冷房も入れずに頑張っておられます。そういう学者の権化のような谷口先生を、民訴の業界は約二年間村八分にしたのです。私は戒能通孝先生の本で村八分と言うのを学びましたが、それが現実に日本社会に活きていることを初めて知りました。しかし幸い、それはもうとっくに解けました。

谷口先生、これからも、お好きな学問を続け、お好きな海外旅行とお好きな講義を続けることをお楽しみ下さい。

【まつお・たすく　弁護士・松尾綜合法律事務所】

終わりなき好奇心◉目次

▷▶写真０.１　菊間千乃弁護士と谷口安平先生

第一章

生い立ちの秘密を語る

▷▶写真 1. 1　少年時代の安平

▶戦争末期の鴨川河原にて
（血液型を書いた名札をつけている）

▷▶写真1．2　大正3, 4両年祇園改丁長刀鉾稚児

▶写真中央：父・知平10歳

𝄞1　七人兄弟の上から二番目という位置

菊間　谷口先生、よろしくお願いします。先生は、一九三四年生まれということですが、昭和九年ですか。

谷口　はい、昭和九年の末の生まれです。

菊間　私の父と同い年ですね。

谷口　あぁ、本当に。そうですか。

菊間　父から聞いている幼少時代と、いくつか読ませていただいた先生の幼少時代がだいぶ違うので（笑）。

谷口　そうですか（笑）。

菊間　うちは東京なので、東京と京都でだいぶ景色が違うのかなと思うんですが。

谷口　そりゃずいぶん違うでしょうね。だけど、戦前の世界というのは、そう変わらなかったんじゃないかな。もっと、変わったかな。むしろ戦前のほうが……。

菊間　疎開とかしました？　先生は。

谷口　皆はしたんですけど、僕はその頃、結核性の肺門リンパ腺とか言われて集団疎開は行かなくて済んだんですよ。

菊間　ご家族とずっと京都にいらっしゃった。

谷口　だけど、ちょうど母の実家の岐阜県の大垣に四年生の二学期の間だけ預かってもらう感じで。その名目は、あっちのほうが食糧事情がいいから、養生と疎開を兼ねてといってましたね。その後、この家は爆撃を受けて無くなってしまいました。

菊間　先生の生い立ちからお聞きしていきたいんですけれども、ご兄弟がたくさんいらっしゃいますよね。

谷口　多いです。当時は皆多かったですよね。

菊間　先生を入れて何人くらいですか？

谷口　生き残ったのは六人です。本当は七人いたんですけど、戦後の食糧難時代に妹が一、二歳で死にましたのでね。肺炎でした。チャーチルがペニシリンで助かったというニュースの直後でしたが、日本ではまだペニシリンが使えませんでした。

菊間　当時としてはそんなに珍しくないのですか？

谷口　そうですね、当たり前でしたね。小学校の同級生なんかそれくらい普通で、もっと多い九人だとか、そんなのもいましたからね（笑）。

菊間　先生は、上から二番目？

谷口　そうなんです。

菊間　兄弟の中で、例えば長男はこういう性格とか、次女は、末っ子はこういう性格とかありますけど、七人兄弟の上から二番目というポジションがご自分の性格に与えた影響ってあると思いますか。

谷口　それは、あるんじゃないでしょうかね。特に昔の、戦前の日本社会というのは長男第一主義でしたからね。特に当時の僕の家では父の母親が支配していましたからね（笑）。

菊間　谷口家を。

谷口　そうそう。
菊間　どういう支配なんですか。
谷口　いや、もういろんなこと全部ですよね。家政も財産の管理も、お祖母さんが全部采配していましたね。
菊間　お祖父さままでなくて？
谷口　お祖父さんというのは、うんと昔、大正時代に死んでるんです。その経緯なんかも、もう言っていいと思いますけど、かなり複雑だから（笑）。昔の家族関係では長男っていうのは全然違うんですよね、ステータスが（笑）。
菊間　家族の中で、次男なりに自分は大切にされてないな、二番手っていう感じがするんですか。
谷口　そうそう、それはもうずっとそういう被害意識をもっていました（笑）。だから、長男は何かにつけて、第一で、お菓子をまず取るのは長男。次男というのは、だいたいあの時代の兄弟の関係というのは、次男は虐げられて、ひねくれるんですよ（笑）。三男は反発してね、だから三男はやんちゃだということを昔から言うでしょう。
菊間　あぁ、そうですね。
谷口　ああいう序列制というのかな、ああいう中では、次男は小さくなるだけだけど、三男くらいになると反発してね（笑）、やんちゃになるんです（笑）。まさに、うちの三男は一番やんちゃでしたね。
菊間　しかも、お兄さんと一歳しか変わらないんですね。
谷口　一歳半くらいですね。
菊間　そこで、先生がもし長男だったら、先生のその後の人生って変わってるんですかね。

谷口　変わったかもしれませんね。
菊間　お兄さまは何をなさって……
谷口　結局、銀行員になって、別にどうってことなしに定年前に関連会社みたいなところに移って、小さな会社の専務みたいなのになって。それはいくつくらいまで働いていたのかな、その後もお金持ちの財産管理みたいなことをずっとしていたようです。

𝄞2　誰かに法律学者を引き継いでほしい

菊間　では、結果的には先生、お父さまも学者さんでいらっしゃるので、谷口家の家としての文化を継いだのは次男の先生ということですね。
谷口　そういうことになりますね。父は僕らが小さい頃から「誰か一人は法律学者にならなければいけない」みたいなことを言っていましたね、口癖みたいに（笑）。なぜかというと、昔の学者は蔵書を抱えこんでるんですよね。
菊間　はい。
谷口　すごい大きな書庫があってね。
菊間　お家にあったんですか。
谷口　はい、お家に。びっしり上のほうまで本が詰まっているんですよ。結構大きな書庫でしたね。
菊間　どのくらいですか。

谷口　六畳間くらいはあったんじゃないかな。鉄筋コンクリートでね天井まで本が詰まっていて大きな梯子がかかっていました。火事になっても本は焼けないようにというので、そこだけ鉄筋コンクリートで増築してすごい鉄扉には八星の家紋がついていたんです。和風の家なんですけど（笑）。

菊間　そこだけ（笑）。それくらい大事なもの。

谷口　だということだったんでしょうね。洋書なんかもいっぱいあって、留学した時に買ってきたような、古典的なドイツの本とかね。僕らが大きくなってから見てみたけど、全然読んだ気配がなくてね（笑）。虫がいっぱいついていてね（笑）。まぁ、でも学者としては、そういう蔵書を持たないといけなかった時代なんじゃないですかね。だから、「本がもったいないから、誰か法律学者にならないといけない」と我々が子どもの頃から言ってました。かえって子どもたちは皆反発してね（笑）。

菊間　先生、その時に「じゃあ、僕が」って思わなかったんですか？

谷口　そんなこと全然思ってませんでした。だけど、それは小学生くらいのことでね、もうちょっと大きくなってからはそんなことも言ってなかったけど、だけど中学生くらいまでは言っていたかな（笑）。

菊間　小さい時に両親の書斎なんて入ると、父親が買ってる本とかお仕事で使うものを見ていると、ものすごく大人の世界に入るというか、意味がわからないけど、ワクワクするような感じが、私はあったんですけど。

谷口　そういう感じは全然しなかったですね。あまりにも日常的だったからかな。

菊間　書庫は入ってもよかったんですか。

谷口　書庫は別に鍵はかかってなかったからね、でも、僕らが小さい時は書庫は怖いところでした。というのは、悪いことをすると書庫に入れられてね（笑）。
菊間　罰として書庫に入っていなさい、みたいな（笑）。
谷口　母親にグワッと抱えられてね。僕は放り込まれたことないんです。その直前まで行って、ぎゃあぎゃあ泣き叫んで、「許して、許して」と言って「これからはちゃんとします」って言うと、大抵は許してくれるんです。僕の次の弟、三男はもっと悪かったから、弟は何回か入れられてました（笑）。
菊間　へぇー（笑）。
谷口　こどもの頃の思い出としては鮮明に残っています。
菊間　弟さんはいくつ下なんですか。三男の。
谷口　三つ下ですね。
菊間・では、もう一緒に育ったっていう感じですか、三つ下なんで。
谷口　そうですね、次の弟は一緒でしたね。その弟はずいぶんいたずらというか、三男坊的なところがあったから。僕の友達なんかが遊びに来るでしょう。その友達に悪さをするんですよ、それもかなり悪質なことをいろいろしたみたいでね（笑）。
菊間　悪質なことって何ですか。
谷口　何したのかな、ウンコを投げるとかね（笑）。
菊間　それは相当な悪ガキですね（笑）。
谷口　そうなんです（笑）。だから、友達が遊びに来ると最初の質問が「あいつはいるか？」と言ってね（笑）。
菊間　その三男さんは、その後何を。

▷▶図表1.1　生家・京都大学・結婚後の安平自宅：周辺地図

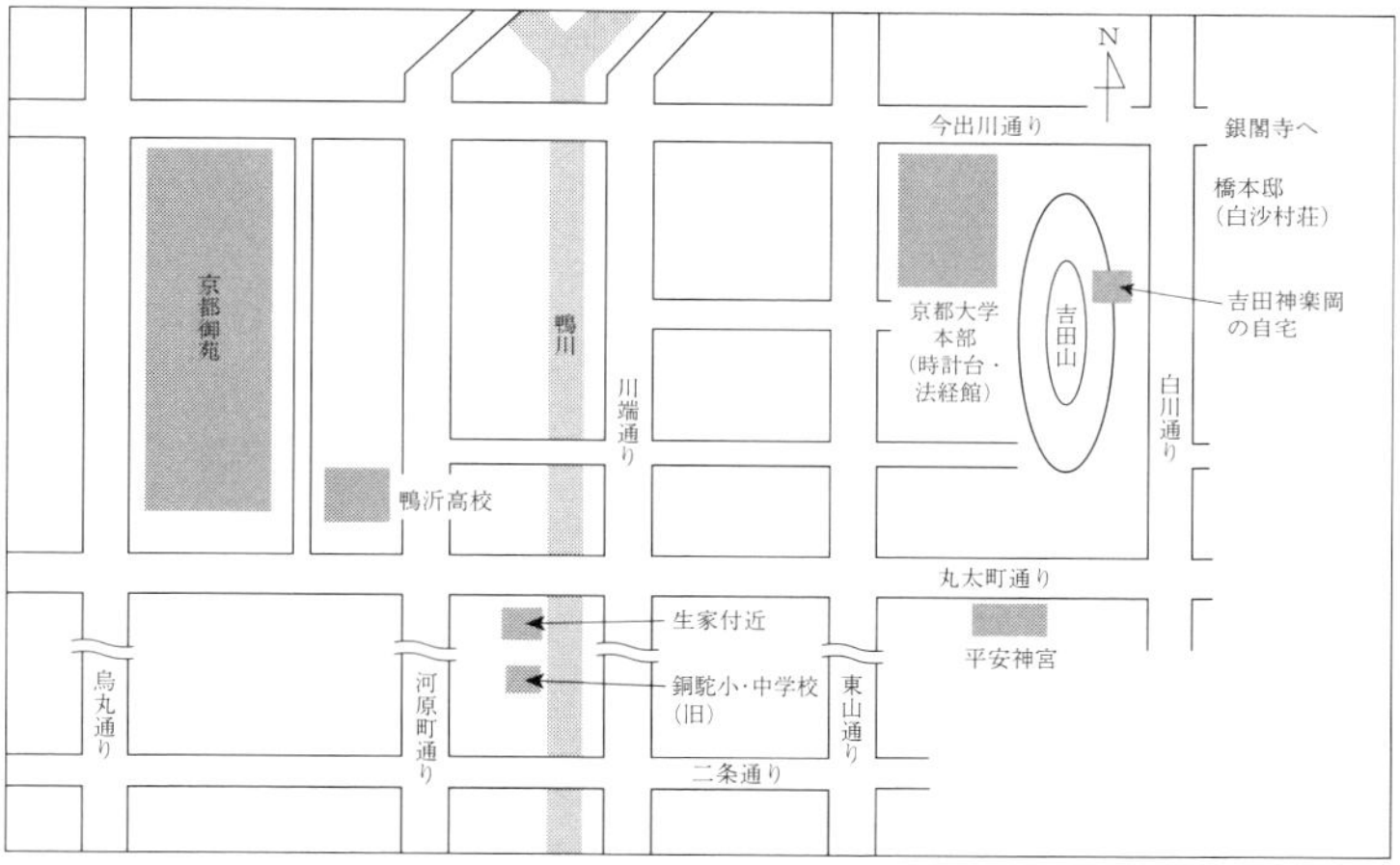

谷口　それがね、京大の経済学部からトヨタ自動車に就職してね。子どもがなかった父の姉夫婦の養子になり飯田姓に変わりました。それで五〇過ぎで、関連会社へ移って、そこの社長・会長になって終わりましたけど。ついでに言うと、四男は慶応の経済学部から松下電器に就職して松下幸之助さんが作ったPHP研究所へ移って松下さんの肩を揉んだり伝記を書いたりしていました。五男は同志社大学へ行って卒業後大学職員をしていたのですが、今は京都で現代版画の画廊を経営しています。最後が唯一の妹で英文学者と結婚して京都に住んでいます。

菊間　先ほど、お祖母さまの話がありましたけど、谷口家の家庭の教育方針はどういうものだったのですか。

谷口　どうなんでしょうね。あの頃は、今でいう教育方針みたいなものはなかったんじゃないかな。結局、明治生まれの人ですからね。どうなのかな、教育方針……。僕の父は、もう書斎にこもりきりでね、結構大きな家だったんですよ、六五〇坪くらいの敷地で。

𝄞3　大富豪伝説？

菊間　六五〇坪！　先生が生まれたところ？　六五〇坪？　京都で。当時としてもすごく大きいですよね。

谷口　大きいです。そりゃ、近所ではものすごく大きな家でね。近所からはずいぶん金持ちだと思われていたみたいですけど。

菊間　いや、金持ちですよね、それはね（笑）。

谷口　昭和六（一九三一）年に六万円で買ったとか言ってましたけどね。

菊間　その六五〇坪を？　今でいうといくらくらいなんでしょう。

谷口　どのくらいになるのかな。

菊間　お父さまが買われたんですか？

谷口　いやいや、お祖母さんが父の名義で。

菊間　お祖母さんが？

谷口　大正時代にお祖父さんは死んでいますからね。そのお祖母さんが全部家政を取り仕切っていました。もうちょっと言ってしまいますと、お祖母さんというのはお祖父さんのお妾さんだったのね。正妻がもちろんいたわけですよ。ところが、正妻の子どもが五人くらいはいたのかな。それが全部女の子だったんです。昔はとにかく、男の子がいないとどうにもならないわけで。それで、お妾さんをつくって家系の存続を図ったということらしい。

お祖父さんという人は、今でいうと不動産業で財を成した人なんですよね。丹波の山奥みたいなところから裸一貫で出てきて酒屋で丁稚奉公をしながらお金をこつこつ貯めて土地を買って。あの頃は、京都市の発展時代だったから、土地転がしみたいなことをしていたと思うんですよ。「星丹」という漢方薬を開発して薬屋もしていたと聞いています。

菊間　先見の明がおありだったのですね。

谷口　それで、結構財産をつくったみたいですね。それで、男の子が必要だからというので、借家に住んでいたかわいい女の子をお妾さんにしたらしいですよ。

菊間　それがお祖母さま。

谷口　そう（笑）。その話は母がお祖母さんに聞いたんでしょうね、何かの時に。お祖父さんにお伊勢参りに連れて行ってもらった時に、ご縁ができたんだということです（笑）。なんだか微妙な話を聞かされましたけど（笑）。

菊間　お父さまはご兄弟はいらっしゃるんですか。

谷口　きょうだいはいるんですけど、みな女の子。

菊間　では、男の子一人。

谷口　お祖父さんという人は、よほど精の強い人だったんでしょうね。本妻のところは女の子ばかり、お妾さんをつくってみたらそこも女の子ばっかりで（笑）。

菊間　ようやく生まれたのがお父さま。

谷口　ようやく末っ子で生まれたのが僕の父だったんですよ。だから父が生まれたときはかなりの歳で、父が旧制高校時代に亡くなってしまいました。父の姉たちは、本妻のところに女の子がいっぱいいるから、もういいわというので、生まれた女の子は直ぐ養女に出しちゃったんです。ただ、実母との関係はずっとあったので、僕が子どもの頃からそのおばさん達はしょっちゅう家に来ていました。そのうちの一人は花街の祇園に養女に出されて、有名な芸妓になってブロマイドが良く売れたそうですよ。

菊間　となると、もう待望の男の子で、お父さまはお祖父さまにとても大切にされたのですね。

谷口　もちろん父は直ぐに認知されて谷口姓になり、両親と同居することになったようです。当時は祇園祭の鉾町に住んでいたので、有名な薙刀鉾の稚児を二年連続で務めたということです。随分お金を使ったはずです。神社仏閣への寄付はいろいろしたようですが、有名な清水寺の舞台の欄干に付いている「ぎぼし」の一つに「谷口文次郎大正〇年〇〇円寄進」と彫ってあるのがあります。結構歳を取ってからの子どもだから、それこそベタ可愛がりだったのでしょうね。

祖父は、私の父が一七歳の頃に死んだのですが、六〇いくつくらいだから、当時の人としては普通の死に方らしいですね。僕は全然知らないです。写真もほとんどなくて。神官の服装で笏を持った小さい銅像が座敷にありましたね。雅楽にかなり凝っていたようです。祖父は全財産を父に相続させるという遺言をしたそうです。しかし、それでは本家と揉めるので、祖母の英断で全遺産を折半したそうです。

菊間　それで、お父さまはお祖父さまの不動産業は継がなかったんですか。

谷口　それはもう、学者になってしまいましたから。不動産業というより、残された不動産の管理をしていたのはお祖母さんです。帳場みたいなのがあって、そこに座って帳簿をつけてましたね。

菊間　この前、NHKの朝の連続テレビドラマで「あさが来た」ってやってたじゃないですか。あの〝あささん〟みたいなものですね、お祖母さまは。自分で経営、帳簿をつけて。

谷口　そうですね。お祖母さんがやり手というか、しっかりしてるというか、そういう人だったと思いますね。
菊間　お祖父さまの財産を守って、むしろ増やしたくらいに（笑）。
谷口　増やしてはいないんじゃないかな。だけど、戦前は京都でかなりの、一、二を争うかは知らないけど、土地家屋を持っていたそうです。でも戦後の財産税ですっかり減りました。
菊間　すごーい。では、六五〇坪のご自宅以外にもたくさん？
谷口　いや、その自宅はもともとお祖父さんのものじゃなくて、父の家族はその近所の頼山陽の旧宅がある東三本木というところに住んでいて、そこから父は大学へ通っていたそうです。その家に今、奥田昌道（京大名誉教授：民法）さんが住んでいます（笑）。その近所に昭和の初めの頃に、ちょうどあの頃バブルがあったでしょう。第一次大戦による大正時代のバブルです。
菊間　その頃に、バブルっていうのがあったんですね（笑）。
谷口　バブルとは言わなかったけど（笑）。第一次世界大戦景気ですよね。
菊間　戦争特需みたいな。
谷口　日本は戦争しないで金だけ儲けたんです。それで成金がいっぱいできたわけです。その時には株が上がってね、京都のある株屋さん、すごく儲けて、昭和の初め頃に豪邸を建てたわけです。そうしたら、すぐに大不況が来て、株屋さんが倒産しちゃったんです。それで売りに出したのを、うちが買ったんです。六万円で買ったって言ってましたかね。
菊間　それで、お祖母さまがそこで。すごい、やっぱりすごいですね。

谷口　だいぶあとの話ですけど、その株屋さんは、比較的近所に住んでいて、そこの息子か孫が高校の同級生だったんです（笑）。それで「世が世なら、おまえの家に俺が住んでいたんだ」って言ってね（笑）。

菊間　すごいですね。そういう話を堂々と、それは孫の世代になるんですかね、してるのがおもしろいですね。

谷口　僕はそこで生まれて、兄は病院で生まれたらしいんです。あの当時は病院で生まれるのは割合モダンだったんですよね。僕は自宅に産婆さんが来て生まれたらしいんですけど（笑）。大きな立派な庭園があって、全然使わない別棟の茶室もありましたね。大きな岩があって、そこから滝が流れて、庭園内に川が流れていたそうですが、「家相に悪い」と言われたそうで滝を止めて池だけがありました。

菊間　家の中で。

谷口　うん。お庭にね。大きな石や岩がいっぱいありましたから、小学生の頃は友達が来て、そこで戦争ごっことかして、岩から落ちたり。

菊間　そこに何人でお住まいになっていたんですか。

谷口　お祖母さんでしょ、両親でしょ、子どもがだんだん増えてきたわけですけども。えー……

菊間　三、四、五、六、七人、あっ、六人か。先生を入れて。で、お手伝いさんが……

谷口　お手伝いさんが最大で五人いたようです。

菊間　はぁー。

谷口　あの頃は、立派なお屋敷に奉公するというのが、地方の女性の嫁入り条件だったらしいですよ。

菊間　テレビドラマで見たことがあります（笑）。

谷口　口入れ屋といってましたけど、紹介する業者があって、そういうところからいくらでも供給はあったみたいですね。だから、僕らが子どもの時は「マサエさん」とか、今も名前は覚えていますけどね。夏なんかは天橋立とか、若狭湾の海水浴場なんかに子どもを連れて両親が行くんですけど。母親にとってみたら、一週間ほど行くのはお祖母さんから逃れるいい機会だったかもしれないと、あとから思いましたね。そういう時も女中さんを二人くらい連れて行って、子どもの世話をさせるという優雅な生活でしたよね。

菊間　「安平お坊ちゃま」とか言われていたんですか。

谷口　「安平さん」って言ってましたね。「安平ちゃん」だったかな。コウ（行）平ちゃんというのが僕の兄で、ヤス（安）平ちゃん。次の弟がヨシ（吉）平ちゃんです。

菊間　全員「平」がつくんですか。

谷口　ええ、全部、平、が。

菊間　お父さまも「平」がつくんですよね。「知平（ともへい）」さんですね。お父さまからですか。お祖父さまも？

谷口　僕の父からですね。僕の父が男の子にはみんな「平」をつけようと思ったんでしょうかね。そうしたら、男の子ばかり、五人も生まれたから（笑）。

菊間　お祖父さまの思いをお父さまが結実させた（笑）。

谷口　本当にそうですね。だからコウ（行）平、安平、ヨシ（吉）平、ゼン（全）平、ウ（宇）平と。最後のほうになると、種切れになってきて（笑）。

菊間　その「平」には、どういう意味が込められてるって聞いたことあります？

谷口　それはあんまり聞いたことないですね。だけど、「平」のつく人は多いからね。
菊間　じゃあ、先生のお名前の「安平」は、なぜ「安平」になったかは聞いたことあります?
谷口　特に聞いたことはないですけどね。だけど平和に、安らかにと思ったんじゃないでしょうかね。
菊間　その頃は、まだ日本は戦争っていうのはないし。
谷口　戦争は、いわゆる日華事変（盧溝橋事件）かな、中国での戦争は始まってはいました。でも国内は全く平和だったと思いますね。昭和九（一九三四）年っていうのはね。僕らの小さな頃のことは、覚えてはいませんけど、写真なんか見るとすごい優雅ですよね。天橋立てで、女中さん二人と家族が写ってるみたいな。
菊間　そのお家にいつまでいらっしゃったんですか。
谷口　その家には結婚するまでいました。
菊間　ずっといらっしゃったんですか。
谷口　はい。
菊間　今、そこはどうなっているんですか。
谷口　そこはね、僕の兄が単独で相続したんですよ。相続する前かな、まだ親父が生きてる時かな、説得して大きな立派な家屋敷を壊しちゃって、庭の大木も伐採して、マンションを建てたんですよ。
菊間　もったいない!
谷口　ちょっともったいないですけどね。親父も、もう息子たちの言うとおりにしないとしょうがないと思ったんでしょうね。反対はしなかったけど、書庫なんかもガンガン壊すわけですよね。
菊間　鉄筋の書庫が。

谷口　そして、「お父ちゃん、必要な本だけ取っといて」とか言って、それを廊下にブァーっと並べてね。僕もその時はすでに学者になってましたから、父親がしょんぼりしながらかがみ込んで、本を選んでる姿を見て、かわいそうだなと思いましたね。兄貴は銀行員ですから能率一本で。だけど、「しょうがない。お兄ちゃんのやることだから」と別に誰も文句を言わないで。まぁ、でも少し可哀想でしたけどね。
菊間　その中から、先生が取って今も持っている本ってあるんですか。
谷口　若干、僕ももらいましたけど。だけど、専門分野が違うでしょう。あんまり役に立つ本はなかったですね。貰っても、僕も置く場所がないしね。

𝄞 4　父親のDNA

菊間　小さい時のお父さまとの思い出っていうのは、いつも書斎で勉強している父の背中っていう感じですか。
谷口　今から思うと、僕なんか比較にならないくらいよく勉強してましたね。勤務先の大阪市立大学、それはもともと大阪商科大学っていったんですけどね。それが、杉本町といって、大阪の南の天王寺から阪和線という和歌山に行く電車に乗って、何駅か行ったところなんですよ。今は、梅田から地下鉄もあるし、環状線がぐるっと回ってますから比較的早く行けます。だけどあの頃は、まだ環状線が切れていたし、地下鉄は天王寺までしか行ってなかったかな。
菊間　もうあったんですか、その当時に地下鉄が。

谷口　地下鉄はあったんじゃないかな。よく知りませんが、大阪へは京阪電車でいってましたね。そこから大学までどうやって行ったのか、いずれにしても、片道二時間以上かかったと思いますね。毎日は行かなかったです、授業のある時だけ行って。夜学があってね、あそこの大学は。だから夜学も教えて、帰ってくると一一時過ぎで、それから夕食を食べてましたね。それから書斎にこもって何か仕事をしていたみたいですよ。だから、ずいぶん身体の丈夫な人だったんですよね。それで、僕があとから見るとずいぶん物を書いてますよね。本も書いているし、論文もたくさん書いてるし。私が知っている限り、寝込んだというのは、自分の後継者として期待していた植林さんという助教授がアメリカ留学中に亡くなったときだけです。

菊間　お父さまの知平先生も本当は京都大学の教授になられるはずだったという話を聞きましたが…。

谷口　それはもう伝説的なことしか聞いてないですけど、京大では断然のトップだったらしいです、成績は。科目は二十科目くらいとれば卒業できるのに、四十何科目とってね、それが全部「優」で、未曾有の秀才だったそうです。だけど、「『おまえは京大には残せない』と言われた」と言っていましたね。お父さんのことがあるからダメだと言われたと。お祖父さんが不動産屋のがめつい人だったから（笑）、いろんな問題を起こしたらしいですね。それは僕にはあまり詳しく言ってくれなかったです。

菊間　地上げとか？

谷口　そういうこととか、刑事事件に巻き込まれたりとかね。

菊間　あらら。

谷口　だから、刑事事件で有罪判決でも受けたんじゃないですかね。だけど、僕には全然聞かせてもらえなかった。判事さんは無茶苦茶に偉い人だと思っていた、とも聞きました。お父さんのことがあるからダメだと言われたということは言ってました。だから父は「人の迷惑になるようなことはしてはいけない」と我々子ども達にもずーっと言い聞かせていましたね。自分だけが不利になるのではなくて、みんなが迷惑するということをえらく強調していました（笑）。

菊間　世代に渡って迷惑する（笑）。

谷口　身にしみてるんでしょうね。それでも、よっぽどできるというので、いまの大阪市立大学の前身の大阪商科大学がちょうどその時できたのかな、そんなわけで大学を卒業してすぐ、そこの助教授になったらしいですね。

菊間　そうすると、お父さまが初めて大学の助教授になられた頃って、大正時代ですか？

谷口　昭和です。昭和四（一九二九）年。その後、すぐ本を書いています。昭和七年に『英米契約法原理』を書いて、今のトヨタが自動織機から自動車に転向する資金を捻出するために自動織機の特許をイギリスに売ったときに相談を受けたそうです。昭和一〇（一九三五）年に『日本親族法』を書いています。これは自身の問題でもあったから、と言っていました。若くてどうしてそんなに本が書けたのか尋ねたら、同期の人が京大に残ってどんどん書いていたので負けないように頑張った、ということでした。商法の大橋光雄先生のことらしいです。

そういうことで大阪商科大学に就職して、戦後これが大阪市立大学になりました。私が高校一年か二年生の頃、京大法学部で民法の教授が足りなくなって、ついに父が京大に移るよう誘われました。いろんな先生が連日連夜見えて説得されていたようです。父も悩んでいたようですが、いろいろ「しがらみ」があったのでしょう。結局断ったようです。父は昭和七年のいわゆる「京大事件」で京大を離れた末川博先生などに私淑していて簡単なことではなかったようです。
後年大隅健一郎先生が私に語ってくださったところでは、ある先生が酔っ払って押し掛けて説得しようとしたことで潰れたということですが、そんな単純なことではなかったでしょう。この点最近はすっかりドライになって皆スイスイと異動しますね。結局父の代わりに林良平先生が神戸大学から移籍されました。もし、父が京大に移っていたら私も京大法学部に行こうと思ったかどうか問題ですし、私が後年京大に就職できたこととも関係があるかもしれませんね。

菊間　谷口先生は、ご両親のご結婚後、比較的すぐにお生まれになったんですね。昭和九（一九三四）年生まれですから。

谷口　そうですね。結婚したのが昭和六（一九三一）年じゃないかな。兄は昭和八（一九三三）年生まれです。お祖母さんが「お嫁さんが来るなら立派な家を用意しないといけない」と思って、お金があったからでしょうけど、張り切って大きな家を買ったんじゃないでしょうかね。

菊間　お母さまはどういう方で、お父さまとどう知り合われたんですか。

谷口　それはもちろん、昔のお見合いですけど。聞いているところでは母親は医者の娘なんですよ。当時は山口県の宇部にね、今の宇部興産、昔は宇部炭鉱という会社があって、そこの附属病院の院長をしていたらしいです。母はその長女でした。お見合いの経緯というと、僕のお祖母さん、母の母が当時としては珍しい日本女子大の第二回の卒業生なんです。その祖母と日本女子大で同級生だった方が、僕の親父の中学時代の京都一中の国語の先生の奥さんになっていたのです。一中ではノーベル賞の湯川秀樹先生と同級生だったそうです。湯川先生の自伝にも出てきます。「谷口知平君はトップで通した秀才だった」とか書いてあります。

父は卒業してからもその一中の先生と付き合いがあったんじゃないですかね。その先生の奥さんが自分の大学の友達の娘に適当な人がいるからというので、見合いをさせたらしいです。そういうふうに聞いています（笑）。

菊間　お父さまとお母さまはおいくつで。

谷口　母は非常に若かったですよ。女学校を出たばかりだから一八くらいですね。父は二五、六で、わりと年齢の差がありました。

菊間　大学を卒業して、そうですね二五、六歳で……。お父さまも海外へ行かれたりなさってるんですよね。

谷口　両親が結婚して兄が昭和八（一九三三）年に生まれて、その一年半後、僕が昭和九（一九三四）年の一二月に生まれたんですよね。かなり前から留学の画策をしていたんじゃないですかね。いまでもあるドイツのＤＡＡＤ奨学金がもらえて翌昭和一〇年の四月から母と二人でヨーロッパに行ったんですよね。

菊間　お母さまも子どもを産んだ三か月後にですか！

谷口　この奨学金はたいした金額じゃなくて貧乏学生が一人でやっと生活できる程度ですけど、そこはお祖母さんが出してくれたんです。

菊間　へぇー、すごい！

谷口　神戸港からクイーンメリー号で行く豪華な出発だったみたいですよ。母は節約節約の貧乏生活だったと言っていましたけれど。僕も小さな頃から、こんなに大きなアルバムがありましてね、外国での写真がいっぱい貼ってあって、しょっちゅう見てました。まず、ドイツに行って主としてベルリン大学に一年いたのかな、あとはパリに暫くいてヨーロッパをほうぼう巡って、それからアメリカを通って、太平洋から帰ってきたんですよね。もちろん、船ですからね、当時は（笑）。帰りは横浜着で僕も出迎えに行ったそうですが全く記憶にはありません。

菊間　え？　何年後に帰ってきたんですか？

谷口　二年後に。

菊間　え？　では、先生は二年間ご両親がいない。

谷口　そうそう。だからその間、僕は生後三か月で宇部のお祖母さんのところに預けられたんです。

菊間　すごいですね。

谷口　それで、僕の兄は実家というか、京都のお祖母さんのところで育てられて。だから非常に小さな時に二年間そういう体験をしているので、僕の父方のお祖母さんにしてみれば、僕より兄、長男だからかわいいということもある上に、二年間育てた子というのでまた特別な思い入れがあったんですよね。母方のお祖母さんにすれば、僕を二年間育てたから、僕も母方のお祖母さんが大好きでしたね。

菊間　自分で「お父さんは？　お母さんは？」とかって、いないと思った記憶とかってありますか？

谷口　それは全然覚えていないんです。やっぱり、二歳ですからね。全く覚えていないです。宇部では、お医者さんのお祖父さんや、結婚前の母の妹に、ずいぶん可愛がってもらったそうなんです。申し訳ないけど全く覚えていないんです。

菊間　その時代に二年間も海外って、本当に日本に何人かいるくらいですよね。

谷口　かもしれませんね。だけど、京大の先生なんか、例えば、先ほど話に出ました大隅健一郎先生という商法の偉い先生で最高裁判事にもなられた先生が一つか二つ上なんですけどね、その先生なんかも同じ頃にご夫婦で……。

菊間　行かれてる。

谷口　ええ。大隅先生もお金持ちだったのかもしれませんね。ヨーロッパで一緒に写している写真なんかを子どもの時から見てましたね。

菊間　あとでお聞きしようと思ってるんですけれども、小さい時からご両親が海外へ行っていて、その写真を見てるので、島国に生まれたにもかかわらず、海外に対する壁というか変な気構えが、先生には全くないのですかね。

谷口　それもあるかもしれませんね。子どもの時から外国というのは写真を見て、わりあい身近で、お金さえあれば行けるみたいな（笑）。だけど、外国へよく行ったのは僕だけで他の兄弟は全然行ってないです（笑）。

菊間　そうなんですか？

谷口　まぁ、ぜんぜん行ってないこともないか。次の弟はトヨタ自動車でタイとアメリカに駐在してたことがありますね。

菊間　聞くにつけ、お父さまのＤＮＡの根幹部分を先生がたくさん受け継いだんでしょうね。

谷口　かもしれませんね。僕の兄はスポーツをやり過ぎたのか高校二年生の時に結核になって一年間休学して。だから高校三年生は僕と一緒なんですよ。僕の兄は子どもの時からものすごく器用で、父は「おまえは外科医になれ」とずっと言っていたので京大の医学部を受けたんです。もちろん落ちますよね。落ちて浪人すると、僕より学年が遅れるわけです。それは具合が悪いというので、親の方針もあって、同志社大学の法学部へ入って、あとはサラリーマンになったわけですよね。もし本当に医者になってくれていたら我々も大いに助かったのに、と思うんですけど（笑）。兄とは一年違いだったから、子どもの時から仲良くしてましたね。次の弟は三年も下でだいぶ若いし、すごく三男坊的でやんちゃで、ちょっと相手にならないところがありましたけど。兄はそういうところもなくて、子どもの頃はずいぶん気も合ったのかな。なんでも二人でしてましたね。

菊間　終戦が、先生が小学校五年生の八月ですね。戦争に日本が突入してから何か生活が大きく変わったとか、その当時の思い出ってありますか。

谷口　あの当時は全然ないですね。本当に変わったというのは戦争末期で、食糧事情が悪くなって、ヤミ屋から食料を買ったりとかいう思い出はありますけど。戦争が始まった頃というのは、本当に何もなかったですね。戦争の終わりの頃になると切羽詰まって。ただ、他の都市は爆撃なんかされましたけど、京都はそういうのはなかったから物干台に上がってＢ29が飛んで行くのを見ていました。

菊間　うちの父は、畑で上から撃たれたって言ってました、Ｂ29でバババーって。それでかがんで、当たらなくて死ななかっただけだみたいな。

谷口　私の家内は兵庫県の西宮出身なんですけど、西宮球場に軍が飛行機などを隠していたそうで、あの辺は爆撃されたんですよね。だから、いつもそういう話をしています。学校からの帰りに戦闘機が来てバババーっと撃たれて、操縦している人の顔まで見えて怖かったとか言ってね（笑）。京都の人はそういう体験をしていないって批判しています（笑）。

菊間　そうか、やっぱり京都は攻撃しないっていうのがあったんですよね。

谷口　そうらしいですね。だけど、次の原爆は京都だったという説もあります。それまでに降伏してくれてよかったです。
菊間　他の都市がどうなってるとか、戦争が今どういう状況かというのはラジオで聴くんですか？
谷口　そうですね。ラジオとか新聞とかでどこが爆撃されてとかは知れましたからね。被害僅少というのが決まり文句ですから、どのぐらい正確に報道していたかは知らないけど、空襲されていたことは知っていましたね。
菊間　うちの父は小学校五年生で終戦になっちゃって、小さい時は早く自分も戦争に行ってお国のために戦いたいって思っていたと言うんですよ。
谷口　そうでしょう。普通の男の子は皆そう思ったと思いますよ。
菊間　いろんな考え方の方がいると思うんですけど、先生はどういうふうに思っていました？
谷口　あまりそういう、そこまでの元気がなかったかな。そういう教育は受けていたけど、戦争に行ってという思いはそんなに強くなかったと思います。どうしてかな。やっぱり弱々しかったんですかね（笑）。
菊間　ご病気なさったとお聞きしましたが……
谷口　病気は四年生の時に、風邪を引いたかなんかで親が病院に連れて行ったのかな。レントゲン写真を撮って、肺門リンパ腺が腫れているということかな、ツベルクリン反応も出たので結核性だという診断だったみたいで。それで食糧事情も悪いし、結核性のものは栄養が大切らしい。それで大垣はまだ田舎で、食糧事情も良いからというので、お祖母さんに頼んで、夏から預かってもらったんですよね。あの病気は、どうなったのかな、治ったのか治ってないのかよくわからないですけど、正月に帰ってきて。結局二学期だけ休んだんですけど、先生が「落第させませんから」と言ってくれて、進学できたんですけどね。

菊間　小学校は普通の公立の小学校に行かれてたんですか。お家のそばの。

谷口　歩いて五分くらいのところに通いましたね。

菊間　小さい時から神童で有名だったんですか。

谷口　神童というほどではないと思いますけど、もちろんできる方だったと思います。

菊間　勉強好きでした？　小さい時から。

谷口　好きという感じじゃなかったですけどね。その頃の小学校なんて、そんなに宿題とか出なかったしね。勉強部屋なんてものもなくて宿題をちゃぶ台でしてたのは覚えてますけど。偏差値などという観念もなかったし（笑）。だから、そんなに勉強したという覚えはないけど、クラスではできる方だったみたいですね。

菊間　本もたくさん読まれましたか？

谷口　本がね、いまだに後悔しているんですが、あんまり読んでないですね。小学校の上級生や中学生の頃は、子ども用のいろんな講談ものとか冒険小説とか、ああいうものはよく読みましたね。ああいうものも日本語はちゃんと書いてあるわけだから、国語はよくできましたね。他の子は本を読んでないから、いろんな表現、国語の先生がここはどういうことですかと聞いて、他の人はわからないけど僕はみなわかったとかそういう思い出はありますよ。昔の日本語で「くらう」ってありますね……。そういうのが教科書に出てきたんですよね。先生が「これはどういうことですか」と聞いても誰もわからないんですよ。僕はそういうのはしょっちゅう読んでいたから、手を挙げて「食べることです」とか言ってね（笑）。

菊間　なるほど。

谷口　だからその程度には本を読んでいたということです。
菊間　「ほくそ笑む」とかね、そんなことわからないですよね、ほくそ笑むとか言われても。
谷口　他の子たちはそれほど本は読んでいなかったのじゃないかな（笑）。普通の公立小学校ですからね。その学校が卒業と同時に、新制中学校になったので、同じ学校にそのまま九年間通ったんですよね。いま銅駝《どうだ》美術工芸高校になっている銅駝小・中学校です。そういう時代です。今から思うと、もう少し高級な文学ものを読んでおけばよかったと思うんですけど（笑）。高校へ入ってから、いわゆる付属校出身の子と親しくなりましたが、彼は中学一年からいわゆる文学ものを読んでいたようです。田山花袋の『蒲団』を読んで「汚いと思った」などと言ってましたが、僕は何のことかわからなかったですね。
菊間　本は図書館で借りるんですか？　それとも本屋さんがあって購入するんですか？
谷口　どうしたのかな。友達でそういうのをいっぱい持ってるやつがいてね、それで、そいつに借りたりね、貸し借りはよくしていましたね。でも、僕はどうやって調達していたのかな（笑）。やっぱり少しは親に買ってもらったりしていたかもしれませんね。
菊間　本屋さんって……
谷口　本屋さんはたくさんありました。
菊間　ありましたか。
谷口　たくさんあって、探偵小説だとか江戸川乱歩とか、ああいう感じの本で、子ども向きの二十面相とかいうのがあるでしょう。
菊間　あぁ、『怪人二十面相』……。

谷口　だから、同じ江戸川乱歩が書いた本ならおもしろいだろうと思って、大人用の探偵小説、いやらしいようなね。

菊間　いやらしい（笑）。

谷口　特有のね。『人間椅子』とか（笑）。ああいうのも中学になってから読んでましたけどね、意味はわからないままに。

菊間　じゃあ、漢字も自然に覚えますしね。

谷口　そうそう。だから本読んで漢字を覚えたり、表現を覚えたりということはよかったと思いますね。ただ、今考えるともっと本当の文学ものを読むべきだったと思います。でも当時はそういうものを全然おもしろいと思わなかったんで、たまに読もうと思って読み出したことがあるんですけれど、全然おもしろくなかったですね。低級だったのかな（笑）。

5　家庭環境と好奇心・多趣味

菊間　いやいや。化学とか生物に興味はもたなかったんですか。

谷口　生物はあまり興味はなかったけど、物理的な自然科学、それは非常に興味がありましたね。

菊間　例えば？

谷口　小学校六年か中学一年くらい、その頃から模型の鉄道を作り出したんですよ。その時は兄と一緒に作っていて、今の模型の電車というともう既製品みたいで、組み立てたら出来上がるようなのが多いですけど、あの頃はそういうのはなかったんです。車輪だけは買ったけど、台車やボディは全部自分で作ってね。台車は真鍮板を買ってきて、タガネでコンコンと叩いて型に切り出し、ボディはベニヤ板。ベニヤ板を切って、窓の所は段がついてるでしょう。ベニヤ板は三枚重ねになってますから、それを段に切り抜くと、窓枠らしくなるんですよ。そういうことをコツコツやってましたね。

菊間　細かいですね。

谷口　それで電車一台を作って。いつも部品を買いに走って行っていた模型屋さんが作品コンクールをやったときに出品しました。そうしたら一等賞を貰ってね。長いことウィンドウに飾ってもらっていました。

菊間　へぇー、すごい。

谷口　一緒に作っていた兄がとにかく器用なんですよ。外科医になれと言われていたくらいですから(笑)。ところが、ここをこうしたらこうなるとか、今でも覚えてるけど、レールから電気をとってモーターを付けて走らせるんですけど。すると、レールもそう長くないですから、端まで行ったらまた戻ってこないといけないんですね。

菊間　はい。

谷口　そこで逆転させないといけないわけだけど、レバーを回せば、今度はモーターが逆に回るようにするにはどうしたらいいのかと。当時は、そういうことを書いている本はないんですよね。それで、僕は一所懸命考えて、こういうふうに配線を繋ぎ替えたら、逆転するんじゃないかといろいろ考えて、逆転機というのを自分で考えたんです。実はそれを作るのがね、兄の役目でした(笑)。僕自身はね、何を作ってもガタガタなんです……。

菊間　設計図を書くんですか？　こうすれば、みたいな（笑）。
谷口　そうそう。アイデアを出して設計図を書くのは僕でね、実際に作るのは兄です。兄は上手に作るんですね（笑）、僕が設計したとおりに。
菊間　いいコンビですね（笑）。
谷口　その頃は仲良くして、趣味も一緒で。中学低学年の頃までは仲良くそういうことをしていましたね。
菊間　動物に興味をもったりとか。例えば、私は小さい時、アリをずっと見ているのが好きだったんですよ。一時間でも二時間でも。透明の昆虫ケースに土とアリを入れて、どうやって巣をつくるのかな、というのを、じーっと見るのが好きだったんですけど。先生は、アリとか魚とか鳥とかには、ご興味はなかったですか？
谷口　僕はやっぱり生物系より、物理系でしたね。だから電気だとかそういうことに関心があってね、生物にはあまり関心がなかったですね。
菊間　男の子らしいですね。電気とか、新しい技術とか……。
谷口　物理のほうが好きだったですよね。
菊間　小さい時、お家に車はありました？
谷口　そんなのないですよ、当時は。ただ、高校生くらいになって車に関心はありましたね。車を運転したいという気持ちは高校三年くらいからあったけど、そんなこと全然できないし。免許はもちろん取れないし。大学生の頃かな、僕の伯父が大阪で商売を始めて、うちに会社の車で来たんですよ。その時に「運転させて、させて」とか言って、違法に運転させてもらって喜んだということはありましたね、だから、ああいうことは好きだったね。

菊間　乗り物がお好きなんですね。

谷口　電車も好きで、鉄道には関心がありましたね。でも、この頃よく出てくる鉄道ファンというほどの域までは達していません（笑）。機械が好きで、幼稚園の頃かその前か、お手伝いさんに付いて来てもらって近所に停めてあったオートバイを一生懸命写生したことをかすかに覚えています。機械のガチャガチャしたところが好きだったみたい。

菊間　その頃は将来はこういう人になりたいとか、あこがれる職業とかありました？

谷口　どう思っていたのかな。僕の父親が「法律学者に一人はならないといけない」とか言うから、そういうことには反発してましたね。どっちかっていうと、理科系に進みたいと思っていましたね。高校の頃まではそう思っていたんですけど、だんだん理科系とはどういうものかわかってきて、高校三年生のクラスに理科系に行くことが決まってるみたいな奴がいて。やっぱりものすごく数学ができるんですよね。そいつは京大の工学部に行ったんですけど、理系に行ったらこういう奴と競争しないといけないと思うと、とてもダメだと思って理科系は諦めましたね。諦めてよかったと思いますけど（笑）。

菊間　いや、わからないですよ（笑）。小さい時は先生の周りの同級生の皆さんって、将来の夢ってどういうものだったんですか。

谷口　あまりそういうことを友達同士で喋らなかったですね。なるようにしかならないみたいな雰囲気が支配的でしたね、あの頃は。

菊間　自分で人生を切り開くというよりは、生まれた家とか環境で決まっていくという。

谷口　そういう人もいたかもしれませんけど、あまり僕の近くにはそういう張り切ったやつはいませんんでしたね。僕の付き合ってた仲間というのは、割と安易というか、勉強がよくできる人とは付き合ってなかったです（笑）。勉強がよくできて、すごいエリート的な人は僕は煙たかったですね。

菊間　先生は勉強はよくできるけど、そういう人たちとは一線を画す。

谷口　そうね、なんかちょっと引いていましたね（笑）。

菊間　へぇ、何でですかね。

谷口　どうなのかな、あまり競争心がなかったんでしょうね。

菊間　そういうのも、一人っ子だと競争心がないとか、ご兄弟がいると競争心が出るとかいろいろ言われますけど。

谷口　そうですかね。

菊間　その先生のゆったりした感じというのは。

谷口　あまりそういう、僕の家庭環境自体が競争を促進するような雰囲気ではなかったですね。母親もだいたいのんびりした人で、父親もまったく、どういうかな……。父はとくに変わってないですよね。周りから大人《たいじん》というか、そんなふうに見られていたかもしれませんね。

菊間　タイジン？

谷口　大きな人。大きな人という、中国語ですけどね。

菊間　どーんと構えている、ゆったりした。

谷口　本人自体はそんなに大人《たいじん》ではなくて、もう少し気が小さくて。自分のやるべきことをコツコツやっていれば、周りが認めてくれてなんとかなるみたいな感じの温厚な人ではなかったかと思いますね。人を押しのけてゴリゴリという人では全然なかったですね。だから、僕ら兄弟は皆そういうのは引き継いでますね。母親もそうだったし。ですから、努力はしないといけないというのはみんなわかっていましたが、ものすごい努力をしてどうのこうのということは、僕もしなかったし、しないといけないとも思ってなかったんじゃないかな。なるようにしかならないみたいに思っていたと思いますよ。

6　音楽好きになる——ピアノ、チェロという趣味

菊間　小さい時に習い事って、その当時はできたんですか。

谷口　その当時はね、世の中が悪かったからでしょうかね。いい時代というのは小学校の最初の頃までくらいで、その頃はまだ習い事をさせられる年齢でもなかったのか、あるいは、私の家にそんな関心がなかったのかな。でも、兄は狂言を習っていて、裃を来た姿勢のよい先生が廊下をスイスイと歩いていたのを覚えています。私にはピアノとか言っていたかすかな記憶がありますが、私自身は全く関心がありませんでした（笑）。習い事を始めたのは高校になってからですね。

菊間　何をやったんですか？

谷口　ピアノですね。

菊間　高校からピアノ？　それはなぜですか。

谷口　中学校の一年生か二年生くらいまで、模型の電車をやっていたでしょう。それが終わって、今度はラジオを作りだしたんです。

菊間　なるほど。

谷口　ラジオをつくって、ピーピーギャーギャーやっているうちに、放送をちゃんと受信できると、クラシック音楽が鳴っているわけです。NHKしかなかった頃ですからね。そうすると、同じようなポピュラーな曲をしょっちゅうやっているわけ。そうすると覚えるわけですよ。

菊間　はい。

谷口　覚えると、面白くなりますよね。中学校の音楽の授業で音楽鑑賞の時間なんてあるでしょう。音楽の先生がレコードをかけて、まぁ有名な曲、ベートーベンの『運命』だとかドボルザークの『新世界』だとか、そういうポピュラーな曲をかけるんです。そこで「皆さん知ってますか」と聞くと、そんなもの誰も知らないんです（笑）。当時はね。でも僕は全部知っているから、「はい、『新世界』です」とか言うと、僕の横にいる友達が「なんで、お前はそんなこと知ってるんだ？」と言ってびっくりしてね。（笑）

菊間　そうでしょうね（笑）。

谷口　そういうので音楽はラジオを通じて聴き出して、音楽の関心が自分自身で高まってたんでしょうね。高校の一年生くらい、中学の三年生くらいだったかな、僕の家にはピアノがあったんです。アップライトのものですけどね。それは僕の母親が結婚する前に、ちょっとお嬢さん芸で習っていたんじゃないかな（笑）。それで嫁入り道具として持ってきて、応接間にどーんと置いてあってね。誰も弾かないピアノがずっとあったんですよ。それで中学二、三、年生くらいから、ピアノを習いたいと思い始めたんですよ。だけど、そんなことは恥ずかしくて、よう言わなかったんです。

菊間　当時は女の子が習うものっていう。

谷口　そうそう。ピアノって女の子のイメージですよ。だから男の子のくせにね、母親にすら「習いたい」と言えなくて。それで高校二年生くらいかな、やっと自分の言いたいことが少し言えるようになってきて（笑）、母親に言ったら、母親はもちろん大賛成で。

それであの時もうちょっと先生を選んでついたら良かったと思うんですけど、近所に「ピアノ教えます」みたいなのがあるでしょう（笑）。初心者がこんな年になって習うんだから、誰でもいいわという感じで行ったんですよ。そこは、音楽教室と称していたんですけど、先生は男性の先生で、自称・上野音楽学校、今の東京芸大弦楽科を出たというんですよ。バイオリンとピアノと声楽と、声楽も歌謡曲とクラシックの声楽と社交ダンスを教えていて（笑）、そこでピアノを習い出して、大学へ入ってからは社交ダンスも習いました。

初めはバイエルからやり出して、普通は女の子がバイエルからやると一年くらいかかってやるんですけど、僕はやりたくてやってますから必死ですよ、それにピアノもあるし。たいていその頃は家にピアノがある人なんていなかったから、学校のピアノや講堂のピアノなんかを借りて練習してたでしょう。僕はもうとにかく、やりたくてやってるから一日何時間もピアノを弾いていましたね。バイエルなんて、ひと月くらいで上がっちゃって（笑）。

菊間　すごーい（笑）。

谷口　そうしたら、先生が喜んでね。その先生のところで習っているのはバイエルに一年以上かかる子ばかりだから、喜んで次から次へと難しい曲をやらせてくれるんですよ。だからちょうど一年くらい経ったときに、リストのハンガリアンラプソディーってご存じですか。

菊間　はい。

谷口　すごく難しい曲なんですけど、それをやらせてくれてね。二か月くらいで弾けるようになって、先生が「よくできました」と言ってくれてね。それで、いい気になったんですよ。

菊間　ふーん！

谷口　それで大学受験の一年か半年ぐらい前かな、僕がピアノばっかり弾いてるから母親が心配してね、「ちょっとそろそろピアノはいい加減にして、受験勉強しないといけないんじゃないの？」みたいなことを言ってましたけど（笑）。

菊間　うんうん。

谷口　僕はやっぱりもう…ピアノのほうが面白かったから、ピアノばっかり弾いてましてね。

菊間　へぇ〜

谷口　それで…だけどまぁ幸い大学には入れましたからね（笑）。

菊間　「幸い」で京都大学ですからね。

谷口　だからむしろねぇ、ピアノを弾いてたから大学に入れたんじゃないかなぁって今は思ってますね（笑）。

菊間　なんですか？

谷口　やっぱりあれ、ピアノって、ここ、脳に良いんですよね（笑）。

菊間　ははははは！（笑）。それはなんかもう……ボケ防止とかいうレベルじゃないですか？（笑）。これで京大・東大には入れないと思いますけど（笑）。

谷口　いやー、まぁ、だけど、何か知らん……入れたんですよね（笑）。

菊間　ピアノは、何でそこまでハマったんですか？　一日何時間ぐらいやってらしたんですか？

谷口　一日、四、五、時間やってましたね。
菊間　部活はやってらっしゃらなかった？
谷口　部活はやってなかったです。
菊間　あぁ、ではもう学校から帰ってきて。
谷口　うん、だからね、学校（高校）は歩いて一〇分もかからない近くでしたからね。だからもうさっさと帰ってきて、それでもう、すぐ……
菊間　もう弾きたい、弾きたいって思ってる……
谷口　うん、そうなんですよね。
菊間　でもそうやって弾いていくと、誰かに聴かせたいとか聴いてもらいたいとか…
谷口　いや、それは全然なかったです。恥ずかしかったです、むしろ。ピアノを一所懸命やってるっていうことはもう秘密にして、誰にも言わなかったです。
菊間　あ！　言わなかったんですか？　同級生にも？
谷口　だいぶ、うんと経ってから、僕のうちに遊びに来たやつが「ピアノの音がしていた」と。で、僕を呼んだらピアノの音が止んで僕が出てきた…っていうので「ピアノをやってるらしい」とかいう…
菊間　（笑）
谷口　……とか思ったらしいですよ。仲間うちでも、今日はピアノのレッスンだとかそんなのは全然秘密にしていましたから（笑）
菊間　妹さんが弾いてるかと思ったら先生だったたっていう……。

谷口　まだ妹はずっと小さかったですからねぇ。
菊間　ああそうか。
谷口　だからまぁ、何か知らないけど、一方で恥ずかしいという気持ちはありながら、やりたかったですよねぇ。
菊間　もうずうーっとピアノをやっていこうとかは思わなかったんですか？
谷口　あー、音楽学校に入ってどうのこうとかいうレベルではないということは自分でもわかっていましたからね。
菊間　わかっていた……。
谷口　でも大学入ってからもずっとやっていたし……。
菊間　へぇ。でも本当にお好きなんですね。ご兄弟では、ピアノを弾くのは先生だけですか？
谷口　うん、僕だけ。他のやつらはね、全然関心がないんですよ。
菊間　不思議ですね。ラジオで聴いてたそういう有名な曲を、自分が自分の手で、こう再現するというか演奏するのが嬉しい？
谷口　うーん、どうなんでしょうね。ラジオで聴いてたからということでもないと思いますけどね。まぁクラシック音楽への関心は、やっぱりラジオを作って聴いてた頃からできていたと思いますけどね。ラジオで聴いたピアノ曲を自分で弾いてみたいということは大いにあったと思います。それで、もう少し偉い先生に就きたいと思うようになりました。
その頃京都で有名だったピアノの先生として東《ひがし》貞一先生が知られていました。時々ＮＨＫ京都放送局番組でピアノソロを弾いておられました。その先生の弟子の発表会っていうのがあって、広告したりするのでわかるわけですよ。それで高校三年か大学入ってからかなぁ。その先生の弟子たちの発表会を聴きに行ってましてね、そしたら小さい子どもからものすごい難しい曲を弾くんですよね。

菊間　はい。

谷口　その中に京大の工学部の学生がいて、ちゃんと詰め襟の（笑）制服を着て、ベートーベンの月光ソナタなどを立派に弾く人がいてね。当時、まだ最初の先生に習ってたんですよ。だんだんこっちができるようになってくると、この先生やっぱりちょっと頼りないいんじゃないかって……（笑）。

菊間　（笑）。

谷口　……思うようになって。僕の中学校からの同級生で大学も一緒に入った、工学部に入った男ですけど、その男の妹さんが子どものときからその東先生に付いていて、発表会でも弾いてたんですよ。

菊間　ええ。

谷口　それでその友だちに頼んで、東先生を紹介してもらって。というか、その友だちのお父さんが弟子の会の世話人をしておられたので頼んでもらったのです。

菊間　はい。

谷口　そうして、大学の二年生か三年生からその先生に付いて……。

菊間　あ、またやり始めたんですかそこから。

谷口　そしたらね、たいていそうだと思って覚悟してましたけど、東先生に「あなたは指が滑る」とかなんか言われてね、

菊間　はい。
谷口　また一番最初から……（笑）。
菊間　（笑）。基礎がなってないと？（笑）。
谷口　そうそう（笑）。また、コツコツとモーツァルトの易しいソナタからやって。で、それからはずーっと、その先生に、結婚する少し前まで習ってました。
菊間　おいくつのときですか？
谷口　二六（歳）で結婚したので。
菊間　あー、そうですね。では、五、六年、習ってたということですか？
谷口　そうですね。
菊間　よく続きましたね。
谷口　山科っていう、京都のちょっと郊外に先生が住んでおられて、そこへ週に一回通ってました。
菊間　幼稚園から中学までピアノ習ってたっていう人はけっこうたくさんいますけど、大学に入っても続けている人、しかも音大ではない人って、とても珍しいですよね。
谷口　そう思いますよね。うん、だからまぁ自分に才能があるとは全然思わなかったし。だけどやっぱり……。
菊間　好きなんですね……。
谷口　好きというか、楽しかったんじゃないですかね。やっぱり一所懸命練習に時間をかけると、けっこう難しい「こんなものが弾けるかな」と思っていた曲がバンバンそれなりに弾けるようになるでしょ？　ああいう楽しみみたいなものの虜になったんじゃないですかね（笑）。
菊間　そのピアノの先生が課題を与えるんですか？　それとも谷口先生が「今度これを弾きたい」と？
谷口　いや、その先生は「次はこれ」とか言って指定しましたね。
菊間　ふんふん。
谷口　最初はバッハのインベンションとかモーツァルトのソナタの適当なのをやって、次はバッハのフランス組曲とかベートーベンのソナタの適当なのをやらせてもらってですね。
菊間　はい。
谷口　あれはいつ頃かなぁ？　そうそう、司法修習生として東京に行ったりして京都に暫くいなくなったんですけど……
菊間　へぇ～。
谷口　だけど、東京でも一応ピアノを弾きたいので、有斐閣の社長の江草四郎さん、今から言うと先々代になるのかな、江草四郎さんのお嬢さんが東京芸大でピアノをやって、ウィーンに留学しておられるという話を聞いてたんですよ。だからお宅には…
菊間　ピアノがあるわけですね。
谷口　それで（お宅は）四谷にあったんですよ。今、四谷は全部ビル街になってますけどあの頃四谷ってものすごい豪邸……
菊間　お屋敷街。
谷口　お屋敷街だったんですね。それで修習生の頃に週一回か二回ぐらい……

菊間　お邪魔して……
谷口　ピアノを弾かせてもらった。
菊間　へぇ～！
谷口　立派なピアノがありまして……グランドピアノ。
菊間　お父様のコネで？
谷口　そうそう。
菊間　ほんとにお好きなんですねー。
谷口　うん、だからそうね、ずーっと、結婚するまで弾いてましたよね。
菊間　今でも弾きます？
谷口　今はもうね、東京にピアノがないんです。ちゃちな電子ピアノは買いましたけど。だから東京へ来てからはピアノはやめて、今はチェロをやっています。
菊間　おお、そうでした！　その話も聞かなきゃ。ピアノの話も聞きますけど、ピアノは、そうすると先生はトータルもう……一〇年以上？　習っただけで一〇年以上で、プレイ期間としては、もう一六（歳）からですから…
谷口　うん、弾いてるだけで言えばもうずいぶん長く弾いてますすよ。
菊間　ということですよね。
谷口　うん、だけどまぁ、そんなにこう、我ながら才能なんかはないなぁって思うんですよ（笑）。だから下手の横好きってやつですよ（笑）。

菊間　いやいや……

谷口　「好きこそものの上手なれ」っていうより、そっちのほうですよ僕は……（笑）。

菊間　今でもこの曲を弾いたら、なんか当時の、高校生の頃のことを思い出す、みたいな曲ってあります？

谷口　どうなのかな？ある程度は思い出しますよね。ベートーベンのアパッショナータ・ソナタだとかね。いくつかやりましたから。だけどもう弾けないですよ、今は（笑）。

菊間　やっぱり今はもう弾けなくなっちゃった？

谷口　うん、うん。

菊間　指が動かない……？

谷口　そうですね。やっぱり、今はピアノやめてからもう二〇何年……。

菊間　はい。

谷口　……それぐらい経つかな。もう、ピアノの楽譜見てもなかなかこう、とれないですよね。

菊間　はい。

谷口　僕なんかは一所懸命練習して練習して全部覚えて、それでやっと弾けるようになるという、そういう感じですから（笑）。いわゆる「初見」って言いますけど、楽譜を見てパッとある程度できるとか、そんなのとてもじゃない。できませんからね（笑）。

菊間　へぇ～。それで先生、ピアノからなぜチェロに移行したんですか？

谷口　それはね、京大に居たとき、確か一九八一年なんですけど、その年に京大のオーケストラがヨーロッパに演奏旅行したんですよ。後にも先にも初めてですけど。で、そのときにオーケストラの部長というか顧問をやっておられたのが（先ほど話に出ました）林良平先生という、同僚の民法の先生なんです。
菊間　はい。
谷口　で、林先生からあるときに、「実はオーケストラの連中が、ヨーロッパに演奏旅行に行こうという企画をやっている」というわけなんですね。それで「仮に行くことになっても自分は一緒に付いて行くことができない、なのであんたが副部長になって付いて行ってほしい」と言われたんですよ。
菊間　はい。
谷口　それで、僕はそういうのはもともと好きなことだから、二つ返事で引き受けて（笑）。
菊間　喜んで！（笑）。
谷口　そしたら……付いて行く前提は何かというと……寄付集めなんですよ（笑）。
菊間　ほー。
谷口　それで……全部でね……一人三五万円ぐらいかかるという予算だったんですね。
菊間　ええ。
谷口　それで、いろんな会社をまわってね、一〇万円、二〇万円とか三〇万円ぐらいの寄付を集めました。林先生はわりと企業に知り合いが多かったんですね。林先生がまぁ一応、ちょっと声をかけてくれたところへ行って、そこからまた声をかけてもらうという感じでね。
菊間　はい。
谷口　それで、まぁ、ずいぶんいろんな会社へ行きましたね。ああいう体験は初めてだったんですけど、いい体験でしたね。で、会社は総務部で対応してくれるところと、秘書室で対応してくれるところがあって

（笑）もう全然違うんですね。
菊間　はい。
谷口　総務部でやるともう、総会屋みたいな対応（笑）。
菊間　（笑）。
谷口　だけどまぁそうね、最大で一社三〇万円ぐらいもらったかなぁ。東京へも行きましたね。東京のアサヒビール本社にも行ったし。まぁその間、全然民事訴訟法の研究をしてなかったってことになりますけど（笑）。実はこの時の経験を生かして、その後の京大オーケストラ創立九〇周年記念事業のための募金もやりました。
菊間　何人のツアーだったんですか？
谷口　ええと、あのときええとあれ何人行ったかな？……一一四人行ったかな。
菊間　えー！　すごいですね！　一一四人！
谷口　だからそれで…一千万円以上集めたかな……。一人一〇万円ぐらい補助金出したんですよ。なんかずいぶん大変だったんですけど真剣に集めて。それで演奏旅行に引率者として付いて行きましてね。
菊間　どちらに？　どのぐらい？
谷口　まずドイツへ行って、ニュルンベルグっていうところで演奏会をして。そこで民宿してね。その辺の近所のお宅に泊めてもらって……
菊間　ホームステイですか？
谷口　……学生あと二人ぐらいと一緒に泊めてもらって。遠距離トラックの運転手さんのお宅ということでした。綺麗な娘さんがいて、学生はお別れのキッスをしてもらって照れていましたが、私にはしてくれませんでした（笑）。

菊間　はい。

谷口　それから……バイロイトっていうワーグナーの劇場のある所で演奏をやって。それからいろんな所でね、ちゃんとした劇場じゃなくて…例えば整形外科病院で入院患者の皆さんに聴いてもらったりしました。

菊間　はい。

谷口　だから、患者さんはまぁ元気なわけですよね。

菊間　ええ、ええ。

谷口　そういう人を聴衆にしてやりましたね。

菊間　はい。

谷口　で、僕は一九七六年から七七年まで一家でアメリカに住んで、ミシガン大学で教えていたのですが、そのあと私は単身でドイツへ行って、ケルンに一年間住んでいたことがあるんです。

菊間　はい。これも教えにいったのですか？

谷口　いいえ、ドイツ語を喋れるようになりたいと思ったんです。

菊間　それは、またなぜですか？

谷口　というのは、京大の法学部の先生というのは、ドイツへ留学した人が多いんですよ。

菊間　そうなんですね。

谷口　それで、同僚の皆さんはドイツ学派が強くて、ドイツの先生がしょっちゅう来るんですよね（笑）。

そうすると同僚のみなさんはドイツ語で喋ってるわけですよ。僕はボソボソ英語で喋らなければいけないので非常に劣等感を持ってましてね。

菊間　ええ。

谷口　やっぱりドイツ語でちょっとぐらい喋れるようにならないといけないと思って。

菊間　はい。

谷口　それでドイツへ行って、あんまり法律の勉強はしないで、むしろ外国人学生のためのドイツ語のクラスに入れてもらいました。そこにはヨーロッパの他の国やアジアから来た、若い学生連中のクラスなんですよ。そこへ入れてもらって。だから年齢が二〇歳ぐらい違うんですよ（笑）。

菊間　はい。

谷口　そこでキャーキャー言って遊んで（笑）。そういう連中もよく遊んでくれましたね（笑）。

菊間　楽しそうですね。

谷口　それはすごい楽しくて。お陰でドイツ語はわりと抵抗なく喋れるようになりましたね。ドイツ語はご存じのように「あなた」という言い方が二つあるでしょ？

菊間　はい。

谷口　「あなた」というのは「Sieジー」、「おまえ」というのは「Duドゥー」というんですよ。そうすると動詞の活用が違うんですよ。

菊間　はい。

谷口　そういうのも非常にややこしくて、初心者がドイツ語を勉強するときには苦労するんですよね。日本でドイツ人と話すときはだいたい「ジー」という丁寧なほうしか使いません。
菊間　はい。
谷口　でも僕は「ドゥー」のほうを専ら実践して（笑）。
菊間　（笑）。
谷口　それでドイツ語を喋ることにも抵抗がなくなったんですよね。ですから帰国して二年も経たないうちに、今の（演奏旅行の）話があったわけ。で、ドイツへ一緒に付いていって。
菊間　ええ、ええ。
谷口　そうすると、毎回演奏会の前に部長としてご挨拶を……
菊間　ドイツ語で？
谷口　ドイツ語で。
菊間　おお、かっこいい。
谷口　別に原稿も何も無しにね。「よくいらっしゃいました」みたいな感じでね、「このオーケストラは一九一六年に創立されて、年に二回定期演奏会をやっております」みたいなことを言って。あれはまぁ、良かったですよね（笑）。現地で大きな楽器を調達しなければならないときにも私のドイツ語は大いに役立ちましたね。
菊間　へぇ！
谷口　それで一番良かったのは、最後から二番目の演奏会のためにザルツブルクへ行って。ちょうどそれがあの有名な夏の音楽祭。

菊間　あーはい！　有名な！

谷口　有名な。その前夜祭と称してますけど、始まる前の日は、無料コンサートみたいなのをいろいろやるような、そういう日なんです。「開会祭」とか「Eröffnungsfest」とか言ってるんですけどね。向こう（現地）で聞いた話だと、ザルツブルクの音楽祭そのものはね、世界的に有名だから世界中からお客さんが来て、入場料も高いしね、地元の住人は全然…

菊間　あー、見れないという……

谷口　見れない、というので、不満があって。それで前日の前夜祭一日は、本番で演奏するような有名な音楽家が、みな無料演奏会を……

菊間　やってあげる……

谷口　そこでザルツブルクの住人の人もどうぞ聴いてくださいと……

菊間　素敵ですね。

谷口　だから例えば、カラヤンが指揮をして、ウィーンフィルというのがやるんですよ。で、そこへ我々も入れてもらったんですよ（笑）。

菊間　すごいじゃないですか！

谷口　あれは話の種になるわけですけど。カラヤンの本番はちゃんとした劇場、祝祭大劇場でやるんですけど、前夜祭は大聖堂というかな、ザルツブルクの中心街の大きな教会でカラヤンとウィーンフィルがやったんです。われわれはそれを最前列で見せてもらって、終わったところへ同じ譜面台を使って、京大オーケストラがベートーベンの七番を演奏したと。その時は聴衆が二千人くらい立ち見で入ってたというんですけどね。その時も二千人の前で挨拶しました。
菊間 うわー、気持ちいいですね（笑）。
谷口 ザルツブルクの二、三日後の新聞にカラヤン・ウィーンフィルと京大オーケストラが同じコラムで演奏を評価してもらって、非常に褒めてもらいました。そういう面白いこともあって、その後、ウィーンに行って、ウィーンでもう一回演奏会をやって帰ってきたんですけどね。あれは、なかなか僕としてもいい体験でしたね。出発前にカラヤンに手紙を書いてご指導をお願いしたのですが、ナシの礫だったのは残念でしたけど（笑）。
菊間 その過程の中で、先生がチェロに目覚めるきっかけがあったのですか。
谷口 その時はまだ、チェロはやってなかったですね。間もなく林先生が定年退職されて、オーケストラの部長を僕が引き継ぐことになりました。そうすると年二回の定期演奏会の時に、また舞台で挨拶するわけです、お客さんにね。そのうちに僕もオーケストラの中で弾きたくなってきてね、一番やり易そうなのがチェロかなと思って、チェロを買いました。
菊間 ほぉ。
谷口 それで、自分で細々と独学でやりだしたんですよ。そのうち、当時京大の経済研究所の先生だった青木昌彦さんの奥さんが東京芸大出のチェリストだと聞いたので、当時書いていた筑摩書房の『倒産処理法』の編集者に紹介してもらって習い出したのですが、やがて青木さんがスタンフォード大学の先生になって一家で行ってしまわれました。
菊間 そのあとは独学ですか？

谷口　野望としては定期演奏会で弾きたいということでしたが、そんなことは簡単にできることでないことは、すぐわかりました。京大のオーケストラは、夏休みに地方の小学校へ行って、講堂で子ども相手に演奏会をさせてもらって、うまくいけばその講堂でごろ寝させてもらって、無料で泊めてもらうとかね（笑）。今年は北海道、今年は東北、今年は九州とかいろんなところへ行っててね、僕はそれに一回ついて行きたいと思って、学生に「連れて行って」とお願いしました。難しい曲もやるんですよ。だけど、「おじいさんの古時計」とか子ども向けの易しい曲、短い曲も何曲かやるんですよ。それだったら僕も弾けそうな感じだということで、練習を二か月くらい前から始めるのかな。「絶対練習をサボらないなら、連れて行ってあげましょう」と言われて（笑）。

菊間　自分から「出たい」と学生たちに言って、「先生が練習するなら」って生徒に言われるんですか。

谷口　「練習にちゃんと来てくれますか」と言われて（笑）。

菊間　教授がそんなこと言われちゃう（笑）。

谷口　あの時、ベートーベンの運命の第一楽章がメインで、あと子ども向けの小さな曲が二つ、三つあって、それからワーグナーのマイスタージンガーの前奏曲という有名な曲があって。チェロの主席の学生が「運命は先生には無理です」とか言って（笑）。「あとの曲は先生が一所懸命やればできるでしょう。その代わり、ちゃんと練習してください」と言うので、真面目に練習に通って、マイスタージンガーと小さな曲は一応弾けるようになって演奏旅行について行ったんです。新潟県から長野県に入って名古屋大学のオーケストラと合同演奏会をやって帰ってくるというツアーでした。おもしろかったですけどね、初めてオーケストラで弾かせてもらったし（笑）。

▷▶写真１．３　京大オーケストラ演奏旅行（1995年）

▶前列向かって左端が安平

その頃私はチェロの先生にはついていなかった。一九九五年から毎年春にニューヨーク大学で教えたときは、紹介してもらってソーホー地区の安アパートに住んでいたアメリカ人のチェリストに習いました。彼は使わないチェロを貸してくれて、有名なバッハの無伴奏組曲の一番を教えてもらいました。紹介してくれたのは、京大法学部の四年先輩で学生時代京大オーケストラでチェロを弾き、卒業とともにその頃できた京都市交響楽団に入団したが、これを辞めて船でアメリカに渡って音楽学校に入り、名指揮者ストコフスキーが創設したアメリカン・シンフォニーのオーディションに合格して、今もニューヨークで現役で活動している紅野俊彦さんです。……

私は、一九九八年春に京大を定年になって東京の大学に移って……。それから二年して、ジュネーブでＷＴＯの仕事をするようになったでしょう。それまでの楽器が、安い楽器だったので、ジュネーブの日本政府代表部の方にルガノのオーケストラのチェリストの山下さんを紹介してもらって、雪の中をルガノまで電車で行って楽器を選んでいただきました。結局イタリアの作家のものになりました。ジュネーブの先生にもちょっと習っていましたね。二〇〇七年末に帰ってきてからですかね、大学の同級生で昼飯会というのをやっているんです。五、六人で集まるんですけど。そのうちの一人、三井物産を退職した男が「俺は最近チェロをやっている」とか言うから、「その先生を紹介して」と言って。それ以後今も、その先生についてるんです。僕が習いだした途端に、その友人はやめてしまったんですけど（笑）。

この葛西先生は、私の娘と東京芸大で同級生だとわかって、世間は狭いと思いました。今もレッスンに池袋まで通っていますが、足元が怪しくなって、大きな楽器ケースを担いでフラフラしているのを先生が見かねて、手ブラできて私の楽器を使って下さい、と言われたので最近は楽になりました。

菊間　先生はチェロ歴は何年になるのですか？

谷口　もう、長いですね。

菊間　その演奏旅行は何年の話か覚えてます？

谷口　何年かな、京大の頃ですからね。だから、楽器に触ってるのは二五年以上になるんじゃないですか。もっとかな。

菊間　もっとですよ。

谷口　そのわりには、上手にならないんですけど。人前で弾くということは全然なかったんですけれど、東貞一先生のところへピアノを習いに行ってた時に、子どもの時からその先生にずっと習っている、すごく上手な男の子がいて、その人は京大の法学部で僕の七、八年後輩になったんです。そういう人がいるということは発表会なんかで知っていましたけど、個人的には全然知らなかったんです。僕の結婚のときに東先生に披露宴でピアノを弾いて下さいと頼んだんですよ。そうしたら東先生が「俺はそんなことはしない」と一蹴されてね。「その代わりにその京大後輩の坂本君に行かせる」という話になって、彼が来てリストの「愛の夢」を弾いてくれたんです。彼は住友金属に就職して重役になりましたが、本格的に自分のピアノリサイタルをタキシード姿で時々やっていました。彼は東先生の弟子や孫弟子で作っているピアノ研究会の会長で、先生が亡くなってからもその発表会に関係していたようです。

いつかな、僕が四〇歳くらい、もう少しいってたかな、東先生の弟子の会の発表会を京都の山一ホールでやるので、「弾いてください」と言ってきたんですよ。もう、ピアノはまともに弾かなくなってからですよね。自分の家にピアノはあったけど、そんなに一所懸命練習してなかった。でも、せっかく言ってもらったんだし、ちょっと久しぶりにやってみようと決意して、易しそうな曲で聴き栄えのするショパンの「雨だれの前奏曲」っていうのがあるでしょう。

菊間　わかります……　聴いたらわかります。

谷口　ゆっくりとしたきれいな曲です。それを弾いてみようかと、一所懸命練習しました。最初に習った先生の時は、発表会なんてなかったんです。本当に発表会で演奏するなんて生まれて初めてだったんですよ、四〇何歳で（笑）。家内も聴きに来なかったですけれど。そうしたら、その坂本俊彦さんというかたが、今は府中に住んでいて、住友金属を定年で辞めて、子会社の社長になったりするんだけど、そういうことを全部断って、自分は音楽をやりたいと言ってね。府中市の音楽顧問みたいなのになって、今は府中で合唱団を指導したりしています。その坂本さんが、今も東先生の関西の弟子や孫弟子がやっている年一回の発表会に関係してるんです。東貞一ピアノ研究会と銘打ってね。

菊間　へえ。

谷口　それをやっているから、何年か前に「先生また出てください」と言ってきたんですよ。「いや、僕はこの頃ピアノは弾いていなくて、チェロをやっているから」と言うと、「じゃあチェロで出てください。私が伴奏しますから」と言われてね。

菊間　出たんですか。

谷口　出たんです（笑）。一昨昨年、二〇一五年かな、ちょうどその頃、有名なベートーベンのチェロソナタ三番というのを練習していて、その一楽章をやらせてもらいました。一所懸命勉強して、僕のチェロの先生にもみてもらって。やっぱりピアノと合わす練習もしないといけないからというので、チェロの先生が自分の東京芸大の同級生の立派なプロのピアニストを紹介してくれて（笑）。

菊間　大がかり（笑）。

谷口　本番は坂本さんのピアノ伴奏ですが、一応、途中で止まらないで最後まで弾けましたけど。

菊間　素晴らしい（笑）。

谷口　そしたら一昨年もまた出て下さいと言ってきたので、これまた難曲のシューベルトのアルペジオーネソナタという曲の第一楽章を弾かせてもらいました。このほか、やはり坂本さんがやっている京大オーケストラOBによるオーケストラにも入れてもらって、二〇一六年の正月に府中のホールで坂本さんが弾くモーツアルトのピアノ協奏曲二〇番のオケ伴をやらせてもらいました。

▷▶写真１．４　傘寿祝賀会でのリベラルタンゴの親子演奏
（長女・朋子と）（2015 年）

▶ピアノは坂本俊彦氏

こんなふうに、ある程度やっているんですけどね。昨年は体調のことがあって失礼しました。そうそう、二〇一五年に盛大に私の傘寿祝賀会をやっていただいて、そこで娘のバイオリン、私のチェロ、坂本さんのピアノでピアソラのリベルタンゴを披露しました。小さいときからピアノを弾いている息子の安史に弾かせたかったのですが、裁判官の彼は、当時大阪地裁勤務で、その日は事件を入れているのでどうしてもダメだということで残念でした。

実は来年（二〇一八年）六月には、やはり東先生の発表会で、娘を徴用して有名なメンデルスゾーンのピアノトリオをやることになり練習にかかっています。

ピアノに戻ると、かねてから良い楽器が欲しいと思っていましたが、一九九三年にハーバードで一年間講義したときにボストンで憧れのスタンウェイのグランドピアノを買って送らせました。ところが、その頃からあまり弾かなくなって東京に来てしまいました。

それから、一九七六年から一年間、ミシガン大学へ

講義に招かれたとき、ボストン近郊まで行ってチェンバロ（ハープシコード）の組立キットを買って京都へ送らせました。続いて行ったドイツのケルンでは、ケルン音大の古楽科の助手の方にバロック時代の横笛（フラウト・ドラベルソ）と縦笛（リコーダー）を習っていました。その頃は夫婦でバロック音楽に凝っていて、同好の皆さんと自宅で合奏を楽しんだときの写真を見て下さい（二六〇頁の**写真11・3**）。そのチェンバロ組立キットは長らく放ってありましたが、プロに頼んで組み立ててもらいました。蓋の裏に描く絵もプロの画家である新制作協会の馬淵哲さんに頼んで、日本で西洋音楽が初めて公式演奏された場面を描いてもらいました。一五九〇年に八年ぶりに帰国した遣欧少年使節の四名が、翌年の春に豊臣秀吉の前で演奏しているところです。これは史実なのです。バチカンに記録があるそうです（**写真1・5**）。

▷▶写真1.5　遣欧少年使節の絵が画かれたチェンバロ

菊間　すごいですね、現役ですね。

谷口　そういう部分が僕の生活の中を占めていて、あまり研究も勉強もしてないいんですが（笑）

菊間　いやいや。研究のことはいいんです。研究のことは、これからじっくり聞きますので。

第二章

鴨沂高校、京都大学学生時代の秘話

▷▶写真２．１　京都大学正門から時計台を仰ぐ

▶2017年頃撮影

▷▶写真２．２　鴨沂高校時代のクラス写真

▶２列目向かって左端が安平

𝄞1　鴨沂高校時代の秘話

菊間　話が前後しちゃうので、そこの話の前の話を聞かなきゃいけないんですが、高校、大学の話ですけれども、高校はカモ……。

谷口　オウキって読むんですよ。当時は鴨沂高校は名門だったんです。

菊間　今は違うんですか。

谷口　今は、進学校という意味では違うかもしれませんが、伝統ある高校という意味では現在もそうだろうと思います。

もともと京都には、京都一中、二中、三中とかがあって、女子のほうは京都府立第一高等女学校（府一と呼ばれていました）とかがあって、その府一の校舎が新制の鴨沂高校の校舎になりました。京都一中は高校にならなかったんですね。新制中学の一つになったんですよ。その後これを前身として洛北高校という名門になったようです。競争試験で中学校に入る制度が戦後にしばらくの間だけ復活して、一中の生徒が鴨沂に収容されたので、私が鴨沂に入ったときの上級生は京都中の秀才を集めていたわけで、現役で京大に入る人も京都一多かったのですが、私の年度から平凡になって、学年に七〇〇人もいたのに、京大現役合格は一二人になってしまいました。僕らは実質的には一期生なんだけれども、鴨沂の卒業生としては五期になるんですよね。

菊間　そうなんですね。

谷口　京都の旧制エリート中学の生徒が上にいたわけです。だから生徒会での議論もえらく高度で。

菊間　どんなことを。

谷口　いや……、覚えてないですけど。とても僕の新制中学校の生徒会とは桁違いでショックでした。劇作家として有名な山崎正和さんは一年上で論客でしたね。

菊間　政治的な話とか、哲学的な話とか、そういうことですか。

谷口　そうですね。だからね、京大現役合格者も多かった。

菊間　一位だったって書いてありますよ。京都大学全国一位、進学者数。

谷口　そうだったんです、そのときまでは。五、六〇人と京大に現役で入りましてね、その後、京大の先生になってる人も多いんですよ、鴨沂の出身の人は。ところが僕らの頃から普通になって。僕の年度から京大現役合格、たったの一二人になっちゃったしね。そういう点では当時有名な高校だったんですね。だけど、もともと女学校だったから、建物自体、非常に華奢にできていて、高級ですからね、教室の壁なんかテックスっていうんですか、防音のフワフワのやつが張ってあって、そこへ男の子が入ったものですから……。

菊間　穴開けちゃって。

谷口　もう穴だらけ。

菊間　へー（笑）。

谷口　という高校でした。入学したときは上級生が偉かったから、雰囲気がかなり違いましたね。だから高校と中学はこんなに違うのかと思いましたね。

菊間　先生、先程のお話だと、ピアノをずっとやってらっしゃって、お母様からそろそろ受験勉強って。

谷口　ピアノを一所懸命やりだしたのは高校二年くらいからです。

菊間　高校からですもんね。その後、京都大学の法学部に行こうと思った経緯は。

谷口　それはあまりはっきりしませんけど、理科系が好きだったんですよ。だから、電気のこととか、機械のこととか、子どものときから結構関心があって、それで理科系に行きたかったんですね。この頃はもっと早いのかもしれないけど、高校三年ぐらいになって進路を決める、のんびりした時代だったんですけれども。高校二年から同じクラスだった、べらぼうに数学ができる奴がいましてね、彼はお父さんが京大の工学部の先生だったんです。当然工学部を受ける、と言ってましてね。僕も理科系に入学したら、まあなんとかやっては行けるだろうけど、とてもじゃないけど、こんな奴とは競争できないと思いました。父はね、やっぱり法律をやってほしんですよ。だからいろいろと、説得されて法学部に。

菊間　だれか一人は法学者ですよね。

谷口　僕が小さいうちから父は言ってましたけど、僕は学者になるつもりは全然なかった。まあ、法学部はつぶしがきくし。母親も父親と一緒になって言ってきたので、結局は法学部を受験することになったんです。

菊間　東大に行こうとは思わなかったんですか。

谷口　それは全然なかったです。その当時はね、東大に行くというのはよっぽど変わった人でしたね。

菊間　それは京都から行く人が変わってるということですか？

谷口　そうそう。京都に京大というちゃんとした大学があるのに、なんで東大に行く必要があるのかと、いう感じで。僕の同級生でも一人だけ一年浪人して行きましたね。だけど、僕らの仲間うちでは、あいつは変な奴だということで、あまり尊敬はしてなかった。
菊間　（笑）へー。
谷口　僕らの頃はそういう時代でしたね。東京行くのに、ツバメとかいう特急に乗って、一〇時間ぐらいかかってたんじゃないですかね。
菊間　京都大学も先生のご自宅から歩いて行けるんですか。
谷口　そうそう、歩いて二〇分ぐらいかな。
菊間　それじゃ、先生は小学校からずっと歩いて通って。
谷口　そうなんですよ。
菊間　大学まで。
谷口　段々遠くはなりましたけどね。
菊間　贅沢ですねえ。
谷口　そうでしょ。しかし、そんなもんだと思ってました。
菊間　それが普通だと（笑）。で、京都大学に入られて……。お父様は大学は……。
谷口　京大です。
菊間　京都。そうすると、お父様から京都大学の話などは聞いていたんですか。
谷口　いや、とくにそういう覚えはないですね。
菊間　お父様がそんなに優秀で卒業なさってたら、その息子さんが入ってきたってことで、京都大学の先生たちも、谷口先生に期待していたのでしょうね。

谷口　それはあったかもしれませんね。当時の京大の法律の先生は、父はほとんどみんな知ってましたから。とくに民事法系の先生はみんな。
菊間　お父様のお知り合いで。
谷口　学界仲間でもあったしね。だから注目はしてたんだろうと思いますよ。合格したかどうかというのは、内部情報があるでしょ。大隅健一郎先生だったかな、内部で調べてもらって、発表までに合格してるっていうことが分かったっていうこともありました。
菊間　へー。
谷口　（笑）
菊間　当時って、共通一次みないなものってないですよね。いきなり京都大学を受けるんですか。
谷口　そうですね。でも、「進適」（進学適正検査）というのがあったかな。
菊間　科目は何があったか覚えていらっしゃいますか。国語と英語と。
谷口　それから理科系が全部あったんです。
菊間　あ、理科系もあるんですか、文系なのに。
谷口　理科が二つ、数学も二つあった。社会も二つです。外国語はフランス語・ドイツ語の選択も可能で、そんな選択をして合格した秀才の同級生もいましたよ。
菊間　国立だから全部。
谷口　試験問題は全学共通で、工学部などは理科と数学の科目の点数を二倍にするとか、そういうことをやってましたね。だけど科目数も問題も全部同じで。だから理科系の科目も全部やりましたね。理科は二科目選択で、物理は不得意だったから、生物と化学を選択しましたね。割合と僕は理科好きだったんですよ。社会は世界史と人文地理でした。

菊間　大学の受験勉強…、なんか、先生のお話を聞いてると、さらっと受かる感じなんですけれども。

谷口　あの頃は今みたいにやんや言わなくて。

菊間　いや、先生以外の人はやんや、やってたと思います。

谷口　予備校というものはあったけれど……。

菊間　どうやってお勉強したんですか、受験勉強……。

谷口　どうしたのかなあ。とくに受験勉強らしいことはしてなかったですね。やっぱりのんびりした時代だったんじゃないかなあ。

菊間　（笑）

谷口　ほんと。京都に今、いくつか予備校ありますね。その頃ね、確かに予備校はあったけど、ああいうところに行くのはたいしたことにならないみたいな印象で、親も別にそういうところへやろうとはしなかったし……。

菊間　学校の勉強を普通に一所懸命やってたら、受かるっていう感じですか。

谷口　そういう立派な教育でもなかったんですけれどもね。

菊間　（笑）

谷口　鴨沂高校っていうのは、生徒も先生も個性的な人が多かった印象ですね。

菊間　そうですか。

谷口　例えば……芸能人になったひとが多いんですよ。だから、全体の雰囲気としても、遊び人風の学校でしたね。同級生にも団令子さんとか…有名な女優になった人がいました。先輩で有名なのは大映女優の山本富士子さん、後輩では、早く亡くなった、俳優の田宮二郎さん、バンド活動（グループサウンズのタイガース）をして中退ですが、ジュリーこと歌手の沢田研二さん、などとても賑やかです。

菊間　でもそのなかですごく仲良かった方が工学部に行かれ、先生が一緒にいたような方は、みなさん現役で京大に行ったようなお友達ですか。

谷口　工学部に行った工学部の先生の息子はずっと親友の一人だったんですけれども。児玉君といって、そのお父さんはノーベル賞の福井謙一先生の先生でした。最初の記者会見で、このことを児玉先生にまず報告したい、と言っておられました。彼は皆が憧れていた同級生と結婚して張り切っていましたが定年を待たずに癌で亡くなりました。もう一人の親友もその後間もなく脳溢血で急死して、私だけ生き永らえています。

菊間　一緒にお勉強したりしていたんですか。

谷口　それはしてませんね。勝手にやってて。

菊間　勝手にやって、ひとりで。

谷口　なにやってたんかなあ。あんまり覚えてないんですけど、ピアノばっかり弾いてたから。

菊間　苦労してないから覚えてないんでしょうね。さらっとやっちゃったから……。一応、受験が終わるまではピアノはやめたんですか。

谷口　ずっとやめてませんね。今から思うとかえってよかったと思ってます。気分転換になるし。それと指を動かすというのは脳にいいんです。

菊間　頭、そうですね。

谷口　幸い家が大きかったし、ピアノの置いてある部屋は洋室になっていて、ドアもぴしっと閉まって。勉強してて、夜中の一時か二時かになって、ちょっとピアノが弾きたくなるとそこへ行って夜中にピアノ弾いたりしてね。まぁ、大きい家と言っても家族には聞こえますからね。父は離れで寝ていたから聞こえなかったでしょうが。誰も何も言いませんでした。口やかましいお婆さんは高校一年のときに亡くなっていました。

菊間　普通の家は窓を開けたら隣の家ですからね。そんな夜中にピアノを弾けないですから。

谷口　そうそう。できないと思いますよ。本当はしたらいけないんでしょうけどね。僕は世間知らずだったから。

菊間　いやいやいや。

谷口　その当時は、お手伝いさんが一人いてね。僕が夜中にピアノ弾いてたら、眠気眼で出てきてね、「寝られないから止めてちょうだい」と言われてちょっと愕然としたことがあります。

菊間　（笑）

谷口　そして朝起きて母親にそんなことを言われたって言うと、母親はむしろ彼女のほうを非難していましたので、だから構わないのかと思ってました。

𝄞2　京都大学学生時代の秘話

菊間　理解あるお母さんですね。なるほど。それで、京都大学のお話を伺おうと思うんですけども、大学在学中もそうすると今までの流れの話からいくと、法律の勉強にのめり込んだ、という感じではないんですか？

谷口　ぜんぜんそんなじゃなかったですね。

菊間　ぜんぜんそんなじゃなかった……（笑）

谷口　教養部ですからね。最初の二年間は。あの当時は一年生は宇治分校といってね、

菊間　え？「うじ」？

谷口　宇治です。宇治茶の「宇治」。そこに分校があってね。教養課程という新しくできた大学制度でね。大学は教養課程二年、専門課程二年ということになったのです。

菊間　そうですね。

谷口　で、そのときに昔の第三高等学校、いわゆる三高が京大の向いにあって、その校舎が教養課程二年生の校舎、教養の一年生は宇治でした。お茶や平等院で有名な宇治に旧軍隊の火薬庫があって、その敷地に今で言うプレハブみたいな校舎を建てていたのですが、旧火薬庫のままみたいな教室もありましたね。

菊間　そこが一年生の教室だったんですね。

谷口　一年生は全員が宇治に通ってましたね。二年生から京大の向かいの昔の三高の校舎だった。その後そこを増築して一年生も収容できるようになりました。ここを今は教養部と言ってます。宇治キャンパスは

今は自衛隊の駐屯地になっています。
菊間　授業は、毎日全部出てました？
谷口　いやぁ、そんなに真面目には出てなかったなぁ。だけどまぁ一応は大学に毎日行ってたと思いますけどね。
菊間　授業以外のときって、大学生の頃って、何してたか覚えてますか？
谷口　えーと、だいたいピアノを弾いてたかな。あとはね、やっぱり高校時代の友人と遊んでましたね。大学の同級生も関西の人が多かった。あんまり関東から来てなかったですけど。東大を三回落ちて京都に来たと言う東京出身の人がいて親しくしてましたね。でも、やっぱり元からの高校の友だちのほうが付き合いやすいでしょ。それで、どうも安易に流れて、新しい大学の友人というのはそんなに親しい人はできなかったですね。これは、今は反省してますけど、もうちょっと大学の友だちを作っときゃよかったと思ってます。でも大学のクラス会は卒業後盛んで、今も盛んにやっています。在学中から大学のクラスのコンパだけは精勤に出て酒をがぶ飲みしてましたから、周りからは良く知られていたと思います。この一年生クラスの会は東京と大阪で今も隔月にやっています。段々少なくなって東京の常連は三名です。秋には京都で合同会をやります。
菊間　バイトって先生の時代はありましたか？
谷口　あの頃はね、バイトっていうのはね…僕はね、実はバイトは割と早かったんですよ。中学二年生の時からね、京都では一番の繁華街の四条河原町というところ……
菊間　ええ、ええ、わかります。

谷口　あそこの街角でね、毎晩ね、宝くじを売ってたんですよ。
菊間　ええ～？　何ですか、それは。
谷口　うちの近所の借家に住んでいたおじさんが宝くじの元締めっていうのかな、発行元の勧業銀行の下請けで販売代理業みたいな…
菊間　ええ。第一勧銀がやってて。
谷口　その当時は……
菊間　勧業銀行……。
谷口　勧業銀行です。第一銀行との合併前ですから。そこから仕入れて来て、売り子を……。
菊間　雇って売らせてた？
谷口　学生とか、いろんな人を雇って売りさばきをやってたようです。そのおじさんの息子が兄と同級生で親しかったんですよ。それで自分の親がそういうこと始めたんで、お前売らないか？　ということになりました。それで僕の兄と僕と、彼とその弟がやってみることになりました。一枚売ったらいくらもらったのかな、何円かはもらえますよ。一枚であの時の宝くじいくらだったかな、今より安かったですよ。一枚五十円くらいしたかな。どうかな。よく覚えてません。少し収入にはなるわけですよね。最初は兄と二人で売ってたのですが、収入が半分になるから直ぐ独立しました。
菊間　どこで売ってたんですか？
谷口　だから四条河原町とか三条通りとかで。
菊間　四条河原町の、例えば何かこう、台みたいなのがあって？

谷口　そうそう。折り畳み式の脚の上に台を広げて、宝くじを並べるんです。「五〇円で百万円当たる宝くじはいかがですか」などと叫んでいました。
菊間　それを中学生が、明らかに子どもな感じですよね。それを子どもが売るんですか？
谷口　折り畳み式の台をこう抱えてね、毎晩出勤するんですよ。
菊間　何時頃ですか？　毎晩って。
谷口　夕方五時頃から出かけて行って、夜の九時頃まで立ってましたね。あの辺は酔っ払いも多いんですよ。酔っ払いの人がバーのマダムみたいなのを連れて買ってくれました。
菊間　「買ってやる」みたいな。
谷口　ちょうど、バーの入り口みたいなところで売ってたとき、女給さんがお客さんを送って出てくるでしょ。そうすると同情してくれてね、「あなたお父さんいるの？」とかね。
菊間　思いますよね。
谷口　それでまぁ、ちょっと買ってくれたり。お客さんに勧めて買わせたりね、してくれて、そんなで、けっこう金稼いで、当時凝っていたラジオ製作の部品を買ったりなんかしてました。
菊間　ではその頃は、それで売って家へ帰って来て、夜八時か九時からおうちでご飯食べる？
谷口　だいたいそうでしたね。僕の親もその点では、非常にリベラルだったんですね。
菊間　ねぇ、よく許しましたよね。
谷口　で、そういうようなことを、してはいけないとも言わなかったし、「やりたい」と言ったらべつに止められなかったし、そしたらうちの近所に住んでいた京大法学部の先生で、僕の父とも親しかった人がね、何かわざわざうちに来たのかな、そしてね、僕らが売ってるところを見たらしいんですよね。それで、あんなことをさせていたら何かヘンなやつにつかまって、不良に……。

菊間　不良にからまれ、不良の世界にはいっちゃう。

谷口　ってね、あんなことをさせていたらアカンと言ってね、忠告に来てくれたらしいんですよ。母がそんなこと言ってましたけどね。だけど、両親はけっこう子どもを信頼してたのかなぁ。だから止めろとは言わなかったしね、まぁ金儲けするから、それで小遣い遣らなくてすむから助かると思ってたのか（笑）。

菊間　どのくらいやってたんですか？

谷口　けっこうやってましたよ、あれ。中学二年生頃から始めたかな。高校一年くらいまでやってたかな。

菊間　えぇぇ！　そんなやってたんですか？（笑）　すごい！

谷口　それでね、競馬場とか競輪場とか、京都の近所にあるんですよね。向日町競輪場とか、それから淀の京都競馬場。レースがあるとわかるとね、そこへまた担いで行くんですよ。そこにいる人はギャンブル好きな人ですからね、儲かったりすると買ってくれるわけですよ。だから、競馬場は特に良く売れましたね。でも急に風が吹いて宝くじがバラバラに飛び散ったことがありました。親切な人が拾い集めてくれましたが、ねこばばした人も多くて大損害でした。

菊間　すごいエピソードですね（笑）。

谷口　あれはちょっと普通の人はあんまりやってないですよ。

菊間　うん。聞いたことないですよ。

谷口　僕の親も今から考えると偉かったなと。

菊間　そうですね。
谷口　これが自由放任でね。まぁ心配してくれてたでしょうけどね。だからこっちも信頼にこたえないといけないと思って悪いことはしません。
菊間　悪いことしちゃいけない。それが最初のバイトの体験で。
谷口　そうですね。
菊間　大学生の時は何かやってました？
谷口　家庭教師かな、頼まれてやってましたね。
菊間　家庭教師、それはそうですよね、一番多いですよね。あとはそのお友達と遊ぶっていうと、どういうことをして、当時の学生は遊んでたんですか？
谷口　あんまり、いわゆる遊びっていうのは……
菊間　みんなで飲み会したりですか？　旅行に行ったりですか？
谷口　旅行なんかは行きましたね。山登りとかね。それも大学へ行ってからですよね。
菊間　そうそう、大学生の時。
谷口　大学生の時に、北アルプスや南アルプスに山登りは行きましたね。佐渡島一周とか、淡路島一周の自転車旅行とか。あとはやっぱりグダグダ、今から思うと何をしゃべってたのかと思いますけど、夜中までね。
菊間　しゃべってました？
谷口　それで夜中の一時か二時くらいに帰って来たりね。何かしゃべることがあったんですかね。
菊間　（笑）。サークルは入ってなかったんですか？

谷口　サークルというのは、入ってなかったですよ。それで、サークルでどうのこうのっていう体験はないんですよ。なにかクラブで拘束されるような感じがして。

菊間　ゼミは大学三年から始まるんですか？

谷口　えっと、そうですね。三年の秋から四年の秋までというのが、京大のシステムだったんですね。後は仲間としては、クラスってあるでしょ。クラスでコンパていうのは、よくありました。

僕は、やっぱり酒が好きだったのかな、コンパは積極的に皆出席でした。酒はずいぶん飲みましたね。それとね、もう一つ、有信会という法学部の同窓会みたいな組織があるんですよ。その学生委員というのをやってました。法学部の先生方が知ってる人の息子とか、七、八人だったと思います。当時女性はほとんどいませんでしたから。僕も学部長だった於保不二雄先生（民法）から頼まれて委員になりました。そうすると、一緒にやってた連中は、有名な高坂正堯、国際政治学で有名な、あの人はお父さんは高坂正顕っていって文学部の先生だったんですね。哲学者ですけど。それから泉井久之助っていう文学部の言語学の先生の息子だとか、黒田覚という元京大の憲法の先生で戦後公職追放になった先生の息子もいましたね。そういうのが有信会学生委員ということで、同窓会誌を作ったり、有信会総会という同窓会を準備して会場で受付をしたりとか、そんな感じの仕事なんです。自分らだけで何か事があると酒飲んでましたね。高坂君はその後法学部の同僚になり、国際政治学者として非常に有名になりました。あの人とは一緒に有信会の仕事をしてたんだけど､彼は酒を飲まないんですよ｡囲碁は強くて五段ぐらいだったらしいです｡いつも仕事が終わると、一応コンパで食事は一緒にして、我々は二次会･三次会と飲みに行くわけですよ。高坂君は食事が終わると、「はい、失礼」とか言って碁会所に行くわけです。だから彼はずっと一緒に仕事をしてたのですが、私は全然碁に関心がないし、ずっと同僚だったのに、あまり親しくならなかったですね。そのまま彼は定年前に死んじゃったんですね。

菊間　他の先生方とは？

谷口　京大の法学部の先生は酒飲みが多かったね。僕はそっちのほうについて行ってた。

菊間　（笑）。京都大学に行ってる人はみなさん、京都大学は変わってる人が多いとか、のんびりしてるとか、おっしゃいますけど、どんな大学でしたか？

谷口　どうだったんでしょうね。内部にいるから、どういうふうに見られてたかはわからないけど、比較的のんびりしてたんじゃないでしょうかね。普通の就職ならまぁだいたい、できるみたいな、かなり就職難の時代ではありましたけど、まぁまぁのところへ行けるだろう、ぐらいの楽観的な気持ちはみんなあったんじゃないでしょうかね。

菊間　さきほどクラスは女の人が二人とおっしゃっていましたが。

谷口　クラスじゃない、学年全体ね。

菊間　あ、法学部全体ですか。

谷口　あの時は……三〇〇人くらい、いや二五〇人だったかな……。五〇人で五組か、あぁ、二五〇人でしたね。

菊間　キャンパスの中もあんまり女性は？

谷口　いなかったですね。僕の年度の法学部は二人でしたね。一人は確か弁護士になったと思う。もう一人は何になったか知りませんね。弁護士になった人は高校の一年先輩で、司法試験を僕より一年遅れて通ったから、先輩なんだか後輩なんだかわからないけど。

菊間　司法修習は一二期ですか？

谷口　僕は一一期です。

菊間　先生は一一期だから、その方は一二期になるんですね。へえ。

谷口　女性は文学部なんかに集中してましたね。何か僕の同級生で、有名な建築家がいたみたいですね。同年で。

菊間　黒川紀章さん？

谷口　そうそう、黒川紀章さん。あの人は京都大学の建築学科です。

菊間　京都大学なんですね。

谷口　僕は認識してなかったけど、友人によると、彼は、文学部の女の子をいつも連れて歩いていたと。

菊間　そのころから有名だったんですね（笑）。

第三章

在学中司法試験合格から京都大学法学部助教授へ

▷▶写真３．１　中田先生ご夫妻と鈴木正裕さん（左）、井上正三さん（中央）と

▶中田先生のご自宅にて（昭和35年頃）

▷▶写真３．２　司法修習（第11期）時代の集合写真

▶高野山にて（２列目向かって左から３人目が安平）（昭和33年８月）

𝄞1　三年生秋から司法試験の勉強をはじめて四年生で受かった！

菊間　先生はその後、いよいよ司法試験という話になるんですけど、在学中に受かっていらっしゃるということは、三年生か二年生の時にもう受けようと決められたのですか？

谷口　あのね、受けようと決意したのは三年生の秋頃ですかね。

菊間　えっ？

菊間　何月だったんですか？　試験。

谷口　試験はね、夏、六月じゃなかったかな……。受けようと決意したのは、そうそう三年生の晩秋くらいから、二月に期末試験があるでしょ、それを一所懸命やって、普通はそこで遊ぶんですけど、勢いを持続して、それで司法試験になだれ込もうというそういう戦術を立てたことは覚えてますね。だから三年生の秋頃からちょっと勉強し出したんじゃないかな。

菊間　ちょっと勉強し出した（笑）。

谷口　と、思いますね。で、ずっと。だから試験の直前はけっこう勉強しましたね。

菊間　その頃も、短答式と論文と、口述ですか？

谷口　そうそう、昭和三一年は短答式がちょうど始まった年でした。まず憲・民・刑・商・民訴・刑訴プラス選択科目一の短答式が最初にあって、引き続いて論文試験があったのですが、短答式の成績で足切りをするということでした。読んでもらえるかどうかわからないまま、全員が七科目の論文を書くんです。

菊間　今の制度とそこは同じですね。

谷口　そんな感じでしたね。選択科目は行政法を選択したかな。選択科目についても短答式があったんですよ。今でも覚えてるのがね、行政法の短答の試験問題にね、「皇居前広場はどこが管理しているか」いう、択一で「宮内庁」とか「東京都」とかの選択でね、五つくらい書いてあるんですよ。僕はぜんぜん見当つかないしね。その後修習生になって東京に来て、皇居前広場に行ったらね、「芝生に入るべからず　厚生省」と書いてあるんですよ。

菊間　厚生省……宮内庁かと思ってました。そうなんですか。

谷口　公園なんですよね。それでね、これは東京の人が……

菊間　有利だ！と（笑）。

谷口　思いましたね。司法試験の勉強はまぁ確かに一所懸命やったなと思いますね。大学の試験終わってからずっと三月、四月、五月と。そのへんはおそらく、それまでの人生の中で一番よく勉強したんじゃないかしら。だけどピアノは弾いてましたね。でも、その時よりもっと勉強したのはアメリカ留学時代です。

菊間　今だって珍しいですし、先生の当時だって、大学在学中に受かる方なんてほとんどいないんですよね。

谷口　いや、ほとんどでもなかった。僕らの時は四年生の合格者は一二人だったんです。

菊間　在学中にですか？

谷口　四年生で。

菊間　四年生で？　京大全体だと何人くらい受かりました？

谷口　あの時何人くらい通ったかな。三〇人くらい通ったんじゃないかな。

菊間　ほぼ半分近い人が四年生で受かるんですか。頭いいですね。

谷口　覚えてたんだけど、もう忘れましたね。三五人くらいだったかな。

菊間　みなさん、先生のような感じなんですか？　それとも一年生の時から勉強してたのでしょうかね。

谷口　僕が親しくしていた男なんかは、もう割合と早くから司法試験のことを言っててね。僕は何のことを言ってるのかわからなかったけど。だけど結局そういう人は通らなかったですね。ゼミというのがあって、三年の後期から四年の前期まであるんです。

商法の大隅先生のゼミは就職に有利だというので人気のあるゼミで、ゼミの入試がありました。二五人くらいゼミ生がいて、そこで受けた人はけっこういたと思うんですけど。結局通ったのは三人でしたね。ところがその三人のうち二人は検事になって大隅先生には意外だったようです。東京で検事長になった浜邦久君と大阪でなった荒川洋二君です。受けたけど落ちたという人はけっこういたと思いますよ。あんまり言わないからね。法律相談部とか周りから見てもゴリゴリと法律を勉強してるような人はいましたが、もちろんそういう人で通った人が多いですが、通ってない人もたくさんいましたよね。ただ、当時は留年して受験を続けるという人は少なかったですね。

菊間　どんな勉強をしたんですか？

谷口　どんなことしたかなぁ。あまりアドバイスしてくれる人もいなかったし、今覚えてるのは、僕はノートを作ってましたね。教科書を見て要点を書き写していると、前後関係なんかが割合とよくわかってくるでしょ。前のところに書いてあったのところと関係あるなぁとか、ノートに書き入れたりなんかして、そういうことをしていると、立体的に頭に入ってくる感じでしたね。そんなことをしてたと思いますが、まぁ、運が良かったのかなぁ。

菊間　口述試験では、緊張しませんでした？

谷口　それはしたと思いますね。一応合格したんだから、まぁ何か答えてたんでしょうね。

菊間　先生、人生でテストで落ちた経験は、今まで一回もないんですよね。

谷口　何かで落ちたことはあるような気はするんですけどね。思い出せないですね。

菊間　いや、きっとそうなんですよ。思い出せないんじゃなくて、ないんですよ。

谷口　僕ね、さっきから兄の話をしてますけど、兄はすごい要領のいい人でね、僕はドジな人だったんですよ。僕は要領が悪い、悪いと自分で思ってたんですけど、ずーっと結果から見てみると僕は結構要領が良かったのかな。兄の奥さんが盛んに「安平さんは要領が良い」と言ってたことがありました。エネルギーをそう使わないで、割合とうまくいってる、きたという感じですかね。まぁ、運がよかったんでしょうかね。

菊間　頭がいいという言葉はとても簡単な言葉なんですけど、膨大に覚えること、理解することがあるなかで、短時間で合格するには、どうやっても整理する力と何が大事かを見極める力と、あと基礎を応用していく力が必要だと思います。

谷口　そういうのが備わっていたのかもしれないですね。

菊間　備わっているんですね、すごい。

谷口　何でまぁそういうのがあったのか、わかりませんけど。

菊間　司法試験を受けるって三年生の晩秋あたりに思った時は、その先は裁判官・弁護士・検事……

谷口　そこまではぜんぜん考えなかったですね。とりあえず司法試験というのがあって、みんなが受けるし……

菊間　法学部はみんな受けるものだったのですか？

谷口　みんなは受けないですけど、受けると言う人も結構いましたし。それと先生なんかも法学部に来たからには、司法試験ぐらいはやるべきだ、という人もいるしね。受けないといけないとは思わなかったけど、そういうものがあるなら一度受けてみようか、というぐらいの感じでしたかね。受ける以上は通りたいとは思っていましたね。

菊間　その先は考えないで、とりあえず。

谷口　考えてなかったですね。でも、浪人するつもりはなくて、就職は国鉄に申し込んではいましたが。ただ漠然と裁判官になりたいという気持ちはあったと思います。

菊間　なぜですか？

谷口　父親が法律学者で解釈論をやっていて、「こう解すべきである」みたいなことを本に書いてるけど、学者が「解すべきである」と言ったって、実際はどうなっているかというと、裁判官が決めるわけですから、裁判官のほうが偉いと思ってました。「解すべき」ではなく「解する」と言いたいという、そんな幼稚な考えはありましたね。

菊間　そうなんですね。修習はどちらで？　京都ですか？

谷口　修習は結局京都でしたんです。どうして京都にしたのかな、今から思うともっと他の所にしたら良かったという気はするんですけどね。やっぱり経済状況も今みたいによくなかったし、京都だったら自宅から通えるし、一番安易なことで何か京都修習というのを選んでしまったんですね。だけどまたそれが僕の運命を決めたことになりましたね。

菊間 修習もその後の大学もずーっと自宅からで、本当に結婚するまで自宅からなんですね。しかも、歩いて（笑）。

谷口 だから、今から思うともうちょっと冒険したらよかった。

菊間 大人になってから海外に行くのはその分ですよ、きっと。

では、修習中の、運命が変わったお話をお聞きしたいんですが。

谷口 修習中は別にどうってことはなくて。ただ、修習の同期の人で京大の法学部の四年先輩で、裁判所の書記官を四年間やってて、試験に受かったから私と同期になったという人がいてね。その人は京大時代に中田先生という民訴の先生のゼミだったらしいのですが、その人がね、中田先生が民訴の研究会を月一回やってて、そこに一緒に行かないかと僕を誘ってくれてね。僕は中田先生というのは、司法試験の口述試験のとき、同じ旅館に泊まっていて。ちらっと会ってしゃべったことがあるんですけど。そのことがあとで効いてきた感じて。今ちょっとその話をしておきましょうか。司法試験の口述試験の場所はどこだったかな。菊間さんの時はどこであった？

菊間 私たちは口述試験はないです。湯島でやったとか、あと浦安でやったとか、聞いたことはありますけど。

谷口 僕の時は、渋谷からちょっと外へ出たところの、法務省の研修所みたいな建物でありましたね。そうすると東京に泊まらなきゃいけないでしょ。そこで、有斐閣の社長さんが東大の正門前にちょっとした旅館を持ってましてね。

そこに先生を缶詰にして執筆させるとか、編集会議を開くとか、そういうことに使ってたんですよね。宿泊ももちろん出来るわけで、そこを親父が有斐閣に頼んでくれて、口述試験はそこで泊まって試験場に通ってたんですよ。その時に、中田淳一先生という京大の民訴の先生も、やはり有斐閣のコネで……泊まってたんですね。それでばったり会って向こうは知らなかったと思うんですけど、こっちは顔をよく知ってますからね、挨拶をして、そうしたらちょっといらっしゃい、みたいに彼の部屋へ行って、三〇分くらい話したかな。ということがあって、その翌日が民訴の試験だったのです。当たった試験官が写真で顔を知っていた東大の兼子一先生と、もう一人は村松俊夫さんという有名な学者裁判官でした。兼子・村松両先生は結構有名だったんですよね。えらく難しい仮執行宣言の問題でモタモタしたんですが何とか済んで、その晩宿に帰ってきたら、また中田先生に呼び出されてね、「君、今日は民訴の試験は兼子先生だったか?」とか言うんですよ。それでどうもそうらしいと言ってたら、「兼子さんが『よくできる京大生が来た』と言っていた」と言って。その頃は学生服みたいなのを着ていて、襟のとこにバッチつけてる、京大とかなんとかの。

菊間　あー、わかるんですね。

谷口　だから、京大生ってわかるんですよ。こっちも、京大生だと少しはよく見てもらえるかと思ってそれをつけていくんですが（笑）。そして兼子先生に、僕が非常によく出来たということを聞かれたらしいんですよね。それで、あれがどうも伏線になって、その後の展開があったと思うんですけど。兼子先生というのは中田先生より三年くらい年長で、当時、最も権威ある民訴学者。中田先生なんか足下にも寄れないくらいの権威がありましたからね。だから中田先生も兼子先生には一目も二目もおいて尊敬してたわけですよ。兼子説は当時の通説でしたからね、僕らの若い時は。

𝄞2 「谷口君、民訴学者にならないか」——いきなり助教授に

菊間　その兼子先生によく出来るって言われたってことは、すごいことですね、先生。

谷口　だから中田先生は、それに印象づけられたと思うんです。兼子さんが非常によくできたと言ってたとか言ってね。僕は「ああ、そうですか」と言っただけですが。その後、修習が始まって、元中田ゼミ生に誘われて中田先生の研究会に出るようになって、研究会では難しい議論をするからね、発言したこともなかったですけどね、一応習慣みたいなもので出席はしてたんですよ、毎回。それで後期修習というのがあって、昔は二年目の一二月から研修所の後期修習に戻ってくるんですよ。冬休みの前に、進路希望を提出する予備調査みたいなのがあって。僕は裁判官になろうと思っていましたから、裁判官任官志望を出して、任地の希望は札幌地方裁判所としたんですよ。

菊間　なんでですか?

谷口　それは、スキーをしたかったから。

菊間　先生、スキーお好きなんですか?

谷口　だったんですよ。

菊間　そのお話はここまで全く出てこなかったですね。

谷口　大学の頃も近くのスキー場に行ったけれど、本格的にスキーをやり出したのは修習生の頃からですね。一回札幌に何かで行ったのかな、人に聞いたのかな、裁判官の宿舎というのがあって、その宿舎の裏がスキー場になってるって聞いたから。

菊間　（笑）。

谷口　裁判官任官希望を出して、京都へ帰ってきたら、年末だったか、正月になってからだったかな、中田先生から電話かかってきてね、「ちょっと話があるから来てほしい」ということで。研究室へ行ったら「谷口君、民訴学者にならないか」という話でね。じつはその時に大学院生で民訴専攻の人が二人いたんですよ。一人は僕より二つ年上の方で、ドクターコースにおられた鈴木正裕さん。もう一人は僕と同学年で修士課程の一年生か二年生の井上正三さん。その二人がいるけれど、上のほうのは神戸大学に養子に出そうと思っていると。下のほうのは立命館に養子に出そうと思っていると。で、お前さんは京大の後継者にしたいんだ、という話でね。

僕は鈴木さんも井上さんも全然知らないしね、それで「はぁ、はぁ」と言ってたんですけど。帰って親に言ったら、僕の親父はね、大喜びなわけですよ。たくさん男の子がいて、「誰か一人は法学者になれ」と、小さいときから言ってる。ところが誰もその気配なしで、他のやつは勉強もあまりできないし、僕だけはまぁ現役で京大へ入って司法試験も通ってという感じだから、唯一の希望の星だった。

菊間　お父さんにとってはね。

谷口　それでその話が来たからね、それはもう絶対受けないと、受けないと、という感じ。ちょっと考えさせてくださいみたいなことは言ってたんですけど、雰囲気としてそれを受け入れるような話になったわけですよね。修習が終わると同時に四月から京大の助教授で採用されました。僕は「嫌だ、嫌だ」と言っていたんですよ。裁判官になろうと思ってましたから。そしたら中田先生が無理をして、卒業後二年しか経ってないのに、人事教授会で、僕を助教授で採用すると通しちゃったんですよ。

菊間　普通は助手から始まるんですか？

谷口　普通は助手からですね。標準は教授の助手を三年やって助教授でした。助手もしてないし論文も書いていないのに、中田先生は修習を二年やったのは助手三年に匹敵するとか何とか言って、教授会を説得したそうですよ。満場一致じゃなかったんですって。反対票が一つあったそうです。それは僕が大学に就職してから刑訴の平場安治先生が、先生方の宴会みたいな席でね。じわっと来てね。「お前を採用したときに一票だけ否票があった。それは俺だ。」とね。

菊間　ご自分でおっしゃった？（笑）

谷口　酒の席でね。「君を助手で採用することはぜんぜん問題ないが、論文も書いてない者を二年で助教授にするのは、それはおかしい。筋が通らない。それで反対票を投じたんだ。でも他の人がみんな賛成したからしょうがない。」とか言って。その時は、いやらしいことを言う人だな、と思ったけど、よく考えてみたらそっちのほうが正論ですよね。

菊間　先生がイエスと言う前に、そういう段取りをもう？

谷口　どの段階で教授会をやったか、僕は知らないんですけどね。僕がイエスという前にそれは通ったみたいね。中田先生が「助教授で採用する」と言ってましたね。すでに通してたのかもしれませんね。同期の高坂正堯君、国際政治学のね、あの人は卒業して助手になっていました。本来なら三年してから助教授になるはずだったが、彼も一緒に助教授になった。彼は得したわけです（笑）。

菊間　でも裁判官教官とかからすごく引き留めがあったんじゃないですか？

谷口　いや、僕はそんなに優秀な修習生じゃなかったですよ。

菊間　いやー、優秀でしょう。

谷口　そんな誘いはぜんぜんなかったですね。裁判官を志望したら、採用はされたとは思いますけどね。だけど教室ではボソボソしていたし、優秀な人が一杯いましたから。僕の隣には竹下守夫先生も座ってた。

菊間　竹下守夫先生って有名な方ですよね。一橋大学にいらした……。

谷口　そうそう、一橋大学にいた……。修習生の席が決められるでしょ？　たまたま同じクラスになって、あいうえお順だから僕の隣が竹下さんだったんですよ。だからその頃から親しいんですよ。彼はね、東大を出て、司法試験は四年の時に通ってたんだけど、大学院に二年間行って、法学修士になってから修習に来られたんです。だからね、二年先輩なんですよ。修習は同期で。それ以来親しくしてるんです。彼なんかは大学院で二年も民訴を勉強してきた人ですからね、それはもうすごかったですよ。何でもすらすらと。他にもずいぶん優秀な人がいてね。一人最高裁判事になりました北川弘治さん。あの人も同級だった。あの頃は前期修習と後期修習があったでしょ。最初の四か月が研修所、それからずっと現地修習、最後の四か月がまた研修所です。前期修習では気がつかなかったけど、後期修習では、北川さんは目立っていましたね。現地修習でものすごく勉強したんでしょう。僕はダンスに凝ったりしてぜんぜん遊んでばかりいましたからね。

菊間　どんどん新しい話が出てきますね。ダンス……社交ダンスですか？

谷口　社交ダンスです。一番凝ってたのは修習生の時ですね。鴨沂高校の同級生と隣の洛北高校の同級の人で、中学校や小学校で同級生だった女の子らが発案したらしいのですが、その中に僕らの鴨沂高校出身で奈良女子大に行ってた橋本千穂子さんという人がいました。彼女は明治大正時代の橋本関雪という有名な日本画家の孫なのです。

銀閣寺近くに広大な庭園をもつ屋敷があり、今は白沙山荘と称して料理屋になっていますね。関雪先生はとっくの昔に亡くなって、僕の同級生の女の子はそこから通ってたわけですね。僕が大学を卒業して修習生になった頃に語り合っててね、そこでダンスをしようと、関雪さんのアトリエ、画室っていうんですか、日本画ですから、あれ何十畳あるかな、少なくとも三〇畳か四〇畳くらい。綺麗な板の間で。そこで大きな紙を広げて絵を描いてたんでしょうね。で、そこがダンスに最適だから、先生を雇ってきて社交ダンスをしようと言う話です。僕なんか誘われて週二回くらい踊り狂ってたんですよね。

菊間　修習生のお友だちはいらっしゃるんですか？

谷口　僕は初め一人で行ってたんですけど、そんな話をしたら修習生仲間がみんなもちろん関心があってね、「俺も行きたい」と言うものですから信頼出来る男、親しくしていた人、二人か三人かな、誘って入れてあげましたけどね。彼らも一所懸命踊ってましたね。あれはなかなかよかったですよ。ちゃんと先生もいるから、ちゃんとしたのを習って。そういうことも修習生時代の収穫です。それで、何の話しでした？

菊間　裁判官に勧誘されて引き留められなかったですか、という話……。

谷口　それはね、そんなことばかりしてたから、修習生の成績が良くなかったみたいですよ。起案とかもね、率先して判決書きますとか言わなかったから。左陪席の人がこの欠席判決でも書いてみますかとか言って仕事をくれたりしましたね。

菊間　あまり積極性がなかった、ということですか？

谷口　積極性はぜんぜんなかったですね。成績はちゃんとついてるわけですよね。僕はあんまりそういうこと気にしなかったしね。結婚披露宴の時にね、民事の裁判官を招待したんですよ。スピーチをしてもらったら、もともと少し変人みたいな方だったんだけど、普通は褒めるものでしょ。まぁ一応褒めた上で、人柄は非常にいいとか褒めた上で、修習の成績はぜんぜん良くなかった、と。それが本当だったみたい。

菊間　（笑）。そんなこと披露宴で言わなくていいのに。

谷口　そうなんですよ。だからそう思ったんです。もし裁判官になってたら絶対偉くなってないですよ。修習の成績はずっと物を言うといいますからね。

菊間　そうなんですか。

谷口　大学の先生になっててよかった。

菊間　それで中田先生に引っ張っていただいて、京都大学の……

谷口　助教授となって。最初の一年間は助教授だけど何にもクラスは持ってなかったですね。

菊間　中田先生に引っ張られる段階で、もう民訴じゃないですか。

谷口　そうそうそう。

菊間　民訴は好きだったですか？

谷口　全然好きでも嫌いでもなかった。特に民訴を勉強したということもないし。

菊間　民訴は、「眠素」（眠る素）っていうくらい、私も学部時代、ただでさえ勉強してないですけど、中でも訴訟法は本当に嫌いで、つまらないなと。

谷口　そうですね。

菊間　でも、今弁護士になってみると、とてもおもしろいし大切だなってわかるんですけど、やっぱり実務やらないとあのおもしろさってなかなかわからないのかなと思うのですが。

谷口　もちろん分からないので、中田先生が誘ってくれたから、民訴になっただけで、べつに民訴でなくても何でも……。

菊間　もしか世が世なら、民法だったかもしれないし。

谷口　かもしれませんね。

菊間　刑法だったかもしれない？

谷口　うんうん。そんな感じで大学の先生になって。一応先生になったから、何か研究しないといけないのですが、ドイツ語の法律の本なんてぜんぜん読めないし、英語はある程度読めますから、英語で何かやろうと思って、裁判上の和解っていうのが司法試験の勉強をしてた時に、何とか説、何とか説とかあったりで、理論的にもややこしそうな話。それで和解の比較法的研究をしようと思って、アメリカの和解に関する本なんかを探して読んでたかな。一番最初の論文は「アメリカにおける和解判決の効力」でした。次の論文は、「比較法的にみた裁判上の和解」という論文でしたね。フランス語の本読んだりして。フランス語とドイツ語と英語は大学の時に他の人と比べると熱心に勉強していたんですよ。普通は語学は二つでいいでしょ？　英語は誰でも取るでしょ？　で、一応語学としてはドイツ語を第二外国語にしてました。だいたいあの頃は法学部に入ったらドイツ語を勉強するもんだみたいなのがあったんですよ。

菊間　そうなんですか？

谷口　べつに根拠もないのにね。新入生のクラスが五つあるうちの四つまではドイツ語クラス。フランス語も勉強したかったら、それはもう任意にとれるわけです。だから一年生・二年生の間はドイツ語とフランス語と両方取って、むしろフランス語のほうがたくさん単位を取ってました。フランス語のほうがやさしいんですよ、英語に似てるから。

菊間　いやー、そんなことではないと思いますけど。

谷口　それで一応、無理すれば法律の本も読めたので、いろいろ読んで、二つめの論文「比較法的にみた裁判上の和解」では英独仏の裁判上の和解を比較しました。ドイツは日本の学説のもとになったわけですから、比較的わかりやすかった。ところが、英米やフランスには纏まった研究も教科書の叙述もないんですよね。だからね、民訴の本の端くれのほうにちょこっと書いてあるのを探し出して引用してある判決を読んだりなんかして、いろいろ情報を集めて、何とか格好をつけたんです。

菊間　学者の世界というのはよくわからないんですが、研究テーマは、上の指導教授からいわれるのではなく、自分で探すのですか？

谷口　それは上の先生によると思います。京大の伝統はね。自主性を尊重してね、上の先生はそういうことを何も言わないで、好きなことやりなさいという方針だったんですよね。まぁ、一応こういうことやってます、ということは報告して、まぁいいでしょう、みたいな話だったと思いますね。

菊間　民事訴訟の中で、例えば日本の和解とか何かについてとことん研究していくっていう方も多くいらっしゃると思うんですけど、比較法でやるという方は、当時からたくさんいらっしゃったんですか？

谷口　民訴では、いなかったですね。ドイツ法は母法として研究してましたけど。京大の法学部の先生は、比較法という観点で外国のことを研究するというのは、あまり主流じゃなかったかな。私は外国のことが昔から好きだったんですね。父親が比較法の大家と目されてましてね、親父は周りからは語学の天才だといわれていたらしいですよ。僕から見てるとそんなにできるとは思わなかったけど。だけど、けっこう勉強はいろいろしていてね、若いときにロシア語の勉強をして、戦後にソ連の民法の本の翻訳を出してるんですよね。戦争中に秘密でコツコツ翻訳していたらしいです。

菊間　すごいですね。

谷口　語学の天才だという評判だったらしいです。

菊間　やっぱり語学ができないと、比較法って、もうそこでハードルが二段階きますからね。

谷口　それはそうですよ。僕もやっぱり語学が割合好きだったのでしょうね。誰も人がやってないことをやってみようかと。だいたい、日本の先生は外国のことはやらないといけないからやっているけど、あまり好きではないと。

菊間　もともと好きではない？

谷口　仕事としてしてる。僕は割合と好きだったのかもしれませんね。あまり抵抗なかった。知らないことを勉強したり、知らない外国の制度を調べてみたりするのは、趣味的にも好きだったんじゃないですかね。

菊間　では、比較法をその時やってる京大の法学部の先生っていうのも珍しかったんでしょうね。

谷口　外国のことは、まぁだいたい誰でもやらないといけないんですよ。みながやってたと思いますけどね。だけど、どうなのかな。

菊間　やっても一か国語ではないですか？

谷口　そうそう、だいたいね。とくに民事法系はドイツ語。国もドイツ語圏でしたね。刑事法もドイツでしたね。

菊間　やはり法継受した国ってことですか？

谷口　もちろんそういう理由もあるわけですけどね。明治時代からの伝統がずっと続いて、ドイツが強かったんじゃないですかね。

第四章

海外留学・講義のはじまり

——学問・語学力・趣味の開花

▷▶写真４．１　バークレー校ロースクール卒業式の日

▶妻の明子とジェローム・コーエン教授（1963年６月）

▷▶写真４．２　ハザード先生との再会

▶後年ウィーンのユニドロア学会で（2000年頃）

1　最初のアメリカ留学と英語論文

菊間　まず、先生の最初の留学のことを聞かせて下さい。

谷口　最初は、バークレー（カリフォルニア大学バークレー校ロースクール）に一年以上いました。前に言ったように、四月に渡米して最初は中国法関係の翻訳をしていました。九月からLL.M（法学修士課程）の学生になって、年末と翌年五月に期末試験を受けました。民訴はその後イェール大学に移籍してアメリカ一の権威者になられたハザード先生に習いました。試験がとても良く出来たようで、ハザード先生が谷口は自分が教えた学生で一番良く出来たと言い触らして下さったのは有難いことでした。京大では若い時に二年間外国出張してもよい、というか行かなければならない、という不文律があったので二年目はやはり有名なハーバードへ行きたいと思いました。そのときにバークレーの先生方に相談したら、国際私法のエーレンツワイグ先生が、ひとしきりハーバードの民訴の先生の悪口を言ったあと、「比較民事訴訟をやりたいなら、それが勉強できるロースクールはアメリカに一つしかない。それはコーネル大学だ。コーネル大学で民事訴訟法と比較法を教えているシュレジンジャー教授はドイツで裁判官をしていたドイツ人で、アメリカでも民事訴訟法学者としても大成した有名な人だ。ドイツのこともよくわかっている人だから、そこへ行かなければ君のやりたい勉強はできない」とアドバイスをいただき、シュレジンジャー先生と話をつけてくださったので、コーネル大学へ行くことになりました。

バークレーでは毎月二〇〇ドルの奨学金をもらっていたんです。家賃が一一〇ドル、レストランでは食べられなかったけど、家内がスーパーで買って料理をしてくれる程度には食べられたんですね。ワインは高くて飲めないから、シェリー酒というのがあって、それはワインと違って栓を開けても劣化しないから一ガロンの大瓶で買ってきてそれをチビチビ飲んでました。

コーネルの場合、月三〇〇ドルもらえることになりました。待遇の面でもエーレンツワイグ先生が話をつけてくれたんです。九月から学期が始まるまでの六~八月は休みになるわけです。その頃、夏休みに単位が取れるサマーセッションをいくつかの大学がやっていました。調べていくうちにミシガン大学のサマーセッションで、バークレーの有名な会社法の先生であるジェニングス先生が教えることを知りました。

実はコーネルの奨学金はドクター論文を書くということとパッケージになっていたのです。そのテーマとして会社訴訟について勉強してみたいと思いました。日本とアメリカを比較するにはアメリカの会社法を知らなくてはいけません。バークレーではやっていないから、ミシガンで勉強すればちょうどいいと思ったんです。当時はサマーセッションでも応募すれば奨学金が出ました。そのための生活費も少しくれました。実はそれまでにバークレーで車を買っていたんですよ。その頃の日本では一般人が自家用車を持つことはありませんでした。それがアメリカへ行くと、先生はもちろんセクレタリーの若い女性も車で通勤しているのを窓から眺めていて、どうしても車が欲しくなっていろいろ調べていたら、五〇〇ドルの中古車が新聞の三行広告に出ていたんです。当時では大金です。そのときは親に頼みました。当時の五〇〇ドルは一八万円。京大の給料が二万円くらいでしたかね。親も仕方がないと思って送金してくれました（笑）。売主は個人だったんです。その車をガレージに持っていって鑑定してもらいました。私は運転免許がないので、家内が英語学校で知り合いになったスイス人の女性の旦那さんに助けてもらいました。するとガレージの人が「五〇〇ドルでこんな良い車は見たことがない。」と言ってくれたので、買うことを決心したんです。確かに二年間ずっと故障もせず、動いてくれたいい車でした。一九五八年型の大きなクライスラーで、その頃流行った車体の後ろにフィンが付いている飛行機のようなスタイルでした。でも、エンジンは図体の割に小さくて馬力はあまりなかった。

運転免許も取らないといけない。免許の練習は、免許を持っている人と一緒なら道路で練習してもいいんですよ。それでそのスイス人やいろいろなパーティで知り合った方など、免許を持っている人に頼んでつきあってもらいました。アメリカの運転免許試験は易しいと定評がありましたから（笑）。だから一回で通りました。その後、家内も免許を取り、車での生活になって、週末は家内とヨセミテ国立公園やユタ州やアリゾナ州の観光地に行ったりしていました。その車でミシガンまで行って、サマーセッションに出て、その後はニューヨーク州の山奥にあるコーネル大学へ行ったんです。

そのときに大旅行をしました。サマーセッションが始まるまでに結構日があったんです。カリフォルニアを南に下がって、メキシコへ入って、メキシコの中を三週間ほど走り回ったんです。あれは今から思ってもいい経験でした。面白かったですね。メキシコはものすごく坂が多いんですよ。私の車は馬力がないから、坂の途中でストップしてしまう（笑）。メキシコ人は陽気な人が多いから、困っていると寄ってきて車を押してくれるわけです。メキシコのいろんな所を走り回りました。アカプルコへも行ったし。それで、メキシコの一番細くなっているところ、そこの太平洋側からメキシコ湾の方へ出て、T字路に当ったんです。僕はユカタン半島のマヤ遺跡へ行きたかったんですが、家内に「そんなところへ行っていたらお金がなくなる」

と止められたんです。車中で議論していたら、警官が来て「そんなところで止まっていたらいけない。どちらかへ進みなさい」と注意されて、諦めて（ユカタン半島方面とは）反対方向へ進みました。結果的にはよかったですよ。ユカタン半島なんて行っていたら飢え死にしているところでした（笑）。マヤ遺跡には数年前にやっと行けました。

菊間　奥様の賢明な判断が（笑）。

谷口　そうなんです。それでテキサス州に入ってモテルで一泊したのですが、White business only（白人専用）とか書いてある時代でした。その後、走りっぱなしでミシガン大学のアナーバーに着いたのが夜中の三時。もうお金もないからホテルにも泊まれません。奨学金をくれることになっていたから、スーパーマーケットの駐車場で寝ることにしました。朝一番にオフィスに行って「奨学金を下さい」と言うと、「これから手続をするから二週間くらいかかります」と言われたんです（笑）。それではアパートも借りられないので、「実はお金が全然ないので、カメラを質に入れたいので質屋を紹介してほしい」と相談していると、先生が登場して特別に計らってくれて奨学金を前払いしてくれたんです（笑）。申し訳ないことに、その先生のお名前を忘れています。そこで、四〇日間のサマーセッションが終わってコーネル大学へ行きました。

このときは時間がなかったから、イサカというニューヨーク州の田舎の大学町へ直行して、九月から正式にコーネル大学の学生になりました。ドクターコースの学生は一人しかいなくて、研究室をひとつもらいました。ただ、コーネルのルールでドクターの学生は法哲学の単位を取らなければならないということでした。法哲学は京大で単位は取りましたが、アメリカで勉強するとは思わなかったです（笑）。

その年は、南アフリカのケープタウン大学の先生が客員教授としてたまたま教えていたんですよ。カウエン先生（Prof. Denis Cowen）という有名な先生だったようなんですが。難しい法哲学の本を二冊ほど読まないといけなくてね。一冊は、・ハートの"The Concept of Law"という本で、有名な本だったことを帰国後に知りました。仕方ないから毎週読んで、授業に出ていましたがかなり難しかったですね。最後は試験ではなくレポートで、「あなたの知っている法で正義に反する法」を六つ挙げて、なぜ正義に反するのかを論じなさい、というテーマでした。何を書いたのか忘れましたが、手続的正義などと後になって言い出したのはその時の勉強が底辺にあったかも知れないと思っています。そもそも、そのような法があるのかないのかということを含めて探さないといけない。二、三年前にはじめてケープタウン大学を訪ねる機会があり、カウエン先生は今や伝説的に覚えられている有名な先生であることを知りました。

菊間　難しいテーマですね。

谷口　具体的に書いたことは忘れましたが、単位はもらいました（笑）。あとは、出たい科目に出てもよいというので、上級民訴と会社法の授業に出ていました。あとは学位論文を書くための資料集めですね。株主の司法的救済の日米比較研究がテーマです。会社法の判例の在り方が日本とアメリカでは構造的に全然違いますから、比較方法が難しかったんですね。「コップの中の嵐」論を思いついたのはその時です。日本では会社訴訟というと、だいたい株主総会決議取消しとか無効確認、せいぜい取締役会決議無効確認訴訟などばかりで会社を被告にすることになっています。でも、アメリカで会社訴訟というと、全く違って、株主が取締役に対して何かをしてはいけないという差止命令、インジャンクションを求めて、いきなり取締役個人を被告として申し立てるという訴訟がほとんどで、構造的に違うんです。日本ではどうして会社を被告にするのか考え込んでしまいました。

菊間　例えばどういうことでしょうか？
谷口　例えば合併することを決めたとしましょう。反対の株主が「合併差止め！」と言って、取締役を相手に合併の手続を進めてはいけないという請求をするんです。
菊間　なるほど。確かに日本では「合併」と決めた決議の取消しを請求しますからね。
谷口　そうです。日本の場合は決議を問題にして、決議がなくなればその内容もなくなるという間接的な話です。アメリカの場合は直接的に「合併するな」と裁判所が命じます。これを無視すれば裁判所侮辱となりますから命令に従います。アプローチが全然違うんですね。
その辺が全然違って面白いと思ったので、いろんな判例をずいぶんたくさん調べましたね。とにかく一年で論文を完成させないといけなかったわけです。普通ＪＳＤとかＳＪＤとか呼ばれるロースクールの博士号は数年かかってやることになっていましたが、翌年秋には京大に復帰しないといけなかったので、本当にあのときはよく勉強しましたね。朝八時頃からロースクールの図書館に行って、手書きで書いていました。幸い小さいけど研究室をくれたので個室でやれたからそれはよかったですね。午前中に書いて、昼食に近くの自宅へ帰って手書きの原稿を家内に渡して、家内がタイプを打ってくれる間に次を書く。午後に続きを書いて、夕食に帰って、新しい原稿を渡して昼に渡した原稿を打っておいてくれますから、それを持って帰って手を入れて、夜一二時近くまで書いたり、直したりとその連続でした。家内がいなければ、できなかったことです。
菊間　それは英語で書いたんですか？
谷口　もちろんそうです。家内は僕のハンドライティングを読めますからね。よくやってくれました。夕イプライターも電動の立派なものはないから、中古の三〇ドルで買ったオリベッティのポータブルで（笑）。清書して提出するときは、コピーを三通出さないといけないんです。審査員が三人いますから。ですから、こちらに残すコピーも要るので四通コピーを作らないといけないんです。当時はワープロなんてないし、コピーも認めないので、カーボン紙を間に挟んで、グルグルと巻き込んで。コーネル大学は厳しくて修正は一切認めないんですよ。修正液で直すのもだめなんです。だから、途中で失敗すると、もう一度打ち直しです。脚注を同じページに入れないといけなかったから行の計算も大変です（笑）。

菊間　わー、それは大変。

谷口　家内は有能なタイピストになりましたね（笑）。そんなことを後半はやって、八月の終わりくらいにやっとできて提出して、でも審査の三先生が読まれてから口述試問を受けないといけないし。こちらは帰る準備をしないといけなかったから大変でした。

菊間　タイトルは？

谷口　"Shareholders's Judicial Remedies, US and Japan" です。「株主の司法的救済」という意味で、日本法とアメリカ法の比較です。そこまで書かせてくれるということは、ある程度のものを書けばドクターをあげましょうという暗黙の了解みたいなものがあったと思います。あのときは、ずいぶん勉強しました。でも、家内がいたからできたことですよね。普通はプロのタイピストに頼むんですよ。そうすると、お金がかかるだけでなく、朝から晩までやってはもらえません。とても一年間ではできなかったでしょう。家内には今でも感謝しています（笑）。

そしてそのあと、『ヨーロッパ一日五ドル』という本を頼りに東廻りで帰ってきたんです。ローマで、東京オリンピックをテレビで見ましたね。

𝄞2　世界を駆けめぐるはじまり

菊間　先生方で留学なさる場合も、みなさん当時はドイツに留学ですか？

谷口　法学部には政治学の先生もいましたから、フランスやアメリカへ行った人もありました。外国の好きな人と嫌いな人があって、みんながみんな行くわけじゃないんですよね。でも、一回は行かないといけないみたいな雰囲気もあってね。かなり年をとってから、いやいやね。有名な話、民法の於保不二雄先生が四〇歳ぐらいでかな、やっぱり行かないといけない、文部省からお金が出るとかという話で、せいぜい現地で短く済むように船に乗って行ったという……。

菊間　本当ですか？（笑）

谷口　周りでもそれはちょっと評判になってました。それで船に乗って酒ばっかり飲んでいたとか。たいてい、みな義務的にも一回は行ってるんですけれど、まともに向こうで勉強するってことは、言葉の問題があるので、できないですよ。

菊間　かたち上、行ってきたということをつくるために行く……

谷口　そういう感じだったですね。僕なんかアメリカに行って、試験も受けて、論文も書いて、ちゃんと学位を二つも取って。まぁ、周りからは「そんなことが日本人でできるの？」というふうに見られた時代です。

菊間　すごいですよね。六二年にバークレーに行かれて、帰ってこないでそのままコーネルに行って法学博士を取られたのですね。

谷口　そうです。

菊間　で、イタリアのフィレンツェ大学へ行く前には一回戻って来てるんですか?

谷口　はい、そうですね。

菊間　それはもう、その時点で京都大学法学部の大スターですよね。

谷口　それほどでもありませんがね、四年上の川又良也先生(商法)はアメリカに三年行って、L.L.Mを取って帰ってきて、よくやってきたと言われた時代です。最近はね、弁護士でアメリカへ行ってL.L.Mも取って帰って来なかったら、おまえ何してきたって言われますよね。

菊間　うんうんうん。行ったらそりゃ、みんな、そうですよ。

谷口　言われるでしょ。僕の時代は、英語で試験が受けられるの?みたいな時代ですから。

菊間　バークレーの時は、最初はわからないから手を挙げなかったっておっしゃいましたけど、もちろん途中からは……

谷口　手はぜんぜん挙げてませんよ。

菊間　え?　挙げてないんですか?(笑)。L.L.M.もMBA(経営学修士)も発言をしないとアメリカでは出席してるとみなされないとか。

谷口　いやいや、そんなことはないですよ。特に外国人の学生はね、先生も特別に見てくれてるから、そんなにアメリカ流にやらなくたって、それはもうわかってくれてますから。英語ができないというのはわかってますから。ぜんぜん問題ないですよ。言葉の下手な外国人が発言して授業がモタモタしたら皆に迷惑ですよ。

菊間　授業自体が……

谷口　アメリカの授業は五〇分ですから。走ってやらないことには、時間ロスですから。日本人なんか手挙げたらかえって迷惑で、やめてくれ、って言われるんじゃないかな。

菊間　そうなんですか。何言ってるか最初はわからなかったんですか？

谷口　ぜんぜんわかりませんでした。

菊間　本当ですか？

谷口　だけどね、教材があるでしょ。ケースブックってやつ。判例を集めて少しコメントが書いてあります。それを一回の授業で二、三〇ページくらい進むわけですね。これを本当によく読んで、ノートに取ってると、先生が何を言ってるのかというのが大体はわかりましたね。準備してないと、全く何もわからない。ですから本当に一所懸命読んで行きましたよね。それはもうみなさん、最近L.L.M.を取りに行く人でも皆そうですね。自分でちゃんと自習しとかないと、何も身につかないっていうかね。それはアメリカへ行く皆さんに勧めています。ちゃんと読んでおけば、こっちは年も取って法律の勉強はしてるわけだから、ロースクールの一年生の、特に民訴というのは何処でも一年生の必修科目なんですね。他の連中はまったくズブの素人で始めたばっかりの人でしょ。だからとんでもないことをけっこう言うわけですよね。こっちはうんと勉強しておくと、何とかついていけますよね。準備のためにはずいぶんと時間を費やして、本当によく勉強しましたね。

菊間　あぁ、そうですか。

谷口　で、大学の近所のアパートに住んで、バークレーでは朝八時から授業があるんです。歩いて五分くらいのところだから、朝ご飯食べて急いで授業に行って、済むと自宅で自習を。図書館ですることもありましたね。だから家に帰ってきて家で勉強して、それでまた行くという……。あの時は勉強しましたね。司法試験の勉強をしたときよりも、勉強しましたね。そうでないとついていけないから。

実は、僕の親父がね、法律学者としては、ものすごく語学の天才だというふうに言われてたらしいですよ。ロシア語までやったのですから。そういう噂があったんですよ。僕に言わせたら、僕の父親の語学というのは本当はかなり頼りなかったですね。

菊間　そうなんですか。

谷口　けっこうね、親父は時々頼まれて、外国の法律雑誌などに投稿したりするんですよ。自分も自信ないから、フランス語で書いた時には、京都の日仏学館の館長さん、法律家じゃないですけど。何かフランス語で書くとね、その方を夕食に招待して頼むわけですよ。直して下さいと。修正されて、返って来たのをちらっと見るとね、ちょこちょこと直してあるんですよ。英語で書いたときにはブリティッシュ・カウンシルというのが京都にありまして、そこの館長さんをご馳走してね、その人に英語をみてもらって、それもちょろちょろちょろと直してあるんですね。

それで僕はね、親父は英語もフランス語も結構書けているのだ、と思ってたんですよ。僕はアメリカに二年以上いて、試験も受けて論文も書いて帰ってきたでしょ。そしたらそれから後は、親父がね、もう英語は十分やってきたんだからって、自分で書いた英語の論文を直して、って僕に頼んできた。ご馳走もしなくていいし。僕はその原稿を見てね、愕然としたですね。ひどいんですよ。いわゆる日本人英語なんですよね。

それで、ブリティッシュカウンシルの館長さん、ちょろちょろとしか直してないというのは、もうそれしかできなかった、全部書き直さなきゃものにならないけど、専門じゃないから内容的にわからない。そこで、簡単な文法的な間違いみたいなのをちょこちょこと直すということだったと思います。だけど英語のちゃんとした論文としてはちょっと恥ずかしいくらいの出来なんですよ。それで、あぁ、なるほど、そうだったのか、と分かったんですよ。それは言ってませんけどね。言いたいことはわかるから、僕が全部書き直しました。

菊間　ええーっ。

谷口　親父のほうもそれでちょっと認識したかもわかりませんけど。あるいは、息子はちょっと思い上がっている、勝手に直して、と思ったかもしれません。

菊間　いやぁ、そこはやっぱり時代もあるんでしょうね。お父様の時代にはそれですごいけれど、先生の時代になってくるとやっぱり、もう一段階超えていく……。

谷口　そうでしょうね。やっぱり二年間で随分英文は読んで書いた訳ですから、かなり身についたはずです。今でも、冠詞の使い方などは自信がないからあまり偉そうなことは言えませんがね。父は主としてベルリンに留学はしてるけど、観光旅行とは言わなくてもお客さんみたいな感じだったと思います。やっぱり試験受けて、論文書いて、そういうことをやらないと実力はつかない。

菊間　つかないんですね。よくわかりました。

谷口　その大学で実際に書いて論文を発表したりとか、そういう経験した人は違いますね。そうでないような人は、ぜんぜんダメですね。

ただ、冠詞の使い方には、あまり確信は持てないです。英語の冠詞は難しいですよ。本当に難しい。aをつけるのか、theをつけるのか、何にもなしかっていう。何にもなしというのがありますから、こわいんですよ。ドイツ語とフランス語はだいたい冠詞が必ずつく。英語が難しいのは、冠詞なしがあるところですね。アメリカ人に聞いてもね、わからない。でも自分では書けるというんですよ。人が書いたのを、そこどうするんだと言われたってわからない、と言うんですよ。そういうもんなんでしょうね、言葉って。

菊間　あぁ、意識して学んでないとね。私たちも日本語を使うことはできても、その法則を説明することは難しいですものね。

谷口　われわれが無意識でやってる「てにをは」の感じですよね。

菊間　そうですね。文法的に規則性を説明しろと言われてもね。ここは「が」じゃなくて「は」だというのが、なかなか説明できないですね。

谷口　そんなこともあって、私が最初の留学から戻ってからは、父が海外の国際学会に出掛けるときに同伴を頼まれました。旅費を払ってくれるので、こちらも大いに助か

▷▶写真4.3　1974年比較法国際アカデミー・イラン会議の際

▶イラン，ペルセポリスの遺跡で父と。

りました。お陰で、イラン（テヘラン、一九七四年）ベネズエラ（カラカス、一九八二年）、オーストラリア（シドニー、一九八六年）などで開かれた国際比較法アカデミーの学会に付いて行って私も良い思いをさせてもらいましたね（写真4・3）。父は晩年心細いといって母に同伴させていましたので、母も助かったと思います。ところで、この比較法国際アカデミーを二〇一八年に初めて日本（福岡）で開くようです。

3　海外での講義と語学の習得

菊間　先生といえば、海外での講義の話しは外せないのですが、海外の大学で教えるようになったきっかけは何だったのですか？

谷口　それは、ミシガン大学のロースクールにグレイ先生という方がおられて、僕の英語を聞いて、これなら教えられると思ってくれたんじゃないかな。日本の経済発展がそろそろ注目されて、そのような機運が出てきた頃で、東大の田中英夫先生などはすでにハーバードで教えておられたのではないかと思います。私もアメリカのロースクールで正式に給料もらって教えた日本人としては早い方だと思います。

菊間　そうなんですか。

谷口　一九七六年は今から見れば結構早いですからね。すでにアメリカに留学した人はたくさんいたわけですけれども、やっぱりちゃんと教えられるくらいしゃべれると思ってもらえる人はあまりいなかったのかもしれません。弁護士の皆さんがアメリカでLL.M.を取ることが一般的になってきた頃です。学者もアメリカによく留学するようになっていましたが、いわゆる客員研究員（visiting scholar）の人が多かったから、

▷▶写真４．４　グレイ教授，留学生たちと

▶ミシガン大学キャンパスにて。

授業には出ても試験は受けないし、論文も書かなくてよいという立場です。

京大の法学部ではね、先ほども言いましたが、川又先生が私より前にアメリカへ三年留学してＬＬ．Ｍ．を取ってこられました。最近ではＬＬ．Ｍ．は当たり前ですが、その頃は学位を取って帰って来たというんで大変評判でした。僕もアメリカに留学して、一年目にＬＬ．Ｍ．は取りましたし、二年目に博士にあたるＪＳＤというのを取ったでしょ。ですから、学部のなかでもかなり感心してもらったんです。でも、英語はそんなに上手だと自分自身思ってなかったんで、ミシガン大学のグレイ先生が「ミシガンで教えてください」と言ってきたとき、「英語に自信がないし」と言ったら、グレイ先生は、「自分が知っているなかであなたが一番上手だ」って言ってくれたんですね。アメリカ人からみたらそうだったのかもしれません。せっかく言ってくれたので、家族三人を連れて、ミシガン州のアンナーバーというデ

トロイト近くの大学町行って一九七六年秋学期に「日本法入門」の講義、翌年春学期に「国際民事訴訟法」のセミナーをしたと思います。その当時の写真があります（写真4・4）。グレイ先生（右後ろ）、留学生だった但木敬一検事（左前）と小津博司検事（その後ろ）です。その後、両検事はともに検事総長になられましたね。前列右の方も日本の留学生だった筈ですが、どなただったか思い出せません。当時ミシガンは刑事法が充実していて歴代の検事が留学しておられました。六〇年代に日本の刑事法に関心を持たれていたジョージ先生という方が居られた関係かも知れません。ミシガンのロースクールは日本と関係が深いところで、日本生命も代々留学生を送っており寄付講座を作りました。現在ロースクールの長（Dean）で日本法を教えておられるウエストン教授のタイトルはNippon Life Professor of Lawです。

菊間　そのアメリカでも趣味のピアノを続けていらっしゃったとか。

谷口　司法修習を終わって京都に落ち着いたわけですが、いろんな用事で東京に出張しますでしょ。京都修習時代の同期生で、縄稚登さんという弁護士が東京におられて、ちょいちょいご馳走してくれるので、やっぱり弁護士は実入りがいいのかなと思ったりしたんですけれども。彼は子どものときから和田肇さんという当時の有名なジャズピアニストの一家と親しかったそうです。私もこの名前はよく知っていました。ラジオでジャズもたまにあるでしょ。ジャズで日本人のピアニストというと必ず出てきた名前でした。その人の娘さんもジャズピアニストで、演奏しているレストランに連れて行ってくれたりしました。その方がやはりジャズマンと結婚して、新宿でジャズクラブを開いたというんで縄稚さんが連れて行ってくれました。今もある「J」という店です。そのうちに僕は東京出張のときそこに通うようになって。

菊間　はい。

谷口　そこで演奏を眺めていると、ジャズピアニストって簡単なことをやっているように見えるわけです。私はクラシックのショパンやリストやなんかの難しいことやってきたのだから、これは勉強したらできるかもしれない、という野心をもっていました。で、ミシガンに行ったでしょ。グレイ先生も音楽好きな人で、ミシガン大学のミュージック・スクールの先生とも知り合だということでした。僕がジャズピアノを習いたいと言ったら、紹介するって言われて大学では楽理を教えて夜はホテルのラウンジで息子さんのベースでジャズピアノを演奏していたカール・アレキシウス教授を紹介してくださったのです。自分の借りてる家に小さいピアノをレンタルで入れて、その先生のところへ通ったんですよ、週一回ね。はじめはさすがに理論を教えてくれるんです。いろんな音階の種類だとかを英語で習ったのは生まれて初めてでした。ひと月ばかりそういうことばかり教えられて、おまえは自分が教えた学生のなかで一番よくできると言われて。

菊間　ええ。

谷口　ところが、実技になったら全然できないんですね。クラシックのことしか知らないから。人がやったことを見てすぐ真似するようなトレーニングを全然してないんですね。楽譜を見て識別することしかやってないでしょ。仮にできても、リズムができないんですね。その先生に、お前にはそもそもリズム感というものがないと宣言されて。

菊間　はい（笑）。

谷口　それでも半年以上がんばっていましたけれどもね。あれは音楽のセンスがないとできませんね。それ以上は諦めました。自宅でレンタルのピアノで一生懸命練習していると、家内や子どもらが「お父さん、また始まった」と冷やかすのですね。

菊間　では、またクラシックに戻って。
谷口　ええ。クラシックはやっていましたけれど、まあ、ジャズがあんなに難しいものだと思わなかった。
菊間　まあ確かに、何か学んでやってるって感じがしないですね、ああいう方たちって。体のなかから出てくるっていう。
谷口　そうなんです。音が浮かべばできるみたいですね。
菊間　そうですね。体にリズムが刻まれている感じですよね。
谷口　そういうトレーニングは全然していませんでした。少しピアノをしていたと言ったものだから、先生はある程度できるだろうと思って教えたみたいです。アメリカだとクラシックのピアノを習っていても、ジャズもわかるように教えるのかなあと思いました。ミシガンにいたとき長男が現地の六年生でピアノの先生のところに連れて行ったんですけれども、その先生の教え方は日本と少し違って、ああいう教え方すると、能力がつくのかなと思いました。
菊間　そうなんですね。
谷口　結局はものにならなかった。
菊間　谷口先生がやってみて、ものにならなかったことが一つぐらいあって安心しました（笑）。なんでもやったら先生できちゃうから。英語の話が出ましたけど、英語を初めて学んだのは中学生のときですか。
谷口　もちろん、普通にね。だから特別の英語教育なんて受けてなくて。アメリカへ行くってことが決まってから英語の勉強はやり出しました。特に会話の。
菊間　それはＬ.Ｌ.Ｍ.を取りに行くって決まってからですか。

谷口　そう、一九六二年から六三年です。

菊間　六二年四月から行かれてますから、その前から勉強を？

谷口　そうですね。それまで英会話の勉強は何もしてないです。今のようにどこにでも英会話学校があるわけでもないですし。私が高校の一年か二年のときに、父がどこか外国の学会に行くっていうので、会話の勉強しなくてはいけないとなって、ドイツ人で京都の私学の先生をしてたおじいさんがいて、そこへ週一回ぐらい通って、英語で話してもらうという稽古をしてました。お前も行けみたいなこと言われて僕もついて行きました。僕はそういう点では向学心があったのかな、僕の兄なんかは関心が無いからそんなところへついて行かなかったですよ。

菊間　高校生のときに行ってたんですか、先生。

谷口　高校生のときにそういうところ行って。僕は父が先生としゃべっているのを聞いているだけなんですけれども。先生は僕に何も尋ねたりしないし。傍聴だけでしたけれどもね。

菊間　ええ。

谷口　そんなことはしましたけど。そんなもの、全然役に立たないし。結局アメリカに行こうとなってから、ちょっと勉強しなければいけないというので、同志社女子大にアメリカの大学を出たての女性の先生が会話の先生として来ていたんですね。僕の高校の同級生の女性がたまたまそこの学長秘書をしていて、紹介をしてもらって、その先生が週に一回僕の家に来てくれて、初歩から会話を教えてくれたんです。それは今から思うと非常に良かったですね。先生は本職の先生でもあるし、後から思うと非常にためになることを教えてくれました。最近でも、アメリカへ行くのにどのような英語の勉強をしたらいいのかと聞かれることがあります。その時の方法を推薦しています。その先生は短いお話が書いてある教材を使ってたんです。

菊間　お話？

谷口　日常生活的ないろんなお話がありました。お話の次のページには質問があって、お話を読んで、質問に答えるというものでした。先生はお話のほうを丸覚えしなさいと言うのです。

菊間　はい。

谷口　だから町を歩いているときでも、ぶつくさ言って暗唱してましたね。それを覚えて、それについて先生が質問してくるわけですね。質問は書いてありますけれども、もっと他の質問もしてくるわけです。そしてそれに答えるというトレーニングをしてくれて。あれは非常に役に立ちましたね。

菊間　へー。

谷口　最近、英語学校や何かでネイティヴがお相手をしますというような、一時間……。

菊間　いくらみたいな。

谷口　あんなの、いくらやってもダメですよ。やっぱり自分の身につかないですからね。覚えるというところで身について、それを実際に使ってしゃべるというところでほんとに身につくんですよ。あれである程度実力が身についたと思います。そういう練習の仕方をみんなにも勧めているんです。

菊間　なるほど。

谷口　まず覚えないと。自分の体にないものは出てこないわけです。まずそれを仕込んで、今度はそれを口に出すというのはまた別の技能なんです。覚えたことを実際に口に出してしゃべることで自分のものになるのです。赤ちゃんも同じですね。

菊間　最低限の暗記というか型みたいなものは入れないと。

谷口　そう、型とかね。まず覚えるということ。単語もね。

菊間　それは結構分厚い本でしたか。

谷口　いや、薄い本でしたよ。アメリカの本でね。多分彼女は同志社で実際に使ってたんだと思う。

菊間　LL.M.に行くときは、何か英語の試験のようなものはあったのですか？

谷口　当時はそういうものは全然なかったです。今ではTOEFLなどがありますね。

菊間　はい。

谷口　僕らの頃は古き良き時代ですから……。なぜアメリカへ行くことになったか、ですが、これも間接的には父のお蔭です。前に言ったように、父は立派な庭園がある豪邸に住んでいましたから、外国の学者が京都へ来ると仕出し屋さんから料理を取って自宅で接待していました。日本舞踊を習っていた小さい妹が踊りを披露したこともありましたね。私も成人してからは、時々お相伴させられてました。兄は全然相手にしなかったですけれど。カリフォルニア大学の国際私法の大家であったエーレンツワイク先生を接待したとき私も陪席したことを覚えています。それから一年後かな、そのエーレンツワイク先生から同僚のコーエン教授夫妻が京都へ行くから宜しくと頼まれたようです。

菊間　そこら辺のお店に行くより、京都を堪能できそうですものね。

谷口　当時は何とも思わなかったけれど、確かに個人宅では珍しい豪邸でしたから外国人はみんな感激するんですよ。それに、仕出し屋の料理だとは知りませんから、奥さんは大変だろうとか言ってくれていました。そのカリフォルニア大学の若い先生がジェローム・コーエン先生で、私のアメリカ留学の恩人というべ

▷▶写真4.5　コーエン教授ご家族との写真

▶コーエン教授のご自宅にて（1962年）

き人です。

この人は、アメリカの超秀才です。有名なイェールのロースクールをトップで出て、在学中はイェール・ローレビューという雑誌の編集長をやり、卒業後は連邦最高裁の調査官（ロー・クラーク）になって、ウオーレン長官や有名なフランクファーター判事などに二年間仕えて、ワシントンの大手法律事務所に入ったのですが、彼はかなり野心家で、誰もやっていない共産中国法のことをやりたいと思ったらしいです。五〇年代のマッカーシー旋風の記憶が新しい頃ですから、ちょっと危険なテーマです。

しかし、将来を見ていた大きな

財団、フォード財団だったかロックフェラー財団だったか、が彼に中国共産法の研究資金を提供し、それを持ってバークレーのロースクールに就職し、研究費で香港に行きました。国交がありませんから中国本土には行けません。香港に一年間滞在して、中国本土から逃げてきた避難民のなかで法律に関係した仕事をしていた人を探し出して、インタビューをして情報を集めたわけですね。中国共産主義法の実務についての。その成果は何年かして確かCriminal Justice in Chinaという本になりました。

香港から帰りに奥さんと二人で京都へ来た時にうちでご馳走しました。その時、私はすでに京大に勤めており、私は新婚でお運びの手伝いを兼ねて家内も陪席しました。そのとき、翌日に京大を案内しましょうという話になり、私が法学部の書庫を案内したときに、現代中国法に関係する日本の本が何冊か目につきました。当時中国唯一の法律雑誌だった『法学』も寄贈を受けてそこに一緒に置いてありました。日本の本は何かというと、あの当時、左翼の先生方が中国政府に招待されて視察旅行に行ってるんですよ。同僚で労働法の片岡昇先生なんかも一九五〇年代にグループで中国に行ってるんですね。そういう人達は帰ってくると必ず個別に論文を書いたり、本を出したり。その種の本が結構あったのです。それをコーエン先生に説明したら、それはものすごく貴重な資料なわけですよ。中国の『法学』もアメリカでは手に入らないと言っていました。そこで、翌年四月からバークレーに来て、これらの本の英訳をしてほしいというわけです。そして九月から学生になってLL.M.を取ったらいいじゃないかという話をもちかけてくれたんです。

菊間　はい。

谷口　僕もアメリカ留学のことは少し考えてましたから、これは結構な話だということで、翌一九六二年の学年変わりの四月から家内と一緒にバークレーへ行ったんです。初めからスポンサーつきですから非常に恵まれてましたね、アパートなんかも彼がちゃんと確保してくれてたし、九月からの授業料免除と奨学金を彼が全部アレンジをしてくれたんです。それに彼もまだ若かったからでしょうが、当時のプロペラ機でサンフランシスコ空港に着いたら、彼が奥さんと一緒に出迎えてくれて、車に乗せてもらってアパートへ直行。アパートの冷蔵庫を開いたらすでに食べ物でいっぱい。留学生はまずアパート探しで苦労するのが普通で、こんな厚遇は珍しいことです。

その翌日から小さな部屋が与えられて、翻訳の作業を始めました。私の英語でちゃんとわかったかなと思いましたが、趣旨は分かってもらえたかなと。

コーエン先生夫妻はとても社交家で、大学キャンパス背後の丘の、はるかに金門橋が見晴らせるいい家で、しょっちゅうパーティ、アメリカ流の立食パーティです。一週間に必ず一回やって、いろんな人を呼んで、そこに僕ら夫婦も招いてくれるわけですね。そこでいろんな人と知り合いになれたし、英語も実践できるから、有難かったたですね。英語は大したことはなかったと思いますけど、まあまあそこそこできるようになったのかなあ。

菊間　いやあ、そこそこどころじゃなくて、すごくできると思います。

谷口　今から思うとその頃は頼りなかったと思いますね。九月から新学期が始まって正式の学生になって、そこでコーエン先生からあなたは学生なんだから勉強に専念しなさいって言われて。翻訳作業は無くなりました。

菊間　そのときはL.L. M. のクラスは外国人は何人ぐらいで、日本人は……。

谷口　外国人はその頃は五人ぐらいで、日本人は一人でした。

菊間　何人中ですか。

谷口　一年生が三〇〇人ぐらいだったかな。セクションといってクラスが割り当てられて、座席が決められていて、先生は座席表をもっていて当てるんですね。最近は、アメリカのロースクールもすっかり変わりましたが、あの頃はとても厳しかった。あの頃、先生が質問すると、生徒の三分の二ぐらいはハイハイーと手をあげるわけです。そんな光景、僕は小学校の一年のときから見たことないです。

菊間　戸惑いましたか。

谷口　戸惑いましたね。僕は手を挙げようにも質問がわからないから、手は挙げませんでしたけどね。だけど、そういう雰囲気だったんですよね。そういうシステムのまねをして、日本の司法研修所ができていたことがわかりました。つまり司法研修所は座席が……。

菊間　決まってますよね。

谷口　そうでしょ。座席を決められて先生が質問して。

菊間　当てますよね。

谷口　僕なんか白けて全然手を挙げなかったんですけれども。ああ、なるほど、司法研修所はあれを真似したんだって思いましたね。ただ、このように厳しいのは一年生だけらしいことが後でわかりました。一年生の成績で三分の一が落第というか放校されて二年生から二〇〇人になるんです。そういう落第生が教科書を売るので、私はそれを買ってました。こういう厳しさは今はアメリカでもすっかり無くなりましたね。

菊間　五人の留学生は先生以外は全員……。

谷口　あとはね、エジプト人が一人いました。それから、ドイツ人が三人いましたね。あそこにはドイツ生まれのバックスバウムという先生がいたんですよ。七歳でアメリカに来たとかいう。そんな関係から、学生も来たのではないかと思いました。ドイツの民法学者で教授資格論文を書いていたリューダリッツさん夫妻と親しくなって、彼がケルン大学の教授になってからケルンでお世話になりましたが、早く亡くなってしまいました。彼に、バックスバウムさんのドイツ語はどうかと訊ねたら、子どものドイツ語だと言っていました。バックスバウム先生はまだ元気で昨年もバークレーで会いましたよ。

菊間 （笑）

谷口 ドイツ人学生が多かったのですが、ドイツ人はアメリカ留学を真面目に考えてないのかな、あるいはアメリカの法律なんて下に見ていたのかな、全然勉強しないで、サボってばっかりいるんですよ、遊んでばっかりいましてね。僕とエジプト人は一所懸命勉強して、LL.M.を取れたのですが、ドイツ人のうち二人はLL.M.を落第したんですよ。

このエジプト人アボウル・エニンさんは私と同い年の裁判官で、お互い夫婦で仲良くしていました。私の車で一緒に旅行したとき、お昼は食べないで、太陽が沈んだとたん車中でモリモリ食べだして驚きました。ラマダン期間中だったのですね。それから二十年後、ヨルダンのアンマンであった国際商事仲裁関係の学会で再会しました。カイロの仲裁センターの所長だということで、カイロに招いてくれたりしたのですが、その後ニューヨーク出張中に交通事故で亡くなったと聞いて驚きました。彼はその前に一人息子を湾岸戦争で失っていたのです。

第五章

グローバル・ジュリストの原点

——米国民事裁判体験

▷▶写真５.１　カペレッティ教授と竹下守夫さん

▶向かって左端は妻明子（仙台で）

▷▶写真５．２　2012年9月モスクワでコーエン夫妻と

𝄞1　コーネル＝フィレンツェ＝ハーバード——グローバル・ジュリストの形成

菊間　谷口先生は、そのコーネルの後に、フィレンツェとハーバードと行かれますけど、そこはご家族みなさんで行ったんですか？

谷口　最初一人で行っています。二年余りアメリカにいて帰ってきたでしょ、その二、三年後かな。フィレンツェは、フィレンツェのカペレッティという先生から手紙が来てね、あなたのことをラインスタイン先生から聞いたので、機会があればフィレンツェに来て下さい、みたいなことだったのです。ラインスタイン先生は当時のアメリカに多かったヨーロッパから逃げてきたユダヤ系学者でシカゴ大学の先生です。比較法の大家でした。実はラインシュタイン先生もその少し前に京都へ来て、例によって僕は親父のご馳走に参加していたのですよ。フィレンツェへは何の仕事かと言うと、その頃に『国際比較法百科事典』という企画があってね。いろんな分野ごとに世界中の法律制度を百科事典的に書くという壮大なプロジェクトがあったんですよ。

菊間　イタリアの出版社がですか？

谷口　いやいや、出版社はオランダじゃなかったかな。全体の編集をしていたのが、ドイツのハンブルグにあるマックス・プランク研究所という大きな国立の研究所。マックス・プランク研究所というのは方々にあるんですけどね、ハンブルグにあるのは、比較法、外国法を研究する研究所です。そこが中心となって各分野ごとに適当な責任者を任命して、その責任者が各国の情報を集めて……。

菊間　なるほどなるほど。

谷口　フィレンツェのカペレッティ先生が民訴の巻を引き受けたわけです。そしていろんな情報を集めるわけです。当時としては有難いことですけど、日本法についても書きたいと思ってくれたらしいですよね。誰か協力者を探していたときに、ラインシュタイン先生から京都に谷口という若いのがいると聞いたのでしょう。旅費は出せないけれど、滞在費は出すということでした。ちょうどその頃に、コーエン先生が現代中国法研究のシンポジウムをバーミューダ島でするから「日本における現代中国法研究」の報告をして欲しいと言ってきました。コーエン先生は私をバークレーに呼んでくれた先生でしたが、六五年頃にハーバード大学に移籍していたのです。日本からバーミューダ往復の旅費は出してくれるので、その金額で世界一周切符が買えました。

ということで、一九六七年六月だったと思います。バーミューダからフィレンツェに行ったのです。一九六四年にアメリカからの帰りに家内と一緒にヨーロッパを旅行して帰ってきたんですけど、その時もフィレンツェには行ったかな。ローマからカイロ経由の日航機に乗ったのは覚えてますが。ともかく、初めてヨーロッパの大学に一か月間いて、アメリカと違うことはいろいろありました。カペレッティ先生は助手を数人抱えて「君臨」という感じでしたね。最年長の助手だったヴァラーノ君が私の世話係を命じられていろいろ気を遣ってくれました。カペレッティ先生はその後フィレンツエ郊外のフィエーゾレに出来たヨーロッパ大学の教授となり、ヴァラーノが後継者としてフィレンツエの民訴教授となりました。

その頃のイタリアはまだ貧しい感じでしたね。大学で予約してくれたペンションといいますか、冷房もない安宿に住んで、マダムが部屋を開けっ放して、すごく大きな音でテレビをつけてるんですよ。やかましくて寝られなかったり、いろいろ大変でした。カペレッティ先生とはずっと付き合いが続いていたのですが、九十年代後半頃にアルツハイマー病みたいになって引退しその後亡くなりました。

菊間　フィレンツェへ行かれる途中のバーミューダはいかがでした?

谷口　これも私にとっては思い出が多いです。私に与えられた報告テーマは「日本における現代中国法研究」というもので、一九六二年に私が文献を集めてバークレーでコーエン先生のために翻訳したものが主たる対象です。当時日本で現代中国法を研究していた先生方は「新中国シンパ」と言いますか、自らも毛沢東思想にどっぷりと浸かった方々が主流だったたのです。論文の末尾に「毛沢東万歳」なんて書いているんですよ。私はいろいろ例を挙げてこれは客観的な学問研究ではなくて政治的プロパガンダだ、と徹底的に批判しました。

二年後くらいに、この時の全報告がまとめられてハーバード大学プレスから出版されました(Jerome A. Cohen, ed., Contemporary Chinese Law, 1970)。それは、もちろん日本の中国法研究者の目にも触れたわけで、私は俄かに中国法研究者と看做されたのか論文の抜き刷りを頂いたりしました。そして、ある有力な先生は『法律時報』だったと思いますが、この本の書評を書かれて、「谷口論文で大いに批判されたが、我々にも反省すべき点があった」と明言されました。その後、極端な中国礼賛はなくなりましたから、私も日本の中国法研究に若干の貢献をしたと思っています。

菊間　フィレンツェは、芸術の都というか、美術館もたくさんありますよね。僅かな期間でもそういうところには貪欲に行かれました?

谷口　観光は行きましたね。有名な教会を回ったり、市庁舎前の有名なミケランジェロのダヴィデ像の本物が置いてあるアカデミアだとか、ウフィツイ美術館とか通いましたね。最近は入館が大変ですが、当時は空いていました。

菊間　それで一回戻られて……。

谷口　その時はわりあい短かったですね。全部で一か月半くらいかな。フィレンツェへ行く前にドイツへ回りましたね。実は、その一年くらい前に京都でドイツの先生のお世話をしたのです。

中田先生が民訴学会の理事長で、ドイツ人の先生を学会に呼ぼうということになったのです。当時は訴訟物論が盛んで、ドイツの新訴訟物論の提唱者のエアランゲン大学のシュワープ先生、この先生のところに三ケ月先生が留学されて帰国後新訴訟物論を提唱されたのです。それから、中野貞一郎先生が留学されて訴訟行為論を研究されたザールラント大学のリューケ先生を招聘しました。僕は理事長の下働きで、いろいろ準備をしました。中田先生はドイツの先生方を民訴学会の名誉会員にして名誉会員証を渡したいと言われ、結局僕に名誉会員証を考えろ、みたいな話になってね、僕もそんなことには結構マメなもんですから、いろんなこと考えてね、日本式の巻物にして差上げたら面白いのではないかと思って表具屋さんに相談しました。表具屋さんが書家として紹介してくれた西の方のお寺のお坊さんに文章を書いてもらいました。立派な日本的名誉会員証ができて差し上げたんです。中田先生の弟子の鈴木正裕さんや井上正三さんなんかには呆れられましたね。

菊間　そこまで凝るのか、って

谷口　凝り性だって。

菊間　先生は中田先生に頼まれたわけでしょ。
谷口　中田先生は大変ご満悦で、日本的な名誉会員証が割合安くできたと。まぁ、その種のことはしょっちゅうマメにやってましたね。という縁で、フィレンツェの前にエアランゲンとザールブリュッケンをまわったのです。リューケ先生のお宅で泊めていただき、お宅の室内プールで泳ぎました。日本人を沢山泊めたが、泳いだ人ははじめてだと言われました。

𝄞2　コーエン・コネクションが役立つ？

菊間　さて、ハーバードのロースクールの研究員で一九七〇年から一年間行かれてますが、これはどういう経緯だったのですか？
谷口　それはね、やはりコーエン先生のコネクションです。
菊間　ええ……
谷口　バーミューダの会議に呼んでくれたコーエン先生ですね。バーミューダ会議の時はすでにハーバードロースクールの先生になっていたことは言いましたが、彼はバークレーには四、五年くらいしかいなかったわけですね。中国法への関心が全国的になってきたのでしょうね。一般にも、その頃からは、日本法よりも中国法ですね。
菊間　もうその時点でそうなんですか？
谷口　ハーバードの先生になって、新築の建物のフロアーを占拠して「東アジア法研究センター」を立ち上げでいたのです。ですから日本法ももちろん研究対象です。給料を一年一万ドル払うから、ハーバードにおい出って言ってくれたんですね。一万ドルというと当時はまだ物価が安かったから、家族四人で十分生活できたんですよ。上の子どもがプリスクールという小学校前の幼稚園、下の子がナースリーといって保育園。家主さん家族が二階に住んでいる木造一軒家の一階を借りて、一応家族としての生活をしてましたね。ピアノも「チッカリング」という一九世紀の「名器」を中古で買って、鳴らないキーを自分で直して弾いていました。

この一九七〇年というのは、日本を含んで世界中で吹き荒れた大学紛争終結の直後で、ハーバードのキャンパスも割れた窓ガラスがベニヤ板で補修してあったり、落書きや荒れ放題の芝が放置されていたりで、昔のイメージはありませんでした。それに学生の服装もすっかりラフになり、教室で当てられても「準備してませーん」と平気で言う有様。先生も平気で「では、隣の人は?」という調子で、「アレーッ、日本と同じになった」と思いました。

昔は東部のロースクール生はロイヤーよろしく三つ揃いで決めていたものです。ハーバード・ロースクールの厳しさは、映画『ペイパーチェイス』で喜劇的に描かれるほどでした。私がその八年前に経験した西部のバークレイでも、学生の服装はラフでしたが、「準備してませーん」などと言える雰囲気ではありませんでした。

その時、コーエン先生は、何でもいいから歴史、法制史について論文を一つ書いて欲しいと言われたんです。僕は日本の民訴史でもと考えたのですか、明治の頃からの民訴の発展については、日本大学の染野義信先生がね、『講座　日本近代法発達史』（勁草書房、一九五八年～）というシリーズに非常に詳細な論文を書いておられました。染野さん以上のことは書けそうにないんですよね。僕は、染野さんが見ていないような資

郵便はがき

料金受取人払郵便

京都北郵便局承認

6144

差出有効期間
平成31年12月
31日まで

6038789

028

京都市北区紫野
十二坊町十二—八

北大路書房
編集部 行

切手は不要です。
このままポストへ
お入れ下さい。

(今後出版してほしい本などのご意見がありましたら，ご記入下さい

《愛読者カード》

書　名

購入日　　　年　　月　　日

おところ　（〒　　　－　　　）

（tel　　－　　－　　）

お名前（フリガナ）

男・女　　　歳

あなたのご職業は？　○印をおつけ下さい

)会社員　(イ)公務員　(ウ)教員　(エ)主婦　(オ)学生　(カ)研究者　(キ)その他

お買い上げ書店名　都道府県名（　　　　　）

書店

本書をお知りになったのは？　○印をおつけ下さい

)新聞・雑誌名（　　　　　）　(イ)書店　(ウ)人から聞いて
)献本されて　(オ)図書目録　(カ)DM　(キ)当社HP　(ク)インターネット
)これから出る本　(コ)書店から紹介　(サ)他の本を読んで　(シ)その他

本書をご購入いただいた理由は？　○印をおつけ下さい

)教材　(イ)研究用　(ウ)テーマに関心　(エ)著者に関心
)タイトルが良かった　(カ)装丁が良かった　(キ)書評を見て
)広告を見て　(ケ)その他

本書についてのご意見（表面もご利用下さい）

カードは今後の出版の参考にさせていただきます。ご記入いただいたご意見は
名で新聞・ホームページ上で掲載させていただく場合がございます。
送りいただいた方には当社の出版案内をお送りいたします。

記入いただいた個人情報は、当社が取り扱う商品のご案内、サービス等のご案内および社内資料の
成のみにご利用させていただきます。

料がないかと思って、ハーバード大学の立派な図書館に通いました。ちょっと珍しい資料として、幕末から明治初年まで治外法権の租界があったでしょ。アメリカ租界とかイギリス租界とか、そういうところに、イギリスやアメリカの領事裁判所があって、そこでの民事事件のことなどが載っている当時の英字新聞が見つかりました。そういうのを集めれば、染野さんなんかがやってないおもしろい歴史、日本での民訴の歴史がわかるかもしれないと思って、図書館からドサッと借りて出してきて、一枚ずつ新聞を繰って調べてみました。数件はありましたが、そんなことでは論文書けないしね、結局何もできずじまいで終わっちゃったんですよ。今から思うと。染野さんの論文を英訳するだけでも意味があったんですよね。あれだけ詳しい歴史を英語で出版できたら、それだけでも値打ちがあったんですが、いまは後悔してますよ。

菊間　今は英訳されてるんですか？

谷口　ないですね。もっとオリジナルで本格的なことをしないといけないと思ってたもんですから。難しいことを考え過ぎたんですね。それに、悪かったのは、日本人の悪い友だちがいっぱいできましてね。

菊間　ハーバードで？

谷口　ハーバード・イェンチン〈燕京〉研究所という東アジア一般の研究所があるのです。昔、日本大使になられたライシャワーさんはそこの先生でした。この研究所が奨学金を出して東アジアの研究者を毎年五、六名くらい招聘しているのです。私はロースクールですが実はそこからお金をもらっていたらしいです。それでイェンチン研の行事にも招かれました。

菊間　あぁ、はい。

谷口　ロースクールの留学生は忙しいでしょ。イェンチン研の客員の人はみな優雅に過ごしていました。

京大の人文科学研究所の論理学の先生がおられたし、慶応の経済の先生もおられました。神戸大学の文学部の先生で野口武彦という先生が飲み友達でした。日本文学の人なんだけど、大変な博識でかつ大酒飲みで話が面白い。無数に本を書いていますから野口武彦で検索してみてください。その人と飲み友達みたいになって。向こうは奥さんは来ていなくて単身で来ていたんです。私達は、子どもはまだ小さいから、早く寝かせてその人と飲んでいたりというようなことで、結構遊ぶことが多かったですね。だから、勉強をする時間はあまりなかったけど、コーエン先生は別に文句も言わなかったですね。一年経ってから「何もできませんでした」と言い訳をしました。

しかし、大学以外で面白い経験はしました。というのは、これもコーエン先生の紹介だったのですが、ボストンの連邦裁判所で日本法について鑑定人として法廷で証言するということがありました。沖縄でアメリカ軍の軍属のような男性がライフベストを着用して水泳をしていたら、ライフベストがサンゴ礁に当たって破れたため溺れて亡くなったので、オクラホマ州在住のその奥さんがライフベストのメーカーを訴えたという事件です。メーカーがマサチューセッツ州に在ったので、マサチューセッツ州のボストンにある連邦裁判所となったようです。どうして私が頼まれたのかというと、「不法行為地」はアメリカ軍政下の沖縄です。でも準拠法は、不法行為地の民事法で、それは日本民法だ、と当事者が合意したらしいです。そこで、当該事件に適用されるべき日本法について鑑定意見を求めるというわけです。

菊間　なるほど。面白そうですけど、大役ですね。

谷口　いわゆる製造物責任問題なのですが、当時の日本では判例はほとんどなかった。目薬を差したら目がどうかなった、という下級審判例があっただけです。当時の民法の教科書には何も書いていませんでした。

私は被告側に頼まれたんです。すると原告側は、ちょうどハーバードに滞在されていた東大の英米法の田中英夫先生に頼んだんです（笑）。

菊間　田中英夫先生に？　へぇ、すごい学者対決。

谷口　でも、製造物責任みたいな話ですからね、その頃の日本ではまだ製造物責任の理論が発達していなかったのです。ロースクールの図書館にある日本法の本などを見て、何か適当に書いたんですよね。まず書面で出して、最終的には口頭で陳述して反対尋問にさらされるんです。

菊間　はい。

谷口　それで、私は証言台で尋問にさらされたのですが、田中先生はすでに帰国しておられたので、田中先生のは書面だけでした。

菊間　やらなかったんですね。

谷口　だから、証拠価値が低いんですよ（笑）。

菊間　なるほど。

谷口　私は反対尋問で適当に答えていました（笑）。原告弁護士が「田中先生はそうは言っていない」というと、私は「それは間違いです」と言って凌ぎました。被告の弁護士にはあとで褒めてもらいました。ちょっと不安があったでしょうね、事前の私との英語でのやり取りなんかで「これちゃんとやってくれるのかな」と思っていたでしょう。だけど、終わってから「あなたはアメリカのプロフェッサー鑑定人と同じくらい良かった」みたいなことを言ってくれました。

菊間　すごーい！

谷口　あれは私にとっても大変ためにもなりました。私は証言の時だけ行けば良かったのですが、アメリカ民訴は私の研究対象ですから絶好のチャンスです。べったりと傍聴席で見学させてもらうことにしました。一週間、月曜日から金曜日まで典型的なアメリカのトライアルですよね。一二人の陪審員の前で、入れ替わり立ち替わり、いろんな証人尋問、反対尋問をやって、金曜日の午後五時頃に「全部終わりました」となって、陪審員が退席して評議に入りました。我々はじっと待機です。

その間に、原告の地元のオクラホマの弁護士とも話をする機会がありました。自分がこの事件を持ってきたので、勝訴すればその半額を報酬として頂く、と言ってました。ボストンの弁護士と折半ですかね。陪審は八時になっても戻ってこないんですよ、私たちはずっと待機しているのに。すると、裁判官が出てきて、「まだ続いているから、もう少し待ってください」と言われて、それから三〇分おきくらいに裁判官が出てきて言いわけするんです（笑）。結局夜の九時半頃かな、やっと陪審が戻ってきて、答申を出して賠償金六五万ドルといったかな、その時の原告弁護士の笑みは忘れられないですね。

菊間　やっぱり製造物責任を認めて、「会社が払いなさい」と。

谷口　六五万ドルは、その当時ではかなりのお金ですから。

菊間　そうですよね。

谷口　原告、つまり亡くなった方の奥さんは小さい子どもを二人連れて毎日法廷に詰めていました。その子どもが親のいうことを聞かないで法廷を無心にチョロチョロと走り回るのもパーフォーマンスだったかもしれませんね。六五万ドルだから原告弁護士は三〇万ドルですね。がっぽり儲かったんですよね。だから、その時の原告弁護士の笑みはそういう意味かと、忘れられません（笑）。

菊間　そっちの意味なんですね（笑）。

谷口　被告側の弁護士は負けたから、飲みに行こうというわけで、私を連れて飲みに行ったんです。でも、飲みに行くといってても大人しいことで、カクテルを一杯だけ飲んで終わりでしたけど（笑）。それはおもしろい経験でした。

菊間　それはとても貴重な経験ですね。

谷口　それでその時はもちろん報酬をもらいましたしね。その時、コーエン先生が紹介してくれたから、「いくら請求しましょうか」と相談したら、「二〇〇〇ドルくらいならだれも高いと思わないし」みたいな話で、確かそれくらいもらったと思います。

それと、別にもう一つ相談を受けた話で、それも勉強になりました。

ボストンの弁護士が日本の会社から相談を受けて、訴訟を頼まれました。サマリージャッジメント（略式判決）で簡単に勝てると思って準備していたら、突然、「当事者で和解したからもう結構です」と言ってきたと言うんです。これは一体どうなっているのかと、つまり、一所懸命やっていたのに、勝手に和解してしまうのは理解できないとね（笑）。「どうも日本人がどう考えているのかわからないから、あなたが日本語で確かめてくれ」みたいな話だったんです。確かめたら、日本側としてはそんなに悪いことをしたとは思っていなくて、「取引銀行から早く和解しろと迫られて」と言いわけしてました。アメリカの弁護士は和解も含めて受任した心積りだけど、日本の会社は訴訟を頼んだだけ、という感覚だったらしいです。だけど「まぁ、少しは払いましょう」みたいなことになったから、それでよかったです。

ところで、その頃、昔世話になったコーネル大学のシュレジンジャー先生に会ってこの話をしたら、同じ問題はヨーロッパの依頼者との間でも起こりうる、という話でした。つまり、弁護士は訴訟のための道具で、ビジネスは本人が決めることだけれど、アメリカでは弁護士がビジネス判断にも当然関わるものとされている、ということらしいです。そんなこともあって、また少し報酬をもらったりして、そのお金で一家四人でアメリカからヨーロッパを通って日本へ帰って来たんです（笑）。

菊間　そのお金で（笑）。

谷口　一九七一年ですが、その頃はまだ、ドルが高かったんです。家族四人でスペイン、イタリア、ギリシャなどへ行って、さらにシリアとインドを通って帰って来ました。シリアのダマスカスに私の妹の義父が京大地質学の名誉教授で国連の事業（ＵＮＤＰ）のために滞在していました。インドでは古都ジャイプールへ行ってコーネル大で知り合ったサクセーナ教授の世話になり、一家で象の背に乗って丘の宮殿へ行きましたね。

その前、一九六四年帰国の時もヨーロッパ経由で、その時は当時のベストセラーだったヨーロッパ旅行案内「ヨーロッパ一日五ドル」という本を活用しました。その頃、ヨーロッパはまだ貧しくて物価が安くて、ドルがべらぼうに強かった。その本に推薦してあるホテルへ行くと五ドル以下で泊まれるんです、二人で。一九七一年に子どもを二人連れて行った時は、もうちょっと値上がりしていましたが、ドルは相変わらず無敵でしたね。

菊間　授業に出たり、ハーバードのロースクールの生徒さんに何か教えたりということは、研究員だとしないんですか。

谷口　その時は教えていません。その時は研究員ということでしたから、授業は私の勉強のために、民訴の授業とかを聴講してました。

菊間　むしろ、自分が取るっていう。

谷口　そうそう。取るっていっても、単なる聴講です。こちらの勉強のために、民訴の授業を傍聴したり、破産法も出たりしたかな、若干そういうこともしていましたが、単位を取らなくていいし、試験もないから身が入りませんよね。

菊間　そうですね、しかも先生は一回バークレーでやっていますからね。

谷口　ハーバードの時は勉強にならなかったですね。その後、一九七六年にミシガン大学で教えた時は、破産法のケネディ先生のセミナーに出たりして、かなり勉強になりましたね。ただ、この一九七〇年のハーバードのとき、英文論文は書けなかったけど、アメリカ民訴に関する日本語の論文を書いて、これはその後の私の学説の展開に大いに役立ったと思います。ちょうどその頃に連邦民事訴訟規則のクラスアクションの条文の改正案が発表されて、学界で議論が高まっていたのです。クラスアクションは今では誰でも知っていることですが、その頃の日本では全く知られていませんでした。

要するに、企業活動で大勢の消費者が損害を受けた場合、少数の被害者が、何万人もいる被害者を代表して莫大な損害賠償を取るというものです。制度自体は昔からあったものですが、大量生産と消費の大衆化が進んで、消費者被害の救済策として脚光を帯びるようになったのですが、いろいろ矛盾が露呈してきていたのでしょう。一部の人がその他大勢を勝手に代表して訴訟をするわけで、敗訴すれば当事者にならなかった人にも判決の効力が及ぶのか、及ぶべきなのか、その前提として、当事者になっていない全員に何らかの通知をする必要があるのではないか、などの問題です。この議論を調べていて、民事訴訟における手続保障とかデュープロセスの問題に印象付けられました。
当時の日本の民訴学説では、判決効が当事者以外に及ぶのは例外なので、法律の規定がなければならない、とだけ言われていて、アメリカでのように、その第三者に通知を与えて参加の機会を与えないといけないなどという議論はなかったのです。この論文、昭和四一年に出た「多数当事者紛争とデュープロセス」（法学論叢七八巻五号）で、日本民訴では憲法が保障しているはずの「デュープロセスはまだ眠っている」と批判しました。今や、日本の民訴理論で、手続保障は中心テーマの一つですね。その後、私が手続保障についていろいろ書いてきた原点はここにあったと思っています。

菊間　先生がバークレーとコーネルに行かれていたのが一九六二年から一九六四年で、ハーバードの研究員で行かれたのが一九七〇年〜七一年ですね。日本人の弁護士でLL．M．だっていう方が増えてきた頃ですか？

谷口　そうですね、でもまだ少なかったですね。

菊間　どのくらいでしたか。

谷口　今はアンダーソン・毛利事務所の長老の中本鉱一郎さんと林紘太郎さんとはハーバードで親しくしていました。林さんは他の事務所から来ておられたのですが、帰国後中本さんがアンダーソンに引っ張られました。でも、すでに亡くなられましたね。他にも誰かいたかな。でも人数はまだ限られていました。そう、当時の通産省から伊佐山健志さんという方が留学をしておられ親しくしていました。帰国後も付き合いがあって、今や有名になられた小池百合子さんの若かりし頃三人で食事したこともありました。彼女はカイロ大学に留学されたと聞いて驚いたことを覚えています。伊佐山さんは特許庁長官で退職されゴーン氏率いる日産の副社長になられましたね。

菊間　小杉丈夫先生（松尾綜合法律事務所）も、この頃ですよね、ハーバードに行かれたのって。

谷口　小杉先生がまず裁判官としてハーバードに留学されたのが、一九七一年夏に私が帰国したのと入れ替わりだったようです。その時は京大の同僚で法哲学の田中成明さん、後に同僚になった法社会学の棚瀬孝雄さんも一緒だったようです。田中さんはさっき言ったエンチン研究所、棚瀬さんはロースクールではなく長期滞在して社会学でPh．D．を取られました。

菊間　そうなんですか。

谷口　だから、ちょうど入れ替わりなんです。小杉先生は、その数年後東大の田中英夫先生がハーバードで日本法を講義されることになったとき、直接コーエン先生から招かれ、裁判官を退官して再びハーバードへ行かれて田中先生と一緒に日本の法律実務の講義をされたということです。そんな訳で、小杉先生もコーエン先生とは大変親しいです。

菊間　そうですね、先生は一九七一年九月までですものね。なるほど、わかりました。

谷口　あの時は本当に酒を飲んで遊んでばかりいて、今は反省しています。私がハーバードで教えたのはコーエン先生がハーバードを辞められた後の一九九三年になってからでした。

第六章

日本に帰ってからの民事訴訟法研究の成果

▷▶写真６．１　京都大学法経北館研究室にて

▷▶写真６．２　代表著作三冊

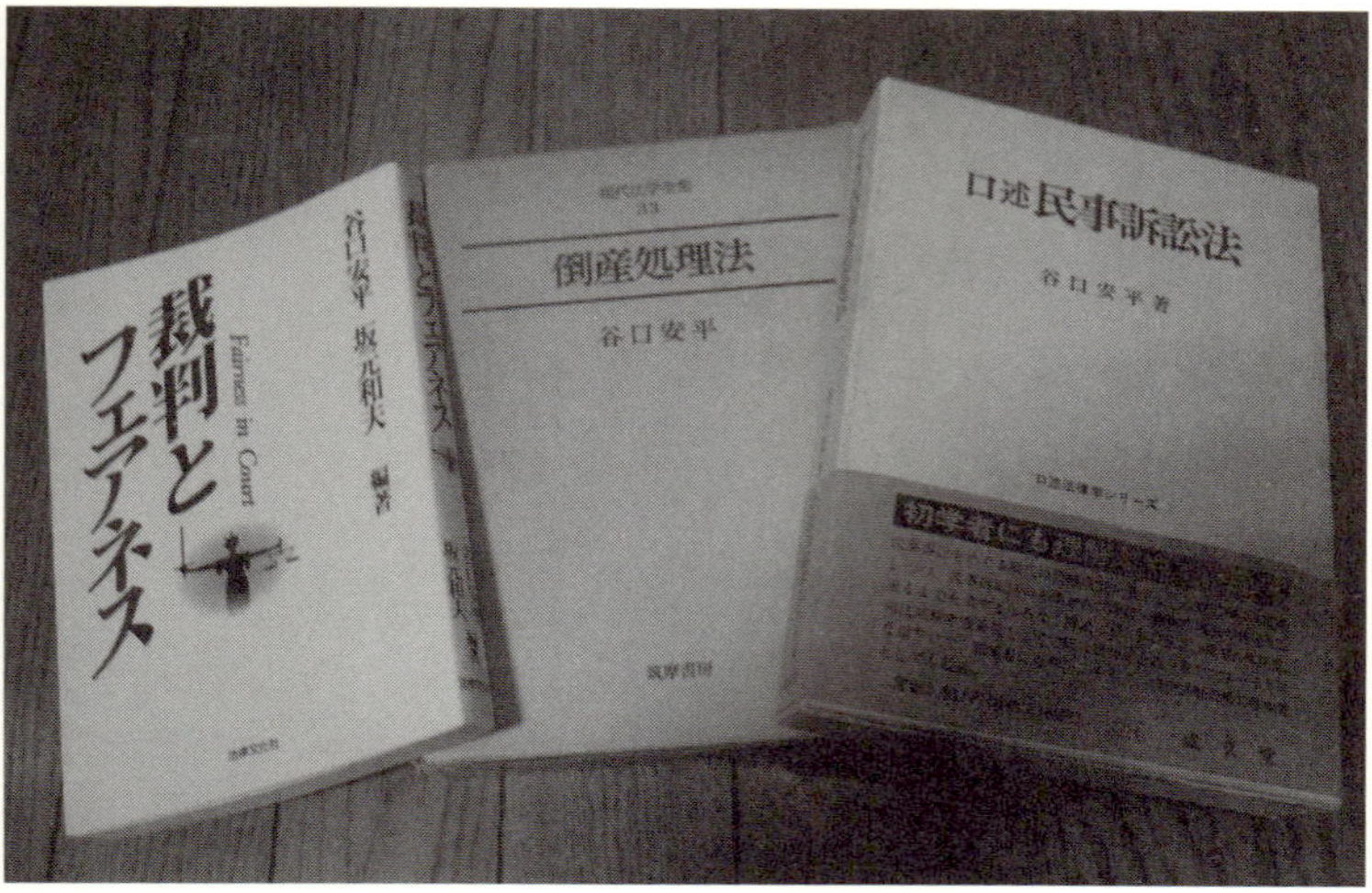
裁判とフェアネス
Fairness in Court
谷口安平　坂元和夫　編著
倒産処理法
谷口安平
口述民事訴訟法
谷口安平著

𝄞1　会社訴訟とデュープロセスについての研究

菊間　コーネル大学で研究したことが、先生が日本に戻ってきてから生きてくるんですね。

谷口　ドクター論文を日本の論文に焼き直して、『民商法雑誌』に四回に分けて連載してもらいました（五五巻五号、五六巻一～三号）。「会社訴訟のための手続構造」ではなかったかな。昭和四二年（一九六七）ですね。アメリカでの勉強が役に立ったか、と言われると制度が構造的に違うので、直接に役立つことは無かったですね。でも、訴えの利益とか、権利と救済の関係とか、でいろいろヒントをもらってその後の論文で生かすことはできたと思います。

日本の会社訴訟の考え方は株主総会の決議無効・取消しとかが中心で、誰か株主が原告となって、勝訴判決を得たら、判決の効力は対世的に及ぶという理論でしょ。公告とかありますけど、そういうことだと、他の株主は蚊帳の外というか、結局効力だけ受けるみたいになる。それでいいのかなという疑問が湧くんですよね。アメリカの場合は、問題もあるけれど、対世的効力なんてことは言わないんですよ。インジャンクション（Injunction）つまり差止命令の訴訟が普通で、差し止める相手は取締役で、「取締役は合併を進めてはいけない」という判決だけで、合併しなかったらみんなその影響を受けるんです。でもそれは判決の効力とは言わないんですよね。事実上そういうことになるだけの話です。日本の理論は形式張っているけど実質はあまり伴っていない感じがしました。アメリカでのいろんなことが発想の元になって、その後いろいろ影響があったんじゃないでしょうか。「コップの中の嵐」論もそうです。
日本の会社訴訟では会社を被告にしないといけないといっていたわけです。ところが実質的に考えれば会社は紛争の場であって紛争の当事者ではない、ということです。実際に争っている人が原告と被告になったらいい。コップの中の嵐、会社の内部紛争というのは水中の水素原子と酸素原子が争っているけど、コップ自体は紛争の当事者ではないじゃないかということです。アメリカの訴訟のやり方は実質的なんですね。日本では会社という何もないものをあたかもあるみたいに扱うから。

菊間　法人格は認めて、というような。

谷口　法人格は外部との法律関係で必要なもので、内部紛争には関係ない。

菊間　日本と違って、アメリカでは、実質を見てやっていくということですね。

谷口　どっちがいいのかは究極的にはわかりません。アメリカの議論は理論的より実質的ですよね。当時の日本はドイツ的な観念的抽象論が多かったですね。

菊間　「コップの中の嵐」理論のお話が出ましたけど、このネーミングは先生がつけられたんですか?

谷口　そうですね。

菊間　ウィキペディアで見たら、谷口安平、「コップの中の嵐」論で有名とか。あとは、よく引用される、多数当事者訴訟の「メリーゴーラウンド」論とかも。

谷口　あの「コップの中の嵐」論は、ずいぶん通説と違う話になったので、皆さんが取り上げてくれたんです。僕の説に賛成してくれる人はあまりいません。やはり、会社を被告にすることは意味があるんだというのが通説です。「メリーゴーラウンド論」は、東京のヤマハホールでやった有斐閣の講演会で言ったのが最初です。多数当事者訴訟の理論が難しいのは、一対一訴訟での「請求」の考え方をそのまま持ち込んでいるからだ、そのような「矢印思考」を考え直したら、という思いつきでした。でも、その後の発展はできていません。だから、学界に影響を与えたというほどのことでもないのですが。

菊間　中田先生は谷口先生が修習生時代から目を付けられて、引っ張って、助教授で入れていただいて。そのときに谷口先生も含めて、のちに中田先生の門下生・三羽烏と呼ばれたかたがいたということですが、皆さん同年代なんですか？

谷口　そうです。前にも話が出ましたが、鈴木正裕さんは二年上、井上正三さんは同学年です。その二人が大学院生としておられて、中田先生はその二人が居るけれど養子に出すと言っていたんです。

菊間　養子に出すって、面白い表現ですね。

谷口　それで「安心して来なさい」と。でも、年下の私が助教授で向こうは大学院生でしたからバツが悪かったですね。でも今から思うとお二人とも人格者だったですね。私に意地悪してくることもなかったし、私もあまり意識せずノホホンとした人間ですから、ずっと仲良くやっていました。鈴木さんはまだ二年間くらい大学院生だったのかな。その後、神戸大学に就職されて。井上さんは立命館大学に行かれました。その間、僕は助教授で向こうは大学院生でしたが、仲良く一緒に酒を飲んだり議論をしたりしていました。私はその皆さんに非常に教えられましたね。特に教えられたのは井上正三さんですね。非常にできる人でしたね。考えて考えて考えてね、考えたことを口で言うんですけど紙に書かないんですよね（笑）。

菊間　（笑）

谷口　あまりに考え過ぎていたからかな（笑）。それで、月一回の中田先生の研究会には現役の判事さんや弁護士さんが来ていたわけですよ。そこで、井上正三さんは偉い判事さんに議論を吹きかけて、はっとするような質問をしたり、見解を述べたりして、皆を感心させていました。本当に優秀な方でしたね。鈴木さんはそういうタイプではなくて、研究面でもドイツの学説史をみっちり極めるというタイプでした。井上さんは何もわからない私にも辛抱強く相手をしてくれるんです。彼自身は本当はそう思っていなかったと思うんですが。「谷口君と話しているといろんな発想が浮かんで楽しい」などと言って立ててくれるんです。アメリカのことや思いついたことを言ってたのかな。だけど、私も彼と話していると変なことを言ってもまともに受け止めてくれて、自分なりに考えたうえで「そうだけど、これはこうじゃないか」と必ず言ってくれるので、しばしばハッとさせられることがありました。それでこちらもまた考えるというように、井上さんは議論が本当に上手な人でしたね。論文を書かなかったけれど(笑)。「そこで言っていることを全部書けばいいのに」と皆から言われても、書かないんですよね。いざ書こうとすると書けないそうです。

ご両人が就職されてからも研究会の時はもちろん、それ以外の機会もいろいろあって、ずっと親しく付き合っていました。井上さんは、立命館という職場が忙し過ぎて書けないのかとも思って、九州大学の吉村徳重さんから誘いがあったとき、我々も強力に勧めて、井上さんは、九大で開設された「裁判学」講座の教授で異動されました。でも、書かないことは同じでしたね。九大を定年で辞めてから福山の私学に移られましたが、間もなく若い頃の結核が再発したとかで亡くなって残念でしたね。

菊間　先生方は新進の民事訴訟法学者というふうに当時言われていたんですか?

谷口　まぁ、おそらくそうじゃないでしょうか。ただ、東京にも同年輩の方がいましたから。

菊間　「新進」というのはどういう意味なんですか?　今までの先生方と何か考え方が大きく変わるのか、

それとも単に若いからなのか。

谷口　単に若いからということもあったでしょう。ただ、東大の新堂幸司さんは、注目を浴びるような助士論文を書きましたから。東大は新堂さんがいて、青山善充さんはもう少し若くて、法政大学に就職した霜島甲一さん。都立大学へ行かれた五十部豊久さん。あの方は私と同じ年だった。東大系の人とは学会のときに一緒に飲んだりしましたね。

菊間　竹下守夫先生は？

谷口　竹下さんは一緒にお酒を飲んでわーわーという感じではなかったです。もうちょっと紳士でしたね。だから、いつも学会などに来ると、鈴木さんや井上さんと一緒にバーへ行くのは新堂さんでしたね。元気な方でしたから、お酒の席でも賑やかでした。

菊間　東大の民訴と京大の民訴って何かカラーが違うんですか？

谷口　やっぱり東大の方が充実していますよ。兼子先生が居られたから。中田先生は兼子先生には一目置いていて、頭が上がりませんから。当時は何でも兼子説が通説で席巻していましたね。中田先生も概ね兼子説に賛同していました。三ヶ月先生とはまたちょっと違っていたんですよ。

菊間　兼子先生の後は三ヶ月先生なんですか？

谷口　三ヶ月先生は兼子先生の弟子ではないんですよ。東大にはもう一人民訴の先生、菊井維大先生がおられたのですよ。三ヶ月先生はその方の弟子なんです。兼子先生の弟子が新堂さんです。それで、青山さんは三ヶ月先生の弟子。そういうわけで少しずつカラーが違うんです。

菊間　東大の民訴の先生方の関係性について、強い印象がありましたか？

谷口　あんまり意識していなかったですね。ノホホンとしていましたから。東大の中でどういう関係になっているか、そういうことは鈴木さんや井上さんとかはよく知っていましたね。

菊間　先生は目が常に海外に向いているから、日本の民訴の世界がどうのってあまり興味がなかったんですかね。

谷口　あまり関心がなかったですね。鈴木さんは、人事に詳しくて、どうのこうのしょっちゅう話題にしていましたけど。私はそこまで詳細に研究していないから（笑）。

菊間　先生は助教授になられてから、兼子先生とお会いしてお話をしたことはあったんですか？

谷口　学会なんかで挨拶はしますけど、じっくり話したことはありません。

菊間　兼子さんは覚えていましたか、先生のこと。

谷口　あなたのことは知っていますよという感じで返答はしてくれましたけどね。この人が中田さんの下にいる人だということで覚えてくれていたと思います。

菊間　きっと見込んだとおり、そこから司法試験を経てここへ来たんだなと兼子先生も思われていたかも知れませんね。

谷口　どうでしょうかね。

菊間　中田先生はどんな方でしたか？

谷口　あの方はスマートで、京大の他の先生とはちょっとタイプが違いましたね。京大の先生は泥くさい人が多くてね。限りなくお酒を飲んでいるような感じの人が多かったんです（笑）。中田先生もお酒は飲みましたけど、いつまでもぐだぐだ飲んでいる感じではなくて、すっぱりしているところがあるというか、ウエットなところがなく、割合冷たいように思われていましたね。鈴木さんなんか、「君は神戸へ行きなさい」とスキッと言われてしまった、そんな感じの人でしたね。民法の於保不二雄先生とか、磯村哲先生などは日本的にもっとウエットだったようです。鈴木さんは、はじめは磯村先生について民法をやっていたらしいですね。でもどういうわけか「君は中田先生のところへ行け」と言われて、途中から民法から民訴に変わったということです。彼はしょっちゅうそのことでボヤいていましたけどね（笑）。

鈴木さんは大阪商人の息子なんですよ。心斎橋筋のど真ん中にお店がありました。お父さんは亡くなっていて、お母さんに育てられた。言葉は大阪弁だし、だから少し中田先生とは趣味が違ったみたいです。中田先生はもう少し貴族的な感じでした。鈴木先生はずいぶん優秀で四年生のときに司法試験は通って、最高裁判事になられた民法の奥田昌道先生と主席を争ったと聞いています。本人は学者になりたいというので、はじめは民法へ行ったんです。でも民訴に代わってきて、やっぱりいろいろなことがあったのでしょうかね。よくは知りませんけど。

菊間　確かにそういう話を聞くと、谷口先生の方が中田先生に合う感じがします。

谷口　なんだかそう思われたみたいですね。鈴木先生は、大阪弁ですから、ちょっとガラが悪いと思われていたところがあったかもしれません。でも、鈴木先生は優秀な人ですからね。それで、神戸大学に就職して、結局、神戸大学の学長になられましたから。たいしたものですよ。

菊間　すごいですね。

谷口　ちょうど学長をしておられる時に阪神・淡路大震災があって、神戸大学の学生が留学生を含めて三〇人くらい亡くなったんです。それで、ずいぶん苦労されました。

菊間　中田先生からとても目をかけられ、若くして助教授になられ、さらにカリフォルニア大学やコーネル大学へ行くとかで、谷口先生に対する他の先生方からねたみとかなかったんでしょうか。

谷口　助教授になるのは助手三年というのがスタンダードでしたから、それよりは早かったです。だけど、助手だった同期の高坂正尭君（国際政治学）も一緒に助教授になりました。その後はまた三年になったんですよ。そういう点では私は異例だったと思います。アメリカに行ったことは、大学のお金を使って行ったのではなくて、自分で算段をつけて行ったわけだし。そのことについて何かを言われたことはありませんでした。それは自分の甲斐性みたいなもので。そんな感じで見てくれていたのかな。それと、それぐらいで行くのは特に早いことではなかったです。その当時はアメリカへ行くのが多かったですね。先輩でアメリカに行ったのは、商法の川又良也先生と国際取引法の道田信一郎先生、国際法の香西先生と太寿堂先生かな。同期の高坂君もすでに行っていて手紙でアメリカ生活についてアドバイスをもらいました。経済復興をいち早く終えたドイツはフンボルト財団やデーアーデー（ＤＡＡＤ）の奨学金を出していたのでドイツへ行った方も増えつつありましたね。

菊間　先生はお家でお父様が外国の方をたくさん招いて接待していたことで、誰も持っていない人脈がありますね。

谷口　父のおかげというのはあると思います。

菊間　そして、谷口先生は、一九六九年春から中田先生の代わりに民訴ゼミを担当なさったのですね。

谷口　中田先生は定年前に亡くなられたんです。その前に病気になって入院されていましたから、中田先生のゼミの後半を私が担当したんです。それが私のゼミの一期生になるのですが。教授しかゼミをしないのが京大の方針でしたが、助教授のときにゼミを持って、結局すぐにハーバードへ行ったので一ヶ月ばかり残して中断しているんですけど、外国出張中に教授に昇進しました。そういう点では先輩同僚から同情されていました。若いときからゼミを持たされて苦労してきたから。

教授へ昇進するときに三人の先生から推薦がないと教授会へ出せないんです。中田先生が亡くなってからですから、民訴の中務《なかつかさ》俊昌先生が民法の先生と一緒に昇進の審査をして下さったようです。中務先生から聞いた話では、民法の先生方が中田先生が早くに亡くなって、谷口君は苦労したのに、これだけの論文を書いてよくやっているみたいなことを教授会で言って下さったそうです。

菊間　助教授は本来、研究に専念して論文をたくさん書いて、それで自分の上の教授が引っ張りあげてくれるんですね。では、親がいなくなったような感じだったんですね。

谷口　そうですね。先ほども申しました中務先生が、私の上におられました。稀代の秀才であったうえ、旧制高校では二刀流の中務として剣道で全国的に知れわたっていたそうです。ところが、助手時代に結核にやられて、療養所を出たり入ったりでしたが、一応定年まで勤められました。私の教授昇進では、中務先生が尽力してくださったのです。

菊間　中務先生が定年で辞められたあとは、先生おひとりになったわけですか。

谷口　中務先生も自分が辞めたあとのことを心配されていたので、当時名古屋大学に居られた伊藤眞さんに声を掛けては、と提案したら大賛成され、私からお誘いしました。伊藤さんには承知してもらったのですが、当時は大学紛争の記憶がまだ鮮明で、彼が東大で全共闘の闘士であったという噂があって、結局実現しませんでした。

その後、私のゼミ生だった山本克己君を司法修習が終わったところで助手に採用できたのはしばらく経ってからの一九八四年です。彼は翌年に助教授に昇進しました。山本君は私がなれなかった学部長にもなり副学長も務めています。一九九六年になって、やはり元ゼミ生で首席で卒業して名古屋地裁判事補になってい た笠井正俊君を助教授として採用することができましたから、結果としては良かったのかも知れません。

また、私が定年退職する直前に、名古屋大学から徳田和幸さんを引き抜きました。徳田さんは神戸大学出身ですが、愛媛大学におられた頃フランス新民訴法の研究会に出席してもらっていたことがあり、徳田さんの優秀さに印象づけられていたからです。徳田さんは、ずいぶん著作を残されましたね。

私の退職後には、岡山大学におられた東北大学出身の山田文さんに来てもらいました。その頃、京大法学部では、山田さんを含めて女性の先生が急に増えましたね。山田さんはADR法の専門家として大活躍です。私が就職した頃は、刑法の木村静子先生がおられて旧帝大では唯一の女性でした。

菊間　そういうこともあったのですか。ところで、中田先生はお若かったんですよね。六二歳でお亡くなりになられて。

谷口　胃がんです。最初は「おなかが痛い」と言って入院されて、何回もお見舞いに行きましたね。

菊間　定年前で働いている最中に亡くなられた場合は学部葬をするんですか？

谷口　やりますね、そういう慣例でね。一番近い関係の先生が学部葬の司会をするというので、私がやりました。教室でね。中田先生は家族に遺言を残されていたのかも知れません。学生時代に下宿しておられたという南禅寺の塔頭のひとつ慈詩院にお墓があります。先生の実家は滋賀県にあるのですが、遠くて大変だから京都でお墓をつくりたいと。それで、学生時代に下宿していた南禅寺の慈詩院にお墓を作りたいと思わ

統計法,研究法

ベイズ統計で実践モデリング
認知モデルのトレーニング
M.D.リー,E.-J.ワーゲンメイカーズ　著
井関龍太　訳　岡田謙介　解説
A5判　264頁　本体3600円

認知モデルを題材とし,モデリングの具体例を数多く示す。実習に軸を置き,WinBUGS(JAGSやStanコード付)による推定を実践し,とことんエクササイズできる。

研究論文を読み解くための多変量解析入門　基礎篇
重回帰分析からメタ分析まで
L.G.グリム,P.R.ヤーノルド　編　小杉考司　監訳
A5判　356頁　本体3600円

研究論文を読み解くことができるように,できる限り数式を用いず概念的側面に特化して解説。基礎篇は重回帰分析からメタ分析まで,応用篇はSEMから生存分析まで,扱う。

はじめてのR
ごく初歩の操作から統計解析の導入まで
村井潤一郎　著
A5判　168頁　本体1600円

多機能でありながら無料で使える統計解析ソフト「R」。はじめてRに触れる初学者を対象に,Rを使っての統計解析の最初の一歩を踏み出すための説明を,コンパクトにまとめた。

Rによる心理学研究法入門
山田剛史　編著
A5判　272頁　本体2700円

「心理学研究モデル論文集」「具体例に即した心理学研究入門書」「統計ソフトRの分析事例編」の3つの顔をもつ。具体例をもとに,基礎からデータ収集·分析·まとめなど詳しく紹介。

M-plusとRによる構造方程式モデリング入門
小杉考司,清水裕士　編著
A5判　332頁　本体2500円

非常に高度な統計処理を簡単なコーディングで行うことができるM-plus。Rの操作やコマンド記述との違いを比較しつつ,M-plusを活用したSEMの分析の実際を解説。

増補改訂SPSSのススメ1
2要因の分散分析をすべてカバー
竹原卓真　著
B5判　300頁　本体3200円

2要因の分散分析を対応のある·なし全パターンについて網羅し,わかりやすさに徹してガイド。今回新たに,グラフ機能や分析結果を論文にまとめていく際の注意点を増補解説。

人間科学のための混合研究法
質的·量的アプローチをつなぐ研究デザイン
J.W.クレスウェル,V.L.プラノ クラーク　著
大谷順子　訳
A5判　328頁　本体3300円

研究の入口から結論を引き出すまでのプロセスの各段階において,質的·量的データを収集·分析·混合し,各々のデータの長所を組み合わせることをめざした研究方法論。

教育研究のための質的研究法講座
関口靖広　著
A5判　256頁　本体2800円

現場教員にもわかりやすい,教育現象を対象とした質的な研究法の手引書。入門編では研究の進め方の全体像を,各論編ではより専門的な理論や研究法のテクニックを解説。

法学,社会学,福祉学

法への根源的視座
Criticism of Some Legal Theories
笹倉秀夫　著
A5判上製　308頁　本体6000円

法学·法哲学／法·政治思想等イン
ーディシプリナリーな問題群を剔抉
てきた著者。多領域の学問を多層
に渉猟し,「正義論」「権利論」から「
学論」まで斬り込む論考集。

心の科学のための哲学入門4
生きられた〈私〉をもとめて
身体·意識·他者
田中彰吾　著
四六判　264頁　本体2300円

アイデンティティを「私が私である
と」とし,根源的な場面まで遡って現
学的に考察。離人症,ブレイン·マシ
インタフェース,心の理論など,常識
揺さぶる思考実験を行う。

家族実践の社会学
標準モデルの幻想から日常生活の現実へ
デイヴィッド　H.J.モーガン　著
野々山久也,片岡佳美　訳
A5判上製　336頁　本体4500円

多様化する家族を「動的存在」とし
認識するために,「家族実践」という
念を提案。標準モデルにもとづく呪
から放れて,絶えず変化する「日常
な家族生活」の本質に迫る。

福祉施設·学校現場が拓く
児童家庭ソーシャルワーク
子どもとその家族を支援するすべての人に
櫻井慶一,宮﨑正宇　編著
A5判　224頁　本体2500円

理論と実践の乖離という状況をふ
え,虐待,貧困,いじめ等,子どもの人
が脅かされている危機的な現場で
社会福祉士等専門職の取り組み
理論を意識して整理する。

名前のない母子をみつめて
日本のこうのとりのゆりかご
ドイツの赤ちゃんポスト
蓮田太二,柏木恭典　著
四六判　206頁　本体1800円

赤ちゃんポスト「こうのとりのゆり
ご」を設置した病院理事長自身の
想から誕生の背景に迫る。ドイツで
実態レポート,匿名·内密出産の議
母子支援のあり方を問う。

視界良好2
視覚障害の状態を生きる
河野泰弘　著
A5判　192頁　本体1500円

前著『視界良好』から10年。盲ろう
訳である著者が,コミュニケーショ
を通じて,見ることをいかに獲得し
好にしてきたかを記述。就活や社
問題等への思いを綴る。

「9歳の壁」を越えるために
生活言語から学習言語への
移行を考える
脇中起余子　著
四六判 204頁 本体1800円

聴覚障害教育現場での経験を踏
え,具体的思考から抽象的思考に移
9～10歳の時期にスポットをあて
活言語の確保や学習言語への移行
ための下地作り等を提案。

シシリー·ソンダース
初期論文集1958-1966
トータルペイン　緩和ケアの源流をもとめて
シシリー·ソンダース　著　小森康永　編訳
四六判　264頁　本体2800円

近代ホスピスの設立と普及に尽力
死にゆく人の「痛み」を捉えようと
た著者の思想を再訪。第一論文「た
で死ぬこと」をはじめ,8つの初期論
を収録。編訳者解説付。

持別支援教育

持別支援教育総論
ンクルーシブ時代の理論と実践
合紀宗,若松昭彦,牟田口辰己　編著
判　224頁　本体2200円

理念や歴史,社会·制度的事項など基礎を解説。障害の理解,個別ニーズに応じたICT活用や教育支援計画など,実践的に紹介。インクルーシブ教育システムの構築に向けて。

閉症スペクトラム障害の
どもの親となったあなたへ
育ての手引き
アダムズ　著　川合紀宗,若松昭彦　訳
判　232頁　本体2300円

確かな知識と暮らしで役立つアイデアを提供。「行動はメッセージである」との信念のもと,家庭での環境調整,学校との連携,成人期への移行などを解説。保護者の声も紹介。

ーキングメモリと教育
澤正通,湯澤美紀　編著
判　216頁　本体3000円

理論的変遷や実行機能との関連,アセスメントまで体系的に解説。ワーキングメモリが学習のどの側面に関与しているのか明らかにし,個別のニーズに応えた教育·支援の在り方を考察。

ーキングメモリと
持別な支援
人ひとりの学習のニーズに応える
澤美紀,河村　暁,湯澤正通　編著
判　136頁　本体1900円

読み·書き·計算に困難のある子どもへの特別な支援に関し,ワーキングメモリの知見を用いた授業実践を整理,個別指導に活かす。教室のユニバーサルデザインも提案。

ーキングメモリと
達障害
師のための実践ガイド2
.アロウェイ　著　湯澤美紀,湯澤正通　訳
判　144頁　本体1900円

読字障害·算数障害·注意欠陥多動性障害など,発達障害の子どもたちに焦点をあて,彼らのワーキングメモリの特徴を活かし,持続的な学習成果に結びつく支援方法を提案。

D児の漢字学習とその支援
人ひとりの力をのばす書字教材
CD-ROMつき）
池敏英,雲井未歓,渡邉健治,上野一彦　編著
判上製　102頁　本体4000円

発達アセスメント,評価に基づき,LD児の情報処理の偏りについての心理学的知見を総合,概説。現場実践家にLDへの理解をより深め,実際的に支援する具体的方法を提供。

性まひ児の発達支援
和的発達を目指して
松憲幸　著
判　184頁　本体 2200円

姿勢と運動の障害という視点から脳性まひ児を捉え,その発達を支援する。教員はもとより,日々の生活を共にする保護者にも役立つ知識を,イラスト用いてわかりやすく解説。

習支援のツボ
知心理学者が教室で考えたこと
藤浩一　著
判　272頁　本体2200円

児童生徒の頭の働きは教科に関わらず共通。どの教科にも効き目があるポイントを,学術用語を多用せず,現場の先生に語りかける。気軽に読んで授業に活かせる認知心理学の書。

基礎心理, 認知心理

古典で読み解く現代の認知心理学
M.W.アイゼンク,D.グルーム　編
箱田裕司,行場次朗　監訳
A5判　320頁　本体3600円

注意·知覚·記憶といった認知心理学の基礎から,思考や言語などの高次認知機能まで,バランスよく14の古典的研究を精選。第一線の研究者たちがスリリングに解説。

心理学からみた食べる行動
基礎から臨床までを科学する
青山謙二郎,武藤　崇　編著
A5判　264頁　本体2500円

食行動のコントロールにおける「心理学的メカニズム」を解説。偏食や肥満,糖尿病の問題,摂食障害を取りあげ,科学的な根拠に基づき行動の異常を理解し,介入方法も紹介。

セルフ·コントロールの心理学
自己制御の基礎と教育·医療·矯正への応用
高橋雅治　編著
A5判　408頁　本体4800円

経済行動をはじめ,基礎から応用の最新成果を重点的に解説し,神経基盤に関する論述まで包含。衝動性と遅延される自己制御を軸に行動背景にあるメカニズムの解明を目指す。

ワーキングメモリと英語入門
多感覚を用いたシンセティック·フォニックスの提案
湯澤美紀,湯澤正通,山下桂世子　編著
A5判　164頁　本体2200円

脳のメモ帳＝WMの観点から,「日本語耳」の特徴を活かした英語学習のあり方を提案。音声,文字,動作,絵を用いて感覚をマルチに刺激する英語指導法を具体的に紹介する。

英語教育学と認知心理学のクロスポイント
小学校から大学までの英語学習を考える
太田信夫,佐久間康之　編著
A5判　320頁　本体3600円

英語教育の低年齢化や受験英語からの脱却の流れの中,記憶研究を応用する試みがある。理論と実践をつなぎ,双方の接点から,外国語習得研究での認知心理学の重要性を提言。

認知心理学のフロンティア
ワーキングメモリと日常
人生を切り拓く新しい知性
T.P.アロウェイ,R.G.アロウェイ　編著　湯澤正通,湯澤美紀　監訳
A5判　356頁　本体3800円

ワーキングメモリと成功(専門知識の獲得)や失敗(嗜癖行動,不適切な意思決定)との関係を明らかにし,日常生活に与える影響を示す。トレーニングの利点も言及。

音楽と脳科学
音楽の脳内過程の理解をめざして
S.ケルシュ　著
佐藤正之　編訳
A5判上製　344頁　本体5000円

なぜ音楽に魅了されるのか。この問いに,言語の獲得同様,生来備わる学習能力を基盤として形成されている認知過程,それを支える神経基盤を中心にメカニズムを詳説する。

思考と推論
理性·判断·意思決定の心理学
K.マンクテロウ　著
服部雅史,山　祐嗣　監訳
A5判　396頁　本体4000円

論理から二重過程理論·プロスペクト理論等の確率に基づく説明に至るまで,概念的な進歩を遂げた思考研究の現在を紐解く。感情がもたらす複雑さにも踏み込む。

れたようで。南禅寺は有名なお寺でそこにお墓があるのはいいことだし、だれでもお墓をつくれるわけでもない。そういうことを奥様と、同時期に一緒に下宿されていた刑法学者の佐伯千仭先生にも言われたんです。私は和尚さんにお願いに行きました。私もあのようなところにお墓を作りたいですね。

𝄞2 『倒産処理法』（筑摩書房、一九七六年）出版秘話

菊間　先生の著作のお話をおうかがいしたいんですけれども、一九七六年に『倒産処理法』という本を出版なさってますけれども、その前からもう倒産法の本を出そうとか思われてここにいたったたんですか。

谷口　いえいえ、倒産の研究はそれまでほとんどしてなかったですね。判例批評ぐらいは書いたかなあという程度です。あれはどうしてそうなったかというと、筑摩書房という、それまでは文学の出版をしていた出版社が法律の分野に進出したいということでですね、法律学の全集を企画したんですよね。そしてしかるべき当時の第一線の先生方を編集委員に据えて、たとえば民訴だったら東大の三ヶ月先生とかね、京大の民法の磯村先生とか、そのあたりが編集委員になっていたと思いますよ。そこで、少し若手の、これからというような感じの人を著者に集めて、それで編集会議を開いて、誰が何を担当するかというようなことを協議して、それでどういうわけか、私が破産法ということでした、あの頃はね。法律としては、破産法、和議法、会社更生法がありましたが、学問対象としては「破産法」中心だったのですよ。倒産法などという言葉はまだなかったんですよ。私は、今までやったことがない分野だけど、この際勉強しましょうということで引き受けたわけです。それでしばらくは放ってあったんですけど、出版社のほうもいろいろ催促をしてくるし、

どうしようかと本気で考えだしたのはいつ頃でしたかねえ。一年以上経ってからだったかもしれません。そしたらちょうどその頃に、東大系の先生方が、破産、和議、会社更生をバラバラに教えるのではなくて、倒産法という概念で教えるという、『教材倒産法』（有斐閣、一九七二年）という本を出されたんですよ。

菊間　東大から？

谷口　東大からというか、東大系の新堂・霜島・青山編でした。教材ですけれど当時としては随分斬新な発想でした。私は二番煎じですけれどそれに飛びついたわけで、正直言うと。だからまったくの自分の発案とは言えない。ただ倒産法というタイトルは、倒産する方法みたいなので、ちょっと工夫して、『倒産処理法』という名前にしたんですけどね。筑摩書房がずいぶん熱心に催促してきたんで、本格的にやりだしました。それまでは、有斐閣だとか、法律文化社だとか、法律専門の出版社としか付き合いがなかったんですよ。筑摩書房は文学もの専門でしょ。もっと曲者の著者を相手にしてきているわけです。書かせるためにホテルに缶詰めにするんです。だから夏休み以外にもまとまったお休みとかに京都や東京や軽井沢で缶詰めになりました。結局今から思うと缶詰め戦略が成功したというか、やっぱり缶詰めになるとどこにも行くところがないから、書きますよね。

それにあの頃は、倒産法の研究は今みたいに一般的じゃなかったんですよね。だから、倒産の研究をしている人というのはかなり限られていたし、それから判例や著書・論文も今から思うと限られていたんですね。あの本で、私は、その当時までに出版されていたすべての論文も著作も、日本のものだけですけど、全部引用してるんですよ。今じゃそんなこととてもできないです。あり過ぎて。

菊間　あり過ぎて。

谷口　だから、あの頃は仕事がしやすかったというか、全部目を通して、引用してもあのぐらいの量にしかならないということだったのですね。それでも、何か新機軸を出さないといけないからというんで、タイトルも「倒産処理法」ということにして、序論みたいなところに倒産処理法の理念というのかな、全部を俯瞰した理論みたいなものを書きました。出版年は一九七六年です。野心というよりは、ちょっと新味を出さないといけないと思ってそんなことを考えましたが、まあ、当時としては成功したんじゃないかと思います。その後、そういうふうなアプローチが一般的になりましたからね。

ただ、大変有難かったのは、三ヶ月先生が音頭をとって東大系の民訴学者・会社法学者を集めて、当時実務的にも重要になりつつあった会社更生法の研究チームを作られ、『条解　注釈会社更生法　上・中・下』（兼子一監修、弘文堂、一九七四年）という三巻ものの大著を出されていたことです。三ヶ月章、竹下守夫、青山善充が民訴、商法から前田庸、田村淳之輔の陣容でした。

これが良かったのは、会社更生法だけでなく、破産法や和議法や商法上の整理や解散との比較と詳しい解釈論が含まれていたことです。この先行業績に助けられたことは正直に序文で述べています。

菊間　筑摩書房という一般の出版社とはいえ、その出した本は読者層は法律関係者、弁護士なわけですか。

谷口　そうそう、もちろんそうです。

菊間　その頃、そうすると倒産弁護士の数も少なかったのではないですか。

谷口　そうですね、今よりは断然少なかったと思いますね。その後、実務でも、倒産をもっと広く考えようというふうな動きが出てきて、大阪弁護士会や東京弁護士会の倒産専門家が集まって東西倒産研究会というのを作って、定期的に研究会をやるようになりました。そこに学者として、東大の青山さん、当時まだ一橋大だった伊藤眞さん、と私がゲストとして招待されました。私が『倒産処理法』を書いていた頃か少し後かな。

菊間　どのような研究会だったのですか?

谷口　我々は、コメンテーターという感じです。その頃実務のほうでも改革の動きが出てきたようです。当時の倒産実務では、東京方式とか大阪方式とか言って、やり方が違っていたんですね。倒産事件処理の仕方が。昔から大阪系の裁判官は関西だけで大阪を中心に回って。東京系の方とは分かれていたんですよ。ですから実務もちょっと違っていたらしいんですね。一緒になって研究するこの東西倒産研究会では面白い話がいっぱい出てきて。ずいぶんと勉強させてもらいましたね。それらを取り入れての改訂版を出そうと思っているうちに、筑摩書房が倒産しました。ベテラン弁護士のみなさんが喧々諤々議論してね、ひととおりそれが終わると、「ところで先生方のご意見は?」って順番に聞かれるんですよ。あれが一番つらかったですね。

菊間　なんでつらいんですか。

谷口　やっぱり全然レベルが違います、実務で、丁々発止とやっている現場の弁護士の皆さんとは知識と経験のレベルが違うからね。だからこっちはゴジャゴジャ言って、少なくとも私は、ああでもない、こうでもないと、ばかり言っていた……。

菊間　『倒産処理法』が、先生がおひとりで書かれた本としては初めて……。

谷口　そうですね、初めてですね。それまではたとえば倒産について『法学教室』かなんかに連載していたのがあって、それをまとめて一冊にしたみたいな本はありましたけどね。

菊間　書き下ろしというのは初めて？
谷口　初めてですね。
菊間　これ書くと、もういっきに倒産法の専門学者みたいな感じに。
谷口　というふうにまわりから見られたし、それから自分もやっぱりあれだけいろんなことについて調べて書くと身につきますよね。だから自分でもある程度はわかってるなあ、みたいな自覚はできましたけどね、当時は。
菊間　私も、ちょっと拝読しましたが、言葉として、「法律問題のるつぼ」とか「プライオリティの体系」といった用語、それと「残りかすの平等」とか「相互乗り入れ方式」というふうにいろんなネーミングが出てきますね。新しい言葉が巧みに出てくる、というイメージですね。ネーミングが上手だなって。
谷口　弁護士のみなさんの議論からもかなり触発されたというか、受け入れたみたいなことはありますね。「相互乗り入れ」なんかも弁護士さんが言ってたんじゃないかな。ちょっと忘れましたけどね。プライオリティという発想はね、最初の留学のときにバークレーで破産法の単位を取って少し勉強しましたのでね。その時のアメリカ破産法の知識から来ているんじゃないかと思います。
菊間　「倒産法はプライオリティの学問である」という趣旨の言葉がありますが。
谷口　要するに、これしか残ってないんですからね。
菊間　財産が？
谷口　財産がね。これを誰が、どれだけ、どの順番で取っていくかというのが、要するに倒産処理の本質ですよね。だから法律で何を決めるかといったら、誰が、どれだけ、どの順番でという、そこを決める、それが要するにプライオリティ。それを決めるだけのこと。それはいろんな理屈が付いてきて決めるという。そこが最終目標ですね。ということなんだということを理解する。それはあたりまえの話なんですよ。でも、そういうことをそれまであまりはっきりと言ってなかったんです。それは当然のこととして、もうちょっと難しいところから始めて。

菊間　大学の民法で「担保」を勉強しても実感がわかないですよね。それが、倒産の場面だったら「あっ、これはそういうことなのか」と、「債権の順番なんだな」と。「先取特権」とかね、こういうのは倒産になったときの債権の順番の話なんだなと理解できるわけですね。

谷口　あの頃、倒産のことをとくにやっていたわけではないんですけど、実務の世界では倒産が増えてきた時代なんですね。それで、大阪弁護士会の講演会とかで、頼まれて講演したりしたこともあって。あれも多分あの本を書いている最中のことじゃないかなという気がしますね。実務のみなさんと付き合っていて、いろんなことを勉強したことは確かですよね。

菊間　「倒産法はプライオリティの学問である」というと、結局順番を決める、その順番の決め方がみんなが納得のいく順番の決め方になっているかどうか、結局正しいかとか、公正かという話になっていくと思うんですけど。先生のお話のなかでよく出てくる「フェアネス」とか「公正」とかということも、その頃から同時並行で考えておられたことなんですか？

谷口　「フェアネス」とかをとくに意識していた記憶はないですけど、しかし結局はそういうことかも知れませんね。大きな基準に照らしてみて、どれが上でどれが下であるべきかみたいな。

菊間　「べきか」ですもんね。それをみんなが納得するっていうのは、「そっちが上であるっていうのは正しいよね」というか「公正だよね」ってみんなが納得することですね。

谷口　そうですね。それはもちろん考え方によりますね。

菊間　いまの先生のお話から思い出したんですけど、あの本の中でも「倒産処理は私的整理が原型なんだ」と、書いておられたような気がするんですけど。

谷口　かもしれませんね。それはたぶん、倒産処理を裁判所がやるという話は、おそらくあとから出てきたことで、もっと大昔のローマ時代か中世の頃だって倒産はあったでしょう、商売があるわけだから。そういうときに、みんなが寄り集まってなんだかんだ言いながら、皆が納得できるように決めていたと思うんですよ。そのうち、裁判所が管理して手続をするようになってきただけのことで。歴史的にも整理というのがあって、うまくいけば任せて放っておけばいいけれど、それでうまくいかない場合は裁判所がやりましょうということになってきたというのはわかりやすいことだと思うんですけど。ただそれだけのことをいっているんです。

菊間　当時、書くときに、ほかのいままでの本とは違うわかりやすさとか伝わりやすい言葉遣いを意識されたのかなという気がしたんですが、書くときに先生がこだわったことなどは何かありますか。

谷口　そうですね、どうですかね。特にそんな記憶はないけれど、他の人が書く論文は民訴の専門のものが中心ですけど、だいたい難しいというのはいつも自分で感じていました。何かこう、独りよがりというか、自分だけしか使えないような概念を作って盛んに使うとかね、要するに「難しいというのはいけない、わかりやすいようにしないといけない」ということを考えてはいましたね。これは、私の父親がよく昔から言っていたんです。いろんな本や論文をもらったりするでしょう。そうすると、父親が「この人は難しい」とか「ことさら難しい、難しい」とよく言っていたんです（笑）。他人のものは何かしら難しいですよね。特に難しい論文を書く人はだいたい決まっていますけど（笑）。そういう人はよくできると思うんですけど、やっぱり誰にでもわかるようなものを書くべきだろうというのは昔から思っていましたから。それは悪いことではないと思っていますけどね。

菊間　私もよくわからないですけど、民訴の学者の先生の本を読むと本当に難しくて。でも書いている先生からすると、ふつうに書いているつもりで一般人のレベルがわからないから、自分のレベルで書いているから難しいのか、それともわざと難しく書いているのか、どっちなんでしょうね。

谷口　自分ではわかっているつもりだと思うんですよね。だけど、難しいことを書く人は概念なんかを自分なりに理解して勝手に使っているわけですよ。その理解というのはそれほど普遍的ではないんですよ。普遍的な概念ならいいんですけど、そうでない概念を勝手に使って、一人で納得している（笑）。そういうのは結構多いですよ。だから、そういうことにはならないようにしないといけない。

菊間　先生の書かれたものをいくつか読ませていただくと、本当にわかりやすいですよね。文章が入ってくる、一文一文理解してちょっと分からなくなっても最初から読めば「あぁなるほど」と思うし。「何がほかの先生とこんなに違うんだろう」って思うんですけど。

谷口　そう言っていただくと大変光栄ですけど（笑）。

菊間　先生は難しく書く方たちの論文も、もちろんご理解なされると思うんですよね。でも、そこに留まらず私たちのレベルというか、一般の人たちが見てもわかるレベルに落とし込んで話してくださるのは、講演会などをたくさんやって、喋って伝える機会が多いからなのか、それとも大学でゼミをずっとやってきて、学生相手に喋ってきたことが何か影響しているとか、何かご自分で意識せずにやっていらっしゃると思うんですけど。「読ませる力」があると思います。

谷口　自分にわかるというか、こういうふうに書いてもらったら自分もわかるというように書いているつもりなんですよね。だから、例えば非常に難しい言葉を使って書けば、自分にはわかるけど、人はわからないだろうというようなことを思うことはよくありますよね。そこのところを砕いて、誰にでもわかるような表現や概念を使って、書くということは自分でも心がけてきたつもりです。だから、そう言っていただくと、それが功を奏しているということで、大変嬉しいです（笑）。

菊間　例えばいまの『倒産処理法』でしたら、「残りカスの平等」というネーミング。債権者は平等だけど、だんだん担保などいろんなものを取っていったら、残りカスで平等になるんだという。それが現実なんだということで、「残りカスの平等」と命名するみたいな感じの文章で、「あぁ、なるほどな。それが現実か」と、はいってきますね。

谷口　そうですね。担保権者に取られて、ほとんどない残りカスを無担保債権者が取り合うわけですから、平等に（笑）。だから、何でそういうことを思いついたのか知りませんけど、それはそうでしょうね（笑）。実際は財産がない場合が多いから、カスしかないわけです（笑）。

菊間　先に「つまり、これってこうだよね。それはどういうことかというと」みたいな喋り方って、英語っぽいですね。日本の学者さんとか、日本人でダラダラ喋る人って、ダラダラずっと喋って結論がどこにあるのか、最後に結論をもってくる感じですけど、最初に結論をバンといって、それがどういう意味かとか、なぜならみたいな話し方って英語っぽいなと思って。ネーミングを先にバンと書いて、キャッチーなものをつけて、読者の興味をひいて、それを解説していくという書き方だとしたら先生の語学の能力みたいなのも日本語の文章を書くときにも活きてるというか。そういうものをたくさん読んでいらっしゃるから、そういう書き方の方が伝わると思っていらっしゃったんですかね。

谷口　それはあるかもしれませんね。日本語というのは割合、論理的でないような表現があるんですよね。外国語で、特に書く場合は、論理的にしか書けないんですよね。ですから、それは影響があるかもしれませんね。自分で論理を納得したうえで書く癖というのは、外国語で書く場合、まず納得しないと書けないですからね。それと同じようなことを日本語でやっているのかなと思います。

菊間　先生と同じくらい外国へ出て講義をやったり、授業をもったりしている先生ってなかなかいらっしゃらないですよね。先生は回数が多いからそういうかたちで自分の頭の中を整理していると、日本語に落とし込むときもすごく整理されたかたちできちっと落とし込めていらっしゃる。だから、書く文章が整理されて、それがわかりやすさに繋がるのかなと思います。

谷口　それはそうかもしれませんね。それは悪いことでないですよね？

菊間　もちろん。素晴らしいことです（笑）。うらやましいです（笑）。

3　『口述　民事訴訟法』（成文堂、一九八七年）出版秘話

菊間　では、もう一つ有名な著作で『口述　民事訴訟法』の話をお聞きしたいんですが、これはどういう経緯でお書きになったのですか。

谷口　これは、成文堂という出版社があって、大手ではないんだけど（笑）。今は大手かもしれませんが（笑）、

早稲田の鶴巻町にあって、早稲田の教科書屋さんだったんです。亡くなられた先代社長の阿部さんが「早稲田の教科書屋から脱して、全国的な法律出版社になりたい」と思われて、法律学全集の企画を立てられたらしいです。何で私のところに民事訴訟法を頼んでこられたのか、その辺は、はっきりしません。私が教科書をまだ書いていないので当たったのかもしれませんね。「口述」スタイルだというので、割合と気楽に引き受けたんです。また倒産処理法みたいに本格的なものを書くとすると、そんなにすぐには書けない。だいぶ忙しくもなっていましたから。早くできる方法としては、私の講義を録音してそれを起こしたものを見直して、本にするということならできるかもしれないということで引き受けたんです。

その当時、大学院の学生で、今は東北大学の教授になっている坂田宏君と、広島大学の教授になった田邊誠君の二人に頼んで、私の講義を録音してテープからの原稿起こしをしてもらったんです。それを見ながら直していったんですよね。そういう点では早かったです。もともと口述というタイトルが付いていますからね、口で言ったような表現をそのまま本にするという、初めからの建前だったから。そういう点では、あるべき形で本を作ったということかもしれません。

私のいつもの講義のやり方で、最初に基礎理論を結構喋っているうちに半年ぐらい経ってしまっていて(笑)。本来の民訴法の解説の話をする時間がなくなってしまって、尻切れトンボの本になってしまっているんですけどね(笑)。だけど、基礎理論的なことを言っている本はあまりないんですよ。あの本が出たときに、学会で会う他の大学の先生に「あんな高度なことを京大では講義しておられるんですか」と言われたことがありました。普通の民訴の講義というのは、実務的な手続みたいなことからいきなり始める場合が多いのかな。私はもう少し、民事訴訟制度とは何であるかとか、非訟と訴訟の違いだとか、かなり基礎理論的なことを喋って本の半分くらいまでいってしまいました（笑）。そんな本ですけど、どれだけ売れているのか知らなかったんだけど、成文堂の人が「結構出ていますよ」と言ってくれていたし、あれだけで司法試験を合格したという人もいてね。私はそんなつもりはなかったんですけど、結構ああいう基礎的なことがちゃんとわかると、司法試験も通るのかなと、かえって自信を持ったんです（笑）。

菊間　口述シリーズというのがあったんですか。

谷口　はい。成文堂に「口述法律学シリーズ」がありました。あれは半分くらい出たのかな。たとえば、中山研一さん（当時京大教授）の『口述　刑法総論』と『各論』ですね。当時神戸大学の石田喜久夫さんの『口述　民法総則』、『口述　物権法』もありましたね。それと、当時神戸大学の民法の高木多喜男さんの『口述　相続法』がありましたよ。前田達明さん（当時京大教授）の『口述　債権総論』もあったかな。半分くらい出たのかな。他の先生方の本もくれるので読んでみると、私たち素人にもわかりやすく書いてありますよ。

菊間　口述でそういう本って当時では新しかったのではないのですか？

谷口　そうそう、初めての企画でね。なかなかいい企画じゃないかと思いましたけどね。その後、あまり続いていないみたいですが。

菊間　それを読んだ井上治典先生が「アサヒスーパードライのような本だ」と書評したと聞きました。これはどういう感じなんでしょう。ドライですっきりですよね、スーパードライというと。

谷口　当時すでに「手続保障第三の波」派を宣言していた井上治典さんの書評が『法学セミナー』に載ったんです。「軽い本だと思って寝ころんで読んでいたら『おやっ?』と思うところがあって、立ち上がってじっくりと読まないといけなくなってきて、寝転がって読めないような本になっちゃって。これは〔当時流行っていた）『アサヒスーパードライ』のようにドライで切れがよくてあと味はいいが、コクを求める人にはサラリとした感じだなぁ」という趣旨の書評だったように記憶しています。基本は、かなりほめてくれている感じの書評でしたね（笑）。

𝄞 4　京大での民訴教育と司法試験考査委員時代の話

菊間　先生がなさっていた京大のゼミは民訴ですよね。

谷口　そうですよ。

菊間　これは大学院での講義ですか？　それとも学部生？

谷口　学部生です。京大のゼミは三年生後期から四年生前期にかけてですが、民訴の授業は誰でも取れます。

菊間　民訴は三年生と四年生ですか。

谷口　そうです。民訴は、司法試験を受けようという人くらいしか取らないんですよ。

菊間　必修じゃないんですか。

谷口　いや、当時の京大というのはだいたい外書購読以外には必修がないんです。今はどうか知りませんけど。だから、取りたいものを取るという感じでしたけどね。民訴をやろうというのは、司法試験を受けようという人で、それも民訴・刑訴選択制になっていた時代が長かったから、民訴で受けようという人しか来なかった。

菊間　何人くらい？

谷口　そうですね、授業は五〇人くらいですかね。だから、小さいクラスですよ。

菊間　先生の授業って、どんな授業なんですか？

谷口　どうなんでしょうか。自分では言いにくいけど。

菊間　バンバン当てたりするんですか？

谷口　当時の授業ではそういうことはしないですね。もう、伝統的な、一方的に（笑）、喋っているだけですね。当てたりなんかするもんじゃないという時代ですから（笑）。ロースクールができてからは、当てたりするようになりましたけど。一方的に喋っていて、学生が一所懸命聞いてくれていたら、こっちも満足するということで。

山本克己君という、今は京大の教授・副学長で民訴学会の理事長ですが、私の授業を聞いていて、私のゼミ生でもあったわけです。彼が司法試験を通って、修習生を二年して、その後助手を一年やって助教授になったんです。その頃に、他の若い連中なんかと酒を飲むことがあるでしょう。その時に昔を思い出して、私の講義の思い出を言ってくれて、「先生の講義は冗談ばかり言っているんだけど、ときどきハッと目が覚めるようなことを言ってくれた」みたいなことを言っていましたね。私も彼の顔はずっと覚えていて、全然ノートを取らないで、まっすぐ前を向いて、私の顔を凝視して聞いているんです。一所懸命聞いてくれていたんですね。だから、辛子の効いたようなこと言ったときに、印象づけられたんじゃないかな。どうなんですかね、他の人からの評判を聞いたことがないけど、ある程度は聞かせる授業をしていたのかなと思ったんですけど。

菊間　ゼミは、中田教授が亡くなって、その後を先生が継いで、それからゼミを正式に持ち出したんですよね。ゼミ生は何人くらいいたんですか。

谷口　私のゼミは少なかったり多かったり、どういうことなのかな。少ないときは五、六人ということもありましたし、多いときは二〇人以上のときもあったし、ずいぶん波がありましたね。

菊間　三年・四年合同ですか？

谷口　三年の後期といって、一〇月から始まって、翌年の四年生の前期までです。ちょっと中途半端ですけど。

菊間　一年ないくらいなんですか。

谷口　そうですね、期間としては一年ということですけどね、春休みや夏休みが途中に入っているから間延びしますけどね。どんな人が来てくれたかというと、司法試験を受けたいと思っている人が多かったみたいです、入ってくるときは。翌年の四年生の時に司法試験を受けるわけだけど、そこで受験を諦めた人も多いし、受けたけど落ちて就職した人もいるし、留年して受ける人もたくさんいましたね。でも、勉強熱心な人が来ていたことは確かですよね、他のゼミに比べると。民訴をゼミで取るというのは、ちょっと覚悟して来た人じゃないかな（笑）。みんながみんな司法試験を通るわけじゃないし、早々に諦めて、会社に就職した人もたくさんいるし。会社に就職した人も結構よくやっていて、最近はみんな偉くなっていますからね。京大法学部は住友銀行へ行くのが多かったんです、今は三井住友になりましたけど。そこで副頭取になったゼミ六期の久保哲也君は子会社になった日興證券の社長になって、今は会長ですね。その三年下の九期の高島誠君はやはり住友銀行に就職して、ついこの間、頭取になりましたからね。大したもんですよ。それほど立派なところじゃないけど、他にも社長になった人もいるし、民間に就職した人も結構やっていますよ。民訴ゼミを取るという人は割合と真面目で、努力家な人が多いんじゃないかな（笑）。司法試験を通って裁判官になった人で一番偉くなったのは東京高裁長官になった倉吉敬君で第三期ゼミ生です。この期は大学紛争で東大入試がなかった昭和四四年入学ですから印象に残っています。八期の今崎幸彦君は最高裁事務総長です。最高裁判事もそのうち出て欲しいですね。少数ですが、検事になった人もよくやっていますよ。

菊間　先生は一九七一年に教授になられて、七六年からは、司法試験の第二次試験の考査委員をやられていますけど、科目は民訴ですか。

谷口　当時、我々の専門は先ず破産法をやって、何年か後に民訴に移るというしきたりでした。

菊間　そういうのも影響するんですかね、司法試験の考査委員の先生のゼミに入ったら司法試験に有利かもしれないという思いも、学生さんにはあったのでしょうか。

谷口　学生はそう思っていたかも知れませんね。確かに、口述試験でこういうことはしてはいけないよ、みたいなことは言えますからね。自分の体験から。

菊間　二次試験ということは、論文の問題を作って採点して。

谷口　そうですね、作るといっても皆で作るんですけどね。採点は受験者が多くなってからは分割して採点していましたね。だいたい基準を決めてね。司法試験の採点の思い出はいろいろありますけど、しんどかったですよね。最初の頃というのは、大学の研究室はもちろん自宅にもクーラーなんてなかったですから。夏の暑い時に答案の採点をするのは本当に大変だった思い出があります。

菊間　司法試験の採点ってまことしやかな噂があって、二人の先生が見て、間の点を取るとか。

谷口　そうですね。一つの答案に対して二人が見て、平均していたみたいですね。

菊間　学者の先生と、実務家が見るというのもあったんですか。

谷口　そういう時代もあったんじゃないかな。私のときにも、実務家の人とも組みましたね、確か後の方では。だんだん実務家の人が多くなってきたんですよ。それと受験生が多くなってきたので、増やさなくてはいけない。そんなことがあって、変遷はずいぶんとありましたよね。いつ頃からどうなったのかは忘れましたけどね。

菊間　一人で何人分、何枚くらい採点するんですか。

谷口　千枚くらいですかね。

菊間　千枚ですか？　大変ですね。

谷口　大変ですよ。もう昔のことだからお話ししてもいいと思うんですが、採点を何点から何点までの間で正常分布するようにして下さいと言われるんです。そういう規制があるんです。

菊間　絶対評価じゃなくて、相対評価なんですね。

谷口　そうです。どのくらい、厳密に守らないといけないのかわかりませんけど、でもそういうのが一応あって。それで、いつも点をつけていると、だいたい低くしか付かないんですよ。それで、最終的に一覧表にして、何点の人は二点増し、何点の人は五点増しとか自分でルールをつくって、もう一度点をつけ直して、分布に合わせていましたね。あれは、なかなかつらい。最後の段階が大変でした。あれは、私たちの時代はそうだったけど、司法試験はいろいろ変遷がありますから。とにかく、夏の間の頭痛の種でしたね。だけど、あれをやっているということで、学者としても客観的に評価されているいう実証にもなりますからね。また、学生達もそれで一日おいてくれます。だからやっぱり大事にしないといけない。あまり、いい加減なことすると法務省がクビにしますから（笑）。今はどうなっているのかな。

5 フェアネスと手続的正義――「第三の波」派との距離感

菊間 続いてのお話で、学問的発想、フェアネスのお話にいきますけれども。先生といえばフェアネス、手続的正義。それに関する論文や講演もたくさんありますけれども。「ワニの裁判」とどっちが先なんですか？いや、どっちが先というかワニの裁判はフェアネスのお話の中の一部ですもんね。

谷口 あれは何回か使っていて、「ワニの裁判」は小島武司さんという中央大学の先生が書いたものに出てくるんですよ……。イタリアのカラマンドレイという偉い民訴の先生の本にそう書いてあったということを小島さんが書いていたのを面白いと思って、断った上で使わせてもらっているんですけどね。それは裁判の本質みたいなものをよく表しているんですよね。大昔に盟神探湯《くがたち》という裁判がありましたね。明日香時代かな。ところで、そのカラマンドレイ先生というのは前に出てきたフィレンツェのカペレッティ先生の先生だったらしいですよ。

古代中国でも、似たようなものがありましたね。そういう非合理的なものに頼っては正義を見つけるというのかな、人間の限界を認めて超自然的なもので話をつけましょうと。そういう了解があればできるわけで。そういうものが裁判の本質ではないか。今はちゃんと教育を受けて、司法試験を通った人が裁判官をやっているけれど、その本質はワニの裁判と同じようなものだと。国の制度としても、それが前提にあるということを了解しておかないといけないというようなことを言っているんですけどね。ある種のあきらめの境地というか、不可知論というか。

菊間　携わる方も、裁判で真実を明らかにしたいっておっしゃる方。クライアントの方でもいらっしゃいますけど、残念ながら裁判で真実は明らかにならないんですっていう説明をするんですよね。どちらがより真実っぽいかということを裁判官が判断するだけであって、負けたとしてもあなたの真実がそれだったら、それが真実なのかもしれない。でも、裁判はそういうものでしかないというところがありますよね。

谷口　何をしてもいいということでは決してないですけど。そういうものだと了解したうえでの話でないとおかしいということを言っているわけです。

菊間　裁判官の方も、そういう気持ちでやるべきというか、その手続に則って皆さんが公平だと思うやり方のもとにおいて、判断をするに過ぎないんだと、受ける方もそうですけど、裁判官の方もそういうふうに思ってやったほうがいいんですかね。

谷口　どうでしょうね。裁判官は主観的にそう思わざるを得ないんじゃないかな。職業裁判官としてはね。私の息子は裁判官だから、どう思ってやっているのかじっくり聞いてみないといけないですけど（笑）。

菊間　先生が編集され執筆された『裁判とフェアネス』（法律文化社、一九九八年）の「民事裁判とフェアネス」という論文の中で、アメリカの話で、電車かバスの中の宣伝のコメントに対して、裁判のときに「自分もそれを不快だと思う」からという理由で、担当を降りた裁判官の話がありましたけれども。

谷口　有名なフランクファーター判事ですよね。コマーシャルを流すことが許されるかに関する事件で、彼が回避したのは自分がそのコマーシャルをいつも聞いて不快に思っていたから、ということだった。

菊間　不快に思っていたんですよね、その方が。裁判官といえども、人間だから自分がそう思っている状態で裁判に臨むのは、フェアじゃないとその方は思ったのではないですか。

谷口　そうですね。

菊間　先生は、その論文の中でも、公正とかフェアネスっていうのは「フェアネスらしさ」が必要だと、おっしゃっているのですが、それはどういう意味ですか？

谷口　結局、本当に公正かどうかということはわからないですよね、最終的には。周りの人が公正だと思えば、それでいいわけで。公正だと思ってもらうための客観的な条件みたいなものが整っておれば、本当に公正かどうかは心の中に入ってみないとわからないんだから、その「らしさ」というもので満足しないと仕方がないということです。

菊間　それも一種のあきらめというか、受け入れるしかない。

谷口　そういうことだと思います。

菊間　この裁判官に関する論文は、早稲田大学の大学院法学研究科の入試問題にも使われたんですよね。「公正らしさ」で満足をと……。先生がおっしゃるとおりだと思うんですけれども。

こういう理論的論争の背景を教えていただけませんか。

谷口　それはなかなか難しくて、異論があるかもしれませんが、私はこう考えています。

民事訴訟の目的について、戦後に東大の兼子先生が紛争解決説を打ち出され、通説となりました。それまでは、民事訴訟は実体法上の権利の実現が目的だとされていたのです。ドイツでは、私法秩序の維持が目的とされていたようですが、結局似たようなものですね。

この基盤のもとで、新訴訟物論が現れ、それをチェックするような形で手続保障論が受け入れられることになったと思います。手続保障論は、当事者に議論を尽くさせることを重視したわけですが、これをさらに進めて議論を尽くすこと自体を目的に据えてしまったのが「手続保障の第三の波」で、井上治典さんが提唱しました。

当時、大学を揺るがした全共闘運動の影響もあると思います。その連中は、「話し合い」を求めて学長や教授会に押し掛けていました。実は、井上正三さんも、もともとこれと近い考えを持っていて、両井上さんが「第三の波」の元祖だと思われていました。ちっともモノを書かない正三さんに代わって、治典さんが書いたという面があったと思っています。

私は、話し合いを重視するのは賛成だが、それだけで済むとは思われないので、自分は「二・五派」だと言っていました。いまや、両井上さんとも亡くなってしまって、過去の議論になりましたが、治典さんは、私を「二・七派」だと言っておられたそうです。彼はまだ若かったから、生きておられたら面白い展開になったでしょう。大変残念でした。

菊間　私が勉強した本にも、「民事訴訟の目的は紛争解決だ」と書いてありましたが、兼子説なのですか?

谷口　そういうことになっていました。

私がアメリカで民訴を勉強し始めたころ、アメリカの民訴の本にも、法学入門みたいな本にも、すべて「民事訴訟の目的は紛争解決だ」と書いてあるので、ああ、日本と同じだ、と思って親しみが持てたのですが、井上正三さんは「兼子先生はアメリカの本を読んでいたに違いない」と言っていました。私は、兼子先生はドイツ一辺倒だと思っていたので、そんなことは想像もしていませんでしたが、そういえば、紛争解決説を打ち出した「民事訴訟の出発点に立返って」という兼子論文は、戦後の昭和二二（一九四七）年のことだし、当時若手東大教授として、占領下の昭和二三（一九四八）年の民事訴訟法改正作業にも関与されて、アメリカ法の文献に接する機会が多かったに違いありませんから、ありそうなことです。

しかし、こんな話は他で聞いたことがありません。井上正三さんの大胆な想像力に感心です。兼子先生の弟子の新堂幸司さんが、その後当時の民訴学者としては異例のアメリカ留学をされたのも関係があるかもしれません。

ところで、話を「公正らしさ」に戻すと、最終的には、真実や正しさはわからないにしても、正しいものとして受け入れられるならそれでよいわけだから、そのためにはどうしたらいいか、という問題が重要になりますね。

菊間　ケーキを切る話もあるじゃないですか。あれも、ケーキを切る子と最初にケーキを取る子を別にしておけば、その子は大きさを見て、自分が納得して一方を取っているのだから、二人にとっては公正なんだというのは、「なるほど！」と思いましたね。

谷口　あれはジョン・ロールズという哲学者が言っている例で、いろんなところで使われているわけですけど。まぁ、そういうことなんですよね。

菊間　でも、私は民訴の授業で、そんなことを聞いた覚えがないです（笑）。

谷口　普通、民訴の授業ではあまりそんなことをいわないですからね（笑）。

菊間　先生、これは民訴の授業でやっていたんですか。

谷口　もちろん、そうですね。民訴以外の授業はしていないからね。そんなことばかり言っていたわけではありませんけど、折に触れてそういうことは言っていたと思いますね。

菊間　哲学的ですよね。

谷口　よく言えば、ちょっと哲学的なんですよね。素人哲学というか、常識論ですよね。いわゆる民訴法学というのは、常識から離れそうになっているところがあるように思ったんです。通説の民訴というかね、そういうところをもう少し常識的な線に引き戻さないとおかしいじゃないかという気はありました。

菊間　常識から外れそうというのは、具体的に言うと、どういうことでしょうか。

谷口　訴訟物論というのが一時期、盛んでしたね。あれも聞いていると、ちょっと常識から離れたところで、議論をやっていた気がしましたよね。私はあれにあまり埋没したくないみたいなところはありました。三ヶ月先生なんかに言わせると、新訴訟物論の方が常識的なんだということでしたけどね。そういう面も確かにあるんですよね。あれは両極端で議論していたから、変な感じがしていましたね。訴訟物論はとてもじゃないけど、私の出る幕じゃないと避けていました（笑）。実務は結局常識的なところで落ち着いていたんじゃないですか。

菊間　民訴は文字通り、民事訴訟の手続が規定されているのですが、手続になぜ皆が従うかといったら、それで裁くことが皆の納得するルールになっているから。どうして、皆が納得するルールづくりをしたかっていったら、それが一番公正だと考えたから。でも、本当に公正かどうかはわからなくて、公正らしい、フェアネスらしいって、皆が思ってくれるような手続ルールをつくり上げてきたということですよね。それって民事訴訟の本質だと思いますので、そこをこうやって教えていただけるっていうのは、民訴が楽しくなる感じがします。学生時代に聞きたかったです（笑）。

谷口　そうですか、それは有難い（笑）。

ところで、岩波講座『基本法学8　紛争』（一九八三年）で、「手続的正義」という論文を書いたでしょ。竹下守夫さんが、そのことを東京一中時代からのお友達の遅塚忠躬《ちづかただみ》という東大の歴史学の大家に話していただいたようです。それで、二〇一〇年に出た遅塚先生の『史学概論』（東京大学出版会）という本の中で、私の論文を引用していただいています（同書三〇九頁）。そして「フランス革命の急進的な指導者たちが、実体的正義にこだわって手続的正義を軽視したために、議会から反対派を追放し処刑する『手続的正義の蹂躙』というかたちで、山岳派（ジャコバン派）の独裁と恐怖政治がもたらされたのである」と書いておられます。竹下さんからコピーを送っていただきました。有難いことでした。

菊間　へェー。先生の説は歴史学も動かしたのですか。

谷口　もう少し言うと、手続的正義というのは、両方の言い分をよく聞いて、常識的なところで決めるということとはちょっと違うと思います。

新訴訟物論のほうが常識的なのだと主張されたこともありますね。でも、当事者が言っていないことまで、全部カバーしてしまうみたいなところがあるでしょう。そんなのはおかしいんじゃないかという気はしましたよね。当事者が言っている範囲内のところで、裁判してくださいといっているのだから、そのところで裁判しないと不意打ちだとかなんだとかいうことになりますから。単純にそういう発想で、考えていましたね。そこで、釈明だとかいって少し膨らますとか、本来あるべき形にもっていくようなことは裁判所がやるべきなんだけど、そのあたりをどういう言葉で表すかっていうことですけどね。それが手続的正義なんじゃないかと思います。

第七章

増える海外講義と中国とのかかわり

▷▶写真 7.1　中国で翻訳・刊行された著書

▷▶写真 7.2　中国での講演後のサイン攻め

𝄞1　やり損なった裁判官体験

菊間　三年前にアメリカのダラスへ留学させていただきました。英語を母国語としない二八カ国から弁護士が七〇人集まって二か月間英米法を学ぶんです。比較法の授業があって、「自分のクライアントが盗みをした、と。それを言われたあなたはどうしますか」っていうのがあったんです。日本人は、自首を勧めて、一緒に警察に行くという考えが多かったんです。でも、外国の方は「警察が信用できないから、警察が来ても『やっていない』と言わせる」とか、裁判官が信用できないとか、捕まった時どうするかとかいう話になったら、「賄賂を渡す」とかそういうことを弁護士が平気で言うんです。びっくりしました。その時に先生が授業の中で「日本には仁がある」という話をしたんですよ。仁義の国だ、みたいな説明をして、「だから、日本人はそういうことはしないんだ。説明しろ」とか言われて、「私ですか？」と思ったんですけど（笑）。

日本の弁護士はそういうことはしないと思うんですよね。やったことをやっていないとか賄賂を渡すようなことは。そういう発想がまずないし、弁護士倫理を持ち出すまでもなく、常識的な弁護士であれば、やらないと思うのですが。でも、それが普通じゃない国が世界にはたくさんあるんだ、というのは結構驚きでした。そういう意味で日本人は「御上が裁く」じゃないけれど、裁判官が裁く。裁判官を信用していて、それが正義なんだと思える。そのシステムの中に生きているということも、世界の中から見ると、特殊というか幸せなことなのかなと思いました。先生は様々な国へ行ってらっしゃるので、そのあたりはどういうふうに思われますか。

谷口　それは、そうだと思いますね。日本の裁判制度というのは、そういう点では、世界に誇るべきものです。国際的な取引の世界では、紛争解決というのは仲裁でやるのがスタンダードでしょう。日本でも国際商事仲裁協会というのがあるんですけど、そこで扱う事件数は経済規模の拡大にかかわらず増えていないんです。二倍になったというんですが、年一〇件が二〇件になった程度です（笑）。中国なんて国内仲裁を入れれば何万件でしょう。中国の国際取引の拡大に比例して国際仲裁事件数は増えています。日本の国際取引も随分拡大していると思いますが、事件数は全然増えない（笑）。

諸外国では、国内のビジネス紛争の多くが、仲裁で解決されています。ところが日本では、国内商事仲裁事件は皆無に近い状況です。いろんな人によく聞かれるんですが、これは日本の裁判所に確固たる信用があって、やっぱり裁判所で決めてもらいましょうみたいなことを皆思っているから。外国では裁判所へ行っても裁判官は賄賂をもらっているかもしれないから、自分たちの信頼する仲裁人を選んでやってもらった方がいいというところがむしろ多いんです。そういう点では、仲裁が増えないのは困るんですが、それは世界に自慢してもいいことだと思います。日本の裁判所はいろいろ問題はあるんですけど、私は民事裁判のことしか知りませんけど、もう少し早くしてもらうために裁判官を増やさないといけないと思いますけど、よくやっていると思います。

菊間　人数は増やした方がいいですよね。一人ひとりの抱える事件数が多すぎて。

谷口　その中で、そういうモラルを維持していること自体、世界に誇るべきことだと思いますね。

菊間　司法に対する国民の信用度が、日本は世界で一番高いというデータもあるみたいですね。

谷口　ドイツあたりは不祥事がないとかいう意味では、信用が高いところにいますけど、どうもあまりにもビジネスライクというかあっさりと片付けるというので、日本の先生方はドイツの裁判を実際に見聞して批判的に書いていますよ。日本の裁判官は真面目というか、もう少し何かあるんじゃないかと釈明したりなんかして、事件の真相に迫る努力をしないといけないことになっているから、当事者としてもある程度聞いてもらったという気持ちになれると思うんですよ。ドイツの裁判官は、そんなのは何もなしで、弁護士強制ですからね。必ず弁護士が付いているから、弁護士が言ったことに「はいはい」と判決を配給するみたいに、あっさりしすぎていると。それでは当事者は少し不満でしょう。

菊間　当事者が納得感を得られるかどうかというところで、日本の裁判官は弁護士と一緒に考えてくださる方が多いですよね。ちょっと無理筋ですよ、となっても当事者の気持ちを考えたら「一応尋問しましょうか」とか、「もう一回書面出しますか」とか付き合ってくださる部分もあるので。確かにそうですね。

谷口　そういうのはいいことですけど、その辺が民訴法学にどう反映しているかというと何もしていないと思いますね。

菊間　民訴の研究と実務の裁判はリンクし合うんですか。

谷口　本当はしないといけないと思います。私自身、司法修習生として民事裁判を少しは体験しました。でもやっぱり、もうちょっと本格的に体験してみないと、本当の民訴法学はできないんじゃないかと思ってね、助教授の頃に、二年くらい裁判官になってみたいと真面目に思って、有名な東京地裁の裁判官だった鈴木潔さんという方に相談したんです。当時は有名な方で、判例タイムズなどの座談会でもしょっちゅう司会をしたりしていて、かなりの名物裁判官でした。大変なお酒飲みで、私も一緒に飲む機会がちょくちょくありましたね。

園部逸夫さんが大学を辞めて裁判官になったでしょう。ちょうどその時くらいに、鈴木さんと酒を飲む機会があって、「園部は俺んとこに置いて仕込んでやる」と言っておられましたね。そんなことがあったので、鈴木さんに「二年ほど裁判官をやってみたいのですが、そういう採用の仕方はありますか」と言ったら、「出願をしてくれれば、採用する。二年経って辞めるのは、勝手だからどうということはない」という話でした。「俺の左陪席にして仕込んでやる」と言われて、こちらもその気でいたら、そうこうするうちに中田先生が亡くなってしまって、結局実現しなかったんです。今から思えばちょっと残念でもありますし、よく考えてみれば助かったということもあります。二年間も体験させてもらって、しかるべき論文を書いて成果を出さないと鈴木さんに怒られるかも知れないからね（笑）。だから、却って良かったなという気もあります。鈴木さん自身が定年を待たずに早く亡くなりましたからね。あまりの酒飲みで（苦笑）。そういうこともあって、関心としては実務を体験して学びたいという気持ちは大いにあったんですよ。結局実現しなかったけど。それをやってみたら、また考えは変わったかもしれませんけどね。

菊間　今は実際そういう方はいらっしゃるんですかね。

谷口　いや、聞いたことはないですね、そこまでの話は。大学紛争の頃は、大学の先生が嫌になって、出た人は結構あったんですよ。それ以後はないですね。この頃は裁判官なんかと研究会で一緒にやるような場も増えましたからね、そういう必要を感じないかもしれませんけどね。

菊間　あとで詳しくお聞きしますが、シンガポールの裁判所で裁判官をやられるということは、先生の長年の夢が叶ったと。

谷口　そうなんです。ちょうどその直後に弁護士会の『自由と正義』に巻頭の随筆を頼まれて、そこに「長年の夢が叶った」と書きました（笑）。でも、夢が叶うほど仕事はないのですけど。

菊間　今はもう、お辞めになったんですか。

谷口　まだ、今年いっぱい任期があります。

菊間　再任されるんですか。

谷口　ないと思っていたんですが、実は（二〇一七年）九月に、ローエイシア大会があって、私の英語の基調講演を皇太子ご夫妻にも聴いていただいたのですが、そこにシンガポールのメノン最高裁長官も見えられていて、再任する、とおっしゃってました。そうしたら早速新件の配点を受けました。

菊間　アジア人枠って、一つだけですか。

谷口　要するに英法系で八人（イギリス、オーストラリア、香港）、アメリカ人一人、大陸法系で三人となっているんですよ。大陸法はフランス人とオーストリア人と日本人。アジアでということではないんですよ。大陸法系というとドイツやイタリア、ベルギーなどいっぱいありますから、その辺にまわしていくんじゃないかな。日本の後は韓国か中国かその辺にまわしていくと予想していたのですけどね。どっちにしても、大陸法系は三人で回すんじゃないでしょうか。とすると、アジアの大陸法系はやっぱり一人になるんじゃないかなと思いますね。

菊間　そうなんですね。

𝄞2　コーエン教授というオーガナイザーのもとで

菊間　話は変わりますが、コーエン先生とのお話を伺えますか？

谷口　この方は、私を国際舞台に出してくれた最初のきっかけを作ってくれた先生です。一九六二年にバークレーに行った経緯、また一九七〇年にハーバードに招いてもらった経緯についてはすでにお話ししました。その後一九七一年の帰国後のことをお話ししましょう。

私の帰国と同時に日本に来られて、一年間京都に滞在されました。京大法学部はその当時、今でもそうですが、国際性が全然なくて、外国人の客員教授など受け付けないんですよ。同志社大学はすでに国際的でしたから、同志社大学の英米法の藤倉皓一郎さんのお世話で客員教授になって、同志社大学の外国人宿舎という一軒家に家族で滞在されました（笑）。その間、私は全部は知りませんでしたが、いろいろ活動をされたようで、しょっちゅう東京へ行っていました。東京で何をしていたのかよく知らなかったですけど、結局わかったのは、彼が三菱グループから一〇〇万ドルの寄付をハーバードへもらって、ロースクールに日本法講座を設立したんです（笑）。それは、今もありますね。この日本法講座は彼の帰国と同時に開講され、初代のMitsubishi Professor of Japanese Lawは彼が京都にいる間に知り合った私の京大法学部の同僚の北川善太郎さんです。

北川さんは私より一学年上ですが、日本のコーエンさんとでも言うべき学界のオーガナイザーで、すでに、「比較法研究センター」というものを立ち上げていろいろなプロジェクトを始めておられました。一九六四年秋に私達が最初のアメリカ滞在からヨーロッパを経由して帰国したことは前に申しましたが、当時北川さんはドイツのミュンヘン大学で研究中で、奥さんもご一緒にオペラ「ニュルンベルグの名歌手」を天井桟敷で立ち見した思い出があります。その時、彼はドイツの法律の先生はインスティテュートという研究組織をもっていて数人の助手を抱えて研究プロジェクトを推進している、自分も帰国したら日本の大学では無理だから外部にそのようなインスティチュートを作りたい、と熱っぽく語っておられました。はたして、帰国後数年して、京大キャンパス近くの貸しビルの一室に「比較法研究センター」を立ち上げられました。センターは発展してその後、市の南西部の工場跡を再開発して作られた京都リサーチセンター内に移転しました。外国人学者で若い時にセンターにいたという人も多いし、日本人の研究者もかなり養成しています。「訴訟嫌いの神話」で有名なヘイリー教授も、若いとき、北川さんの研究センターで研究しておられました。北川さんが昨年亡くなり研究センターがどうなるか気になっていましたが、やはりやれる人がいなくて解散してしまったようです。

北川さんは日本のコーエンさんみたいな方で、コーエンさんが目を付けたのは当然でしょう。北川さんは一九七二年秋からハーバードで教えている間に、アメリカの大手出版社と契約をしてDoing Business in Japanという大規模な出版計画を始められました。日本法全般にわたって英語で解説し法律の英訳を提供するというプロジェクトです。日本法が国際的に注目を集めつつあった頃です。私もこれに協力して民訴の解説などを書いています。北川さんは私より二つ年上ですが、大学院出身なので民訴の鈴木さんや井上さんとも親しく、若い時から親しくしていたので亡くなられたのはショックでした。まあ、コーエンさんも良く人を見ていたということでしょう。私がやっとMitsubishi Professorになれたのは、ずっと後で、コーエンさんがハーバードを辞めてからの一九九三年でした。

菊間　コーエン先生はハーバードを辞められた?

谷口　コーエン先生が一九六四年頃にハーバードへ移ってから、一九六七年にバーミューダの中国法の会議に招いてもらったり、一九七〇年に一年間ハーバードへ招いてもいただきました。ところが、コーエンさんは一九八〇年代初め頃、ハーバードを辞めちゃったんですよ。いろいろ経緯があったようですが、結局は、ポール・ワイスというニューヨークの法律事務所に入って、その北京事務所を創設して北京に長らく駐在していたようです。ところが、一九八九年に天安門事件が起こって帰国し、NYU（ニューヨーク大学）でも教えるようになりました。その間、かなり長い間私は彼と会っていませんでした。一九九〇年代になってからですね。久しぶりに彼と会っていろいろ聞きました。その頃は、私自身も京大法学部の学部長選挙に敗れた直後で、その話をすると「お前の気持ちは良くわかる」といって、かなり詳しくハーバードを辞めた経緯を話してくれました。

彼はやり手だから、ハーバード・ロースクールの長、ディーン（Dean）といって日本の学部長よりもっと偉い地位ですけど、それになることに決まっていて、彼自身もそのつもりだったんです。アメリカというところは結構民主的でないところもあって、ディーンは学長が指名するんです。その時の学長はもともとロースクールの先生だったボクという方です、有名な人でした。明日ディーンに任命されるという晩に、学長から電話がかかってきて、「いろいろ考えたけど、君をディーンにするのはやめた」と言われたそうです。それで、本人はガーンとなったらしいです。代わりに、自分から見れば全然大したことのない人がディーンになったんです。それはあとから、他の先生から聞きましたね。「何であんな人をディーンにしたのか、彼は全然何もしなかった。ジェリー（コーエンさんのこと）がディーンをやるべきだった」と言っていました。

結局、コーエンさんは幻滅したんでしょう。先ほども話しましたが、ハーバードを辞めてニューヨークへ移ったのです。これはかなりのビッグニュースで、ニューヨークタイムズの記事にもなったそうです（笑）。最終的に彼が入ったポール・ワイス法律事務所は大手ではないが訴訟に強い事務所だということでした。あまり国際的ではなかったようですが、北京事務所の開設は、アメリカの法律事務所としては初めてのことだったようです。

彼が本気で話してくれるきっかけとなった私の学部長選のことも、ついでに言わせてもらいます。京大法学部では学部長は原則として「席次」順で選ばれることになっていました。つまり卒業年次順です。席次が私の直ぐ上だった北川善太郎さんの部長任期が一九九一年三月までなので、二月頃次期学部長選挙がありました。助教授は選挙権がなく、教授の一覧表が配られてマルをするという互選システムです。無記名投票です。北川さんは私に次をやらせるつもりだったようだし、周りもそのような雰囲気でした。私は自分にマルをつけるのは憚られたし、自分に付けたことで当選するような当選はしたくない、といった殊勝な考えもありました。ところが、開票の結果、一票差で敗退。のちに司法制度改革審議会の座長になられた三年下の佐藤幸治（憲法）さんが選ばれました。私は、その夏にオーストラリアに二、三か月行くことになっていて、先方には「もし学部長になれば行けないのでよろしく」と言ってありました。お蔭で、オーストラリアにも予定通り行けたし、何とも思わなかったのですが、定年退職の段になって後悔しました。学部長をやったかどうかで退職金がかなり違うし、その後もいろんなところで差がつくことがわかりました。今となっては、厚かましく自分に投票しておけば良かったと後悔しています。そうすれば、一票差で当選でした。この話には、コーエンさんも大いに同情してくれましたね。

菊間　それは残念でした（笑）。コーエン先生はまだNYU（ニューヨーク大学）に居られるのですか。

谷口　まだ大活躍です。毎月然るべき東アジアの人を招いて話を聞く会を主催しておられEメールで案内をもらっています。大抵中国人ですが、日本人や韓国人もたまに入ります。また、反体制派の中国人をNYUで受け入れたというニュースが日本の新聞に何回か出ました。私が一九八五年から三年間毎年春にNYUへ日本法の講義に行ったのも彼のお蔭です。

NYUにセクストンさんという大変やり手のディーンが着任して、NYUロースクールを国際化するためにグローバル・ロースクールというプロジェクトを始めました。然るべき外国人の教授を招聘して講義をさせるというものです。日本法も教えたいというので、コーエンさんがセクストンさんを連れて日本に見え、いろいろな先生に紹介しました。京都では北川さんや私が紹介されました。結局セクストンさんは私を指名してくれたので、私が京大定年前の三年間春休みを使って毎年NYUに行くことになりました。このプログラムでは私の知っているドイツの先生などもNYUに来て、外国の有力な先生が常時五、六名居るということになって、NYUロースクールのランキングがハーバードに次ぐ二位くらいに上がって、コロンビア大を越えるようになったということです。

三年続けてNYUで教えたのですが、そのときの科目の一つが「比較民事訴訟」でした。主として、英米法系の民事訴訟のやり方と大陸法のやり方を比較して、その中に日本法を位置づけるという内容ですが、大陸法といってもドイツとフランスは随分違うし、私も勉強になりました。この授業に出た学生は一〇人くらいだったと思いますが、NYUで民訴を長年教えているオスカー・チェイス教授が関心を持って熱心に聴講して下さいました。彼はその後私の紹介で、世界訴訟法学会IAPLにも入って活躍しておられます。

これが、動機になったのか、チェイス先生はアメリカのロースクールで使うための比較民訴の教材を出版することを企画し、私の他、イギリスとイタリアの先生とNYUの先生二人を加えて六名共著のCivil Litigation in Comparative Contextという本を二〇〇七年に出版しました。イタリアの先生は、フィレンツエで一九六七年に、当時カペレッティ先生の助手で私の世話をしてくれた、ヴァラーノ教授です。この本はいろいろな資料を集め、若干のコメントを加えているアメリカのケースブックスタイルの教材で、私が日本の新民訴法を紹介した英文論文を冒頭に掲載していますし、判決の執行の章は私が一人で執筆を担当しました。この教材を使いこなせるアメリカの先生は少ないと思いますが、この種の本は珍しいので予想外に使われたようで、改訂二版を出すことになり、すでに二〇一七年夏に刊行されたばかりです。二版では日本でも良く知られているドイツのシュテュルナー先生を執筆陣に加えました。このような関心がアメリカのロースクールでも出てきたのは結構なことです。

ところで、NYUのグローバルプログラムの世話をしていた先生がその後バージニア州の首都にあるリッチモンド大学ロースクールのディーンになり、私に講義に来てくれないかと言ってこられました。八〇位くらいだったランキングをNYUのように上げようということのようでした。私は京大を定年退職したあと、東京の帝京大学に再就職しました。私学では難しいかと思いましたが、就職前から決まっていたことだから、という手紙を学長に書いて許してもらいました。

そんな、こんなで、コーエンさんとは長い縁があるのです。今も結構、元気にやっておられるみたいですよ。コーエンさんの奥さんは美術の専門家で、中国美術に詳しいんです。中国の若い画家をアメリカに紹介して有名にしたとか、三人の息子さんの末っ子は美術商になって中国美術を専門的にやって結構儲けているそうです。私どものバークレー時代はその息子さんらはまだ小さくて、私の家内がベビーシッターをして生活費を少し稼いだものです（前出一二二頁の写真4・3を参照）。

コーエン先生は、二〇一七年秋の叙勲で旭日中綬章というものを貰われました。ハーバード以来の日本への貢献が評価されたのでしょう。当時ハーバードには日本法の専任教授はいなくて日本からの客員で廻していたのですが、NYUにはフランク・アッパムという先生がいます。実は彼もハーバードでのコーエン先生の弟子で、一九七一年に京都へ一緒に来ていたのです。新婚で、安いところというので、私が極めて庶民的なアパートを探してあげて、京大の研究員になっていました。彼は「社会派」で、日本の公害訴訟の問題などを取り上げて本を書き、オハイオ州立大学の先生になりましたが、コーエンさんがNYUに引っ張ってきて、日本法と不動産法（プロパティ）を教えています。最近は、プロパティが面白いと言っています。社会派を満足させる日本法のテーマがなくなったのでしょうか。

𝄞3　さらなるコーエン・コネクション？

菊間　コーエン・コネクションはまだいろいろありそうですね。

谷口　日本との縁といえば、私が一九七一年夏までハーバードに居たとき、イエール大学を卒業してハーバード・ロースクールの入学許可をもらったが、入学を一年延期して日本で生活したいという若者をコーエンさんに紹介されました。コーエンさんが七一年から一年間京都へ行くので、彼も京都へ行きたい、ついては私の実家に置いてもらえないか、という話です。ほかならぬコーエンさんの口利きなので、私の父も承知してくれて、彼、トービー・マイヤーソン君は私の実家の離れ座敷に置いてもらって家族の一員として一年を過ごしたのです。コーエンさんは、その後彼をポール・ワイスに引っ張ってきて、日本関係の渉外実務をやらせるようになったのです。彼は随分日本の会社を顧客にしたようで、私のゼミ生で会社の法務をやっている人で、マイヤーソンさんに頼んでいるという人が複数いました。日本経済のバブルと重なったので、彼自身も自分は事務所の稼ぎ頭だみたいなことを言っていました。現在私がお世話になっている松尾綜合法律事務所の松尾弁護士も小杉弁護士も私と関係なく彼とは大変親しいです。そんなわけでコーエンさんはポール・ワイス事務所のためにも大いに貢献したと思います。

菊間　コーエン先生がいたから、先生の海外への道も、ものすごく開けたんでしょうか。

谷口　それは確かにありますね。コーエンさんは大変なオーガナイザーだから、彼に近づくと何かプロジェクトに巻き込まれて危険だ、といって避ける人もいました。でも彼は人使いもするが、かならず本人のためになることをさせて将来に繋げさせるという偉大な教育者でもあったと思います。アメリカのロースクールで現代中国法を教えたのは彼が最初で、たくさんの弟子を育て、その皆さんが世界各地で中国法の教授になっています。コーエン学派は大きい勢力です。私は中国法専門ではありませんが、コーエンさんのお蔭でいろいろな経験をさせてもらったと思っています。その点では、イタリアのカペレッティさんも似たところがあります。

菊間　そういうのが苦手という日本人の方も結構いますよね。

谷口　私はそういう点では、日本人としては社交的なところがあるのかもしれません。悪く言うと付和雷同ですかね。子どもの時からそうみたいで、父親が「安平は社交的だ」とか言っていました。自分ではそうは思わなかったけど。ヒョコヒョコと何か無防備なところがあって、誘われるとどこへでも行くみたいなところがありました。

よく覚えているのが、京都に祇園祭があるでしょう。鉾の巡行が四条通を通りますね。中学校時代、四条通りに店を持っている人の子どもがいたんです。その子とは親しかったわけでもないのに、なんだかんだ言って、巡行の日にそこへ行って二階で鉾を見せてもらったんです（笑）。そのことを親に言ったら、「安平は社交的だ」と言われたんです。結構人見知りで自分ではそう思わないけど、社交的なところもあるのかも知れませんね。

菊間　アメリカやモンゴル、中国など、いろんなところへ行って講義もされているなんて、どう考えても社交的です（笑）。たぶん、そこへ行って教えることで自分のキャリアに繋がるとか、ちょっとあまり行きたくないけど我慢して行っている部分がある方も多いと思うんですが、谷口先生は、心から楽しんでいらっしゃいますよね。

谷口　そうですね。私の京大の同僚の皆さんは、義務意識でという方が多かったです。やっぱり一回は留学に行かないといけないというので、いやいや行くという人もいました。私の場合はそういうことはないですよね。誘われるとホイホイという感じで（笑）。

菊間　奥様もそういうのは平気なんですか。

谷口　一緒に行くこと自体はそんなに苦痛じゃなかったと思いますね。やっぱり、最初の時に一緒に行って大体わかっているから。子どもらを連れて二回も行っていますが、そんなに抵抗はなかったと思います。でも、ある時期から一緒に来なくなりました。歩かされるからイヤと言うことです。

𝄞 4　中国の法学界での有名人に？

菊間　コーエン先生の橋渡しというか影響もあるんでしょうけど、中国で先生の本がすごく有名だというお話を聞きました。

谷口　それはコーエン先生とは全く関係なくて、京都大学に留学していた王亜新さんのお蔭です。この方は北京大学を卒業したなかなかの秀才だということでした。やはり京都大学留学を経て神戸大学の先生になられた季衛東さん（現在、上海交通大学法学部長）と同じ世代です。その時代は、本当かどうかわかりませんが、北京大学を出た一番優秀な人はみんなアメリカへ行く。すると、誰も帰ってこないらしいんです（笑）。私が一九七〇年代の終わり頃にデューク大学へ教えに行ったとき、ディーンがこぼしていました。アメリカのロースクールで、中国人学生を受け入れた先駆者の一人なんです。デューク大学では毎年少なくとも一〇人くらいの中国の学生を受け入れていたんですよ。意図としては、中国のエリート学生に奨学金を出して教育して、中国へ帰ってもらって中国の近代化のために活躍してほしかったそうです。でも、「みんな帰らずにアメリカで就職してしまう」とこぼしていました（笑）。中国政府の側でもそれが問題になったようで、ある時期からアメリカ行きはダメだと。日本へ出せば帰ってくるだろうということで、優秀な人を日本へ送るようになったということです。日本政府の給費留学生です。その第一陣が季衛東さんや王亜新さんだったようです。ところが、結局その人たちも日本で先生になって帰らなかった（笑）。

私のところへ来た王亜新さんは最初、刑事訴訟法をやっていました。鈴木茂嗣さんという刑訴の先生についていました。ある日研究室に現れて、「刑訴をやってきたけど、民訴に変わりたいので指導教官になってください」と頼みに来たんですよ。それで、私は別に何も気にしていなくて、本人がそうしたいなら仕方ないだろうと思って受け入れたんです。当時の中国での風潮の変わり目を敏感に感じたのでしょうか。中国での民訴の将来性ですね。元来中国では、治安維持のために、刑訴の方が重要だったんです。でも、社会が変わりつつあって、これからは民訴が重要になるんじゃないか、と王さんは頭のいい人だから思ったんでしょうね。それで、民訴に移ってきました。

三年くらいでとても立派なドクター論文を書きました。現代中国の民事裁判がテーマで、当時、中国の民事裁判なんてほとんど知られていませんでした。このままにしてしまうのはもったいないと思って、日本評論社の川崎さんに、「いい論文だから出版してもらえないか」と打診したんです。ちょうどその頃、中国法に対する関心が日本でも高まりつつあったので、マーケットがあると思われたのか、引き受けてもらえたんです。立派な本になって、出版されました。それは彼にとっても、ラッキーでしたね。

結局、王さんは香川大学に就職して、それからしばらくして九州大学へ移ったんです。九州大学では助教授になって結構長くいましたが、一九九六年頃に、北京の清華大学という名門大学があって、北京大学が文科系、清華大学が理科系だったのが、清華大学も法学部とか経済学部を作ることになって、王さんは清華大学の法学部に招かれて教授になりました。中国を代表する民事訴訟法学者になっておられます。もとの本の改訂と思われる『中国民事裁判研究』(日本評論社、一九九五年)という本も出しておられます。王さんと同じ頃に、劉竹梅さんという女性の留学生もいて、その人は今や最高人民法院つまり最高裁の裁判官です。

王さんは、私の論文などをまとめて中国語で翻訳・出版して、そのことでも有名だそうです。

菊間　王さんは、先生の、いま手許にある『程序的正義与訴訟』という中国語の本を中国で出版して有名に？（笑）

谷口　王さんと同じ頃に劉栄軍さんという人が一橋大学の竹下守夫先生の所で勉強しておられたようです。もともと北京大学出身だから、王さんとは友達なんでしょう。その人と王さんが話し合って、私の論文の適当なものを選んで、それを中国語に翻訳して出版したいと申出を受けました。

菊間　そのために書いたわけではなくて翻訳した論文集なんですね。

谷口　そうですね、翻訳したものです。私は申出をうけたとき、別に手間がかからないから（笑）、「どうぞどうぞ」と言っていました。そんなものが、中国で売れるとも思っていませんでしたが、一九九七年かな、アメリカのデューク大学主催の香港での夏期講座で「国際倒産」を教えたとき、中国本土の学生が何人か居たので、私の名前を漢字で黒板に書きました。すると中国人の学生達が急に色めき立って、「あなたの名前は良く知っている。グーコウ・アンピン（谷口安平）は中国ですごく有名だ」と言ってきて、とても驚きました。その中の一人が上海の復旦大学の助手だと言って、インタビューを大学新聞に載せたいからといって二時間ばかり録音しました。とても良く読んでいて、随分前に書いた「訴訟は実体法の母」という論文についても熱心に尋ねられました。

この夏期講座をやっていたデューク大学との縁は、ミシガン大学の民訴の先生だったポール・ケリントン教授がデュークのディーンになって、一九八〇年代中頃に招いてくれたのが始まりです。アメリカ「南部」になるノースカロライナ州にあって、九月は暑くて困りました。家内も一緒に行ったのですが、父親が亡くなって急遽帰国ということもあってね。ケリントン先生は国際化に熱心で、外国でも「デューク・プログラム」を始めました。香港のほかデンマークでもやっていて、これには家内と娘を連れて教えに行ったことがありました。

それで、その『程序的正義与訴訟』つまり「手続的正義と訴訟」は、一九九六年一月に北京政法大学出版社から出ています。その翌年の香港でしたから、学生達がすでにこの本を読んでいたようです。

菊間 この手続的正義の本は一九九五年一〇月三〇日翻訳、一九九六年一月第一版となっていますね。

谷口 それが出て一九九七年に香港で講義して、その翌年くらいに上海から北京への連続講演があったんじゃないかな。その頃は、頼まれたらなんでもホイホイ引き受けていましたから（笑）

菊間 なんでそんなに売れたんでしょう？

谷口 当時の中国では民事訴訟・裁判の制度を近代化しないといけないという風潮があったようです。それまでは刑事裁判に重点を置いて民事というのはそれほど重視していなかったんですよね。その頃だったかな、NHKの番組で現代中国を紹介する一時間ものの番組があって、民事裁判に人々が押し寄せて大混乱して、法廷でケンカしているような場面をテレビでやっていましたから、かなり問題になっていたのでしょう。きちんとした民事裁判制度を作らないといけないとなったんですよね。ちょうどそういう時期に出たから皆が読んでくれたんじゃないんでしょうかね。何万部か何十万部か売れたそうですが、王さんによれば一銭ももらっていないと。私も何ももらっていません（笑）。

菊間 先生がこの本で使った言葉を中国のトップが使ったそうですね。

谷口 それはだいぶ後で、王さんから聞きました。中国の温首相が年頭の演説か何かで、中国の裁判では「手続的正義」を尊重しなければならないと述べたそうです。王さんによると、手続的正義という言葉は本来の中国語には無かったそうで、王さんは「先生が作った言葉が、いまや中国語になりました」と言ってくれました。

菊間　手続的正義っていう言葉も概念も中国にはなかったんですか？

谷口　そうですね。日本でも昔からあった言葉ではありませんね。簡単な合成語ですけど。英語ではprocedural justiceという言葉が一部であったみたいですね。でも一般的ではなかったのかな。それから二、三年後かな。何処か外国の大きな百科事典の出版社から「procedural justice」という大項目の執筆依頼がきました。私は哲学者でもないのに何故そんな依頼がきたのか判りませんが。これにはちょっと恐れをなして、アリストテレスの正義論から始めなければいけないと思ってウロウロしているうちに忘れてしまいました。誰か他の人が書いたか、この項目は落ちたか、いまでは惜しいことをしたと思っています。

菊間　中国の裁判官の前での連続講演でお話ししたのは、これがきっかけなんですか？

谷口　そうだと思います。王さんらの翻訳が一般的に読まれて、フォード財団がお金を出して、どうもその背後にはコーエン先生がいるんじゃないかと思っていますけど。一九九七年夏頃突然に、中国の宋さんという女性から連絡があったんです。外国のしかるべき先生を招いて、中国の裁判官のための連続講演を企画しているので、入って欲しいと言われたので、引き受けました。そのときの講演集が本になって後で出版されました。スタンフォード大学のフリードマン先生やワインスタインとかフレッチャーとか有名なアメリカの裁判官が何人か入っていましたね。ドイツ人もいて、私も入れていただいたんです。

菊間　何人くらいの裁判官を前に喋ったんですか？

谷口　一〇〇人くらいですかね。

菊間　それは選ばれし一〇〇人ということですか？

谷口　そうだと思います。最初は、上海と武漢と北京でやるという話でした。何人かの先生が順番に三日ずつ講義をするんです。アメリカのロースクールみたいにやってくださいという注文でした。あらかじめ具体的な事例問題を、聴講者に与えておいて、講義をしながら、当てて答えさせるという方法。それで、一所懸命問題を考えて講義に織り込みながら話をするんです。言葉は英語で、通訳の方が中国語に訳してくれました。最初の三人くらいの先生がやったら、武漢の裁判官は程度が低いとわかったそうです。それで私のときは武漢での講演はやめることになりました。だから私は、一九九七年一〇月中旬に上海と北京だけでした。上海のみなさんは非常に良かったです。私の質問にも適切な回答をしてくれて非常に元気づけられましたね。北京はできるだろうと思って行ったからか、あまり印象には残っていません。この時の講演の概要（中国語で出版されたものの日本語訳）は、私の著作集である民事手続法論集全五巻（六冊・信山社）の付録として作った「研究生活半世紀余滴」と題する小冊子（一九一三年九月、信山社刊）に「程序公正（手続的正義）」として掲載されています（同一二三頁―五六頁）。

菊間　さっきの話ではないですけど、中国の社会でずっと育ってきているからこそ、根本的に先生が考えていることと違う部分とか、回答を聞いて日本人の学生からはこういう話は出てこないなというところで気づかされたことはありましたか？

谷口　そういうことはいくつかありましたけど、今はみんな忘れました。そういうことは当然ありましたね。だけど、一般的にいうと上海の皆さんの反応が大変よかった。こちらがだいたい考えていることに近いことを言ってくれたからね。だから、文化程度というか知的水準が高いのですね、上海辺りはやはり都会的に進んでいるのでしょう。この講演シリーズは、あとから本になりました。当然ですが全部中国語で、私が言ったとおり書いてあるかどうか、全く判りません。私は英語で話して、通訳の方が中国語に訳してくれていました。全部録音していたんでしょうね。まぁ面白い経験でした、中国との接触という意味でも。

菊間　それはいつごろですか？

谷口　一九九七年一〇月くらいですね。香港のデューク大学の夏期講座で学生の反応に驚いたのは、翌年一九九八年の夏だと思います。この連続講演は、上海のあと北京大学でやったので、学生から手続的正義の本のサイン攻めを受けました。本自体がそんなにポピュラーなのだとは思いませんでした。北京大学の先生も聴講しておられ、「一連の講演者の中であなたの話が一番よかった」と言ってもらいました。すでに本を読んでおられたのかも知れませんね。

菊間　その前、一九九六年は、「パリ第一二大学法学部客員教授として一か月間パリ滞在」と手許の年譜に書いてありますよ。

谷口　そうか、パリは短期ですから、後回しにして、中国での講義というと、一九九七年六月にもありましたよ。北京の裁判官研修所みたいな「国家法官学院」というところで、日本民訴について一週間、日本語で講義をしました。通訳は日本に留学した北京大学の先生でした。立派な階段教室で一〇〇人くらいの聴衆でした。私の『口述　民事訴訟法』の売れ残りを成文堂に五〇部寄付してもらって先方へ送っておきました。聴衆にはかなり年配の方も多かったですね。ここで困ったのは、講義の中で何時でも手を挙げて質問してください、とたびたび促すのですが、誰も手を挙げてくれないのです。そして、休憩時間になると、教壇に押し掛けて続々と質問に来られるのです。結局私は全然休憩できないんです。通訳の人もですね。それで、事務局の人に文句を言ったら、聴衆の皆さんは地方の裁判所の所長クラスで、人前で変なことを言うと恥ずかしいからだという答えで、全然解決になりませんでした。黒板に漢字をいろいろ書いていたら、「中国語ができるのになぜ中国語で話さないのか」という質問がありましたね。

菊間　そうでしたか。それにしても、先生は、中国だけじゃなく外国へいっぱい行かれていますね。年譜を見たらすごいですね。

谷口　さっきちょっと出たフランスでの講義のことも言わせてください。これは一九九六年春ですね。パリ第一二大学のシャバス先生が時々日本に来られて京大でも講演してもらったことがありました。民法、とくに損害賠償法の大家です。確か私の家で泊まってもらったこともありましたね。パリに行った時に、裁判所から留学中だった息子も入れて、家族でお宅にお邪魔したこともありました。夜のエッフェル塔が綺麗にみえるお宅でした。その先生からパリで日本の損害賠償法を一か月教えてくれないか、と打診されました。フランス語で教えるのは初めてですが、学生は英語を知っているだろうから、いざとなれば英語で説明できるだろうと思って引き受けました。

パリにはもともとはソルボンヌのパリ大学だけだったのですが、戦後にたくさんできて、ソルボンヌは第一、第二大学に分割され、パリ第一五大学までできました。そのうち法学部があるのは、たしか一、二、五、七、一二くらいですかね。フランスでは「不法行為と契約法上の損害賠償」を一緒にして「民事責任法」というジャンルが独立しているのです。「日本における民事責任法」というテーマで週二回五週間講義して欲しいという要請でした。ある程度準備してパリに行ってシャバス先生に会いましたら、「絶対に英語を使ってはいけない」と釘を刺されました。第一回の講義で、学生にわかりやすいようにと、黒板にいろいろ書こうと思いましたら、チョークがありません。うろうろ探していたら学生の一人が訝しそうにしているのですが、チョークのフランス語を知りません。手真似をしたら、「あー、クレヨン」とかいって何処かから数本を取ってきてくれました。

黒板があるのにチョークがないのは準備ミスかと思っていました。帰国してから、阪大のフランス法専門の先生が『法学セミナー』の「フランス法よもやま話」みたいな毎号一頁の連載をしておられたのに気付きました。その中の一回に、「フランスでは法律の先生は絶対黒板に字を書いたりしてはいけない。すべてを口頭で理解させなければならない」と書いてあって愕然としました。そう言えば、フランスの法学教授資格試験では審査員の前で講義を実演しなければならないと読んだか聞いたことがあります。ラテン系の伝統でしょうか。フィレンツェに居たとき学部学生の口述試験を傍聴させてもらったことがあります。一人一〇分くらいで、筆記試験はないと聞いて驚いたことがあります。「沈黙は金」の文化では考えられないことです。

フランス語を教室で喋ったのはこのときと、一九七八年にフンボルト研究員としてドイツのケルンに居たとき、南仏のエクサンプロバンス大学の民訴の授業で日本の民訴の話をした時だけです。この時は、詰まっていると英語の堪能な民訴の先生が横から助けてくれました。ところで、その後、シャバス先生の記念論文集に寄稿を頼まれて、「日本における民事責任法」のテーマで唯一のフランス語論文を書いています。シャバス先生は晩年にも日本に来られて私の東京のマンションの隣にあるフランス学館のフランス料理屋で、フランス大好きの息子一家も一緒に食事をしました。その少し後に先生は亡くなられましたね。

実は、中国との関係はその後も続いたので、ここでお話しさせてください。

手続的正義の本を出して下さった精華大学の王亜新さんも、中国でますます有名になられたようです。

二〇〇九年九月に日中民事訴訟法シンポジウムが北京の精華大学で開かれて、これには法務省が法務支援活動の一環として日本人学者の参加を支援してくれたので、私以外六名の民訴学者が参加しました。竹下さん、東大の松下さんと垣内さん、一橋の山本さん、慶応の三木さん、それに阪大の池田さんです。私達だけ夫婦で参加しました。

というのは、王さんが何処からか資金を調達されて、シンポジウムのあと家内と一緒に中国各地の講演旅行に招いて下さっていたのです。手始めは重慶でした。超満員の講堂で手続的正義論の概略を話し、あと物凄いサイン攻めにあいました。次は西安だったか成都だったか、いずれにしても四川省の有名な景勝地九寨溝まで行きました。成都では有名なパンダ飼育施設を見ました。黄山に登ったときは土砂降りで、あとは南京と上海と杭州でやりましたね。改めて、私の名が中国中に知られていることを実感しました。どこでもサイン攻めで、サインの字が下手なので恥ずかしかったですね。王さん自身もかなりの部分同行して講演の通訳をして下さいました。

第八章

WTO上級委員時代の苦労話

▷▶写真８．１　WTO での宣誓式

▷▶写真８．２　WTO のボードの様子

菊間　つぎは、ＷＴＯ（World Trade Organization）のお話を聞きたいんですが。ＷＴＯは上級委員になってから委員長になられて計七年間ですね。ホイホイとお引き受けしたにしてはすごいことですよね。

谷口　そうですね。委員長というのは持ち回りで、一年間の任期で順番に回ってくるんですよ。委員長をやっていたのは二〇〇四年一二月末～二〇〇五年一二月末までだけです。

1　なぜ畑違いのＷＴＯの上級委員にまでなったのか？

菊間　これはどういう経緯ですか。

谷口　専門じゃない私にどうして回ってきたのか良くわからないのですが、ある日突然に通産省（当時）の人から電話をもらいました。ＷＴＯの上級委員の選挙があるんだけど、日本から出す候補者になる気はありませんかと聞かれたんです。ＷＴＯというのは全然知らないわけではありませんでしたが、詳しいことは何も知らない。どうして知っていたかというと、松下満雄先生という上智大学から東大の先生になって、定年後成蹊大学の先生になられた方がおられます。もう辞められたかな。私より一つ年上です。その先生が上級委員をやっておられたんです。その先生はＷＴＯが出来た一九九五年から一期四年間を務められました。再任を希望するともう一期四年間務められるのですが、ご本人が再任を希望しないと言われたそうです。後で聞いたところでは、成蹊大学は非常に厳しくて、ＷＴＯのためにジュネーブに行って休講すると補講してもダメだと。それではやっていけないので、再任を望まれなかったと聞きました。政府としては続いて日本人を出しておきたいので松下先生にお伺いしたら私を推薦されたと、だいぶ後で聞きました。

ＷＴＯについては松下先生がその前の年の一〇月頃だったと思いますが、アメリカのＷＴＯ研究の第一人者だったジョン・ジャクソン先生という方がいて、当時ジョージタウン大学の教授ですが、その先生と松下先生が経団連会館でＷＴＯについて講演するという案内がどこからか回ってきたんです。実は松下先生は全然知らなかったのですが、ジャクソン先生はよく知っている人だったんです。最初にバークレーに留学したとき、彼は新進の教授で憲法を教えていました。私が仲良くしていたエジプト人の留学生に「何を取ってる?」と聞いたら、「ジャクソンの憲法をとってる」とか言っていましたね（笑）。留学生相手にパーティがよくあるんですが、そういうときに必ず夫婦で出てきて、我々の相手をしてくれる若手の先生でした。

そのときはそれで終わって、一九七六年にミシガン大学で教えたとき、ジャクソン先生はバークレーを辞めてミシガン大学の先生になっていたんです。バークレーのほうが天候も良いのに、どうしてこんなに寒いところへ移ったのか尋ねると、「自分はガット（ＧＡＴＴ）法（国際通商法）をやっている。バークレーだとワシントンと時差が三時間もあって情報が遅れてしまう。ミシガンは東部時間の一番端だから、リアルタイムで情報が入るので、研究のために移ったんだ」と。そのガットというものについて説明してもらったと思いますが良くわかりませんでしたね（笑）。実はＧＡＴＴ（ガット：General Agreement on Tariffs and Trade, GATT 1947）はＷＴＯの前身です。戦後の一九四八年に発効したＧＡＴＴが一九九五年からＷＴＯになったのです。そんなこともあって、彼がその後ワシントンのジョージタウン大学に移ったことも知っていました。彼が東京で講演すると聞いて、久しぶりに彼に会いたくて経団連会館に行ったんです。それで講演を聴くと面白い。特に、松下先生の話は日本語だし、有名なエビカメ事件だとかジャパン・アルコール事件などの話をされました。エビを捕る網をしかけているとウミガメがかかって死ぬんです。それで自然保護団体が運動して、アメリカはウミガメを殺すような方法で採ったエビを輸入禁止にしたのです。それで、エビ輸出国がアメリカをWTOに提訴したのです。結局ウミガメをうまく逃がして、エビだけ捕れるという網が開発されて解決したという面白い話です。ジャパン・アルコール事件ですが、私が若い頃はスコッチウイスキーはべらぼうに高くて、安い国産のサントリーなどを飲んでいましたね。外国へ行ったときに、必ず免税店でジョニーウォーカーなどを買い込んでいたものです。これは、日本が酒税に差をつけていたからで、EUやカナダなどウイスキーの産地の国から訴えられたんです。とくに、同じ蒸留酒である焼酎の安い酒税が問題になりました。WTOの「同じものは同じように処遇しないといけない」という基本ルールに違反していると言われたのです。日本は焼酎は貧乏人の飲み物で社会的には同じものでないと抗弁して頑張ったそうですが、上級委員会までいって、松下先生も参加しましたが、日本は完全に敗訴したのです。その後三年かかって日本は酒税法などを改正し、その後スコッチがすっかり安くなりました。私はそんなことを全然知らなかったので、「へぇ」と思っていたんです。

そうしたら、私に委員になりませんかときた（笑）。その程度の知識はあったので、これは面白そうだと思って引き受けたわけです。それが最初で、二月か三月頃のまだ寒いときに、選考委員会の面接があってジュネーブに出かけました。日本の原口大使の案内で主要国の代表部を訪問して挨拶しました。アメリカ、EU、インド、それに香港の代表部を訪問して大使に会いました。そのときちょっと失敗したようです。私は日本的に「今まで知らない分野なので……」と遠慮していたら、後で日本大使に叱られました。「出来る出来る。大いに自信がある」と言ってもらわないと困る、と言われました。「ではこれからハッタリで行きましょう」となりました（笑）。

菊間　すごい政治的（笑）。

谷口　各国が自国の候補者へ投票するようにと外交ルートでも運動するんです。日本でも当時の深谷通産大臣が世界各国の日本大使に手紙を出して、あなたが駐在している国の当局に上級委員選挙のときは谷口に投票してくれるよう働きかけて下さいと頼むらしいです。ジュネーブにはＷＴＯだけでなく、国連を始め、ＩＬＯやＷＨＯなど多くの国際機関があって、各国はジュネーブに「代表部」を置いて対応しています。日本も立派な代表部ビルがあって、首都ベルンにある日本大使館と比較にならない規模です。ジュネーブ代表部大使は外務省のエリートで、私の頃の藤崎大使はジュネーブからアメリカ大使になられました。

その時は挨拶回りのあと、選考委員会の面接がありました。一〇人くらいが私の前に座っていましたかね。今度は少しハッタリを効かせて大きいことを言いました。この面接ではＷＴＯで現在問題になっていることについて意見を聞かれるかも知れないということで、予め外務省と通産省の専門家が週二度くらい事務所へ来られて「ご進講」を受けました。全然知らないことばかりでした。当時、ＷＴＯの事件でアメリカの最高裁事件などで使われるアミカス・ブリーフ（「裁判所の友」書面）を出せるかが問題になっているので、意見を尋ねられるかも知れないということでした。案の定、本番で尋ねられました。幸い数名いた候補者を退けて当選しました。

菊間　上級委員は何名いるのですか？

谷口　加盟国というのは一六〇カ国ほどありますが、上級委員というのは七人です。必ず出せているのはアメリカとＥＵです。あとはその都度バラバラです。

菊間　選考委員というのは、ＷＴＯの職員の方なんですか？

谷口　いいえ、ＷＴＯには五〇〇人近い職員がいたと思いますが、ＷＴＯの運営は加盟国によるという建前です。members drivenということをよく聞きました。加盟国が運営のための組織を作り相談しながらコンセンサスで運営する建前なんです。貿易紛争解決はＷＴＯの目玉で、全加盟国の大使が構成員となる紛争解決委員会（ＤＳＢ＝Dispute Settlement Body）という組織が責任をもち、その委託を受けた選考委員会が面接をしたということです。

この辺りのことを正確に言うと非常にわかりにくいので簡単にしておきます。上級委員は七人で二審担当です。第一審はパネルといって三人のメンバーがその都度選ばれて担当する。紛争当事国が人選に合意できなければ事務総長が任命するというシステムです。日本人も時々パネルはやっています。一、二年審理して一審判決にあたるパネルレポートを書きます。それで済めばいいし、不服があれば上級委員会に上訴してくるということになります。上訴すると七人の上級委員が順番に三人ずつで担当するんです。

菊間　それをやっている間は、ジュネーブに滞在するんですか？

谷口　事件をやっている間はいますが、年に十何件という感じで、多いときで年二〇件くらいですから、私の記録によると年間一八〇日から二二〇日くらいジュネーブで寝ていました。着任して間もなくジュネーブでアパートを借りましたし、車も買いました。いわゆる外交官ナンバー車でガソリンも免税で安く買えました。

上訴が提起されると、上訴状や反論書、再反論書などが出て、一か月以上かかります。これは各委員にも送付されます。他方、事務局の調査官にあたる職員が主張を整理して先例学説なども調査して、一〇〇頁ほどの争点整理書（イッシューペーパー）を作成して全委員に送ってくれます。上訴提起から九〇日で結論を公表しないといけないんですが、我々は九〇日全部を使えなくて、最初の四〇日くらいは当事者間の書面交換、最後の二週間は決定書の翻訳に取られます。WTOの公用語は英語とフランス語とスペイン語なんです。私たちは英語でやっていますが、それをフランス語とスペイン語に翻訳しないといけない。WTOには大きな翻訳部があって、どうしても二週間くれと言っていたんです。だからわれわれが実働できるのはせいぜい一か月ですかね。

事務局に一〇人くらいの調査官がいまして、年配の人は何時でも大学の国際経済法の先生になれる専門家です。私の在任中に一人はアメリカのデューク大学の教授になり、その後ジュネーブ大学に移籍しました。そのうちの二人が事件を担当して助けてくれるのです。われわれは事件担当に当たると、送って来た争点整理書を研究したうえで口頭審問のためジュネーブに向います。いつも飛行機の中で必死になって争点整理書を読んでいました。ジュネーブには直行便がなくて、アムステルダム乗り換えのKLMを使っていました。ジュネーブに夜着いて、直ぐ寝て、翌朝から三人の担当者で合議です。争点を確定し、口頭審問で質問すべき点を整理して質問表を作ります。もちろん担当の調査官が協力してくれます。大きな事件ではこれが三日くらい続くこともありました。早ければ翌日に口頭審問となり、法廷のようなところで上訴国と被上訴国の代表者が弁論した後、質疑応答となります。審問は一日から三日間くらいやります。

担当の三人のうち、持ち回りで、チェアマン（裁判長）を務めます。裁判長役になるとちょっと負担があって、ヒアリングを取り仕切らないといけません。異議などあるとドキドキしましたね。ヒアリングが終わったら、三名で合議をして一応の結論を出します。その翌日は他の四名の委員も加わった全体合議となります。そのために召集してあるわけですよ。たまたま同時に他の事件を担当している人もいますし、全体合議のためだけにジュネーブに来る人もいます。三人の担当者が出した結論を全体合議にかけて意見を聞くわけです。場合によると、他の四人全員から反対されることもありました。その場合はまた三名で合議して考え直しです。最終的には担当の三名で決められることですが、やはり他の全員に反対されると考え直しますね。そのために合議を四日間したこともありましたね。結論と論理構成が決まると、調査官に命令書案の起案を頼んで一段落です。あとは、できた案の検討のためにもう一度ジュネーブ行きです。

われわれの時代からそうなったみたいで、松下先生の時代は事件が少なかったからか、担当委員が命令書の起案もある程度していたらしいです。私を後継者として推薦された理由として、あの仕事は英語で文章が書ける人でないと務まらないから、ということだったそうです。松下先生とは個人的に親しくなかったけれど、その程度の情報は入っていたようです。外国で学位をとったとか。松下先生もニューオーリンズのチュレーン大学でドクターを取っておられます。私のときは自分たちで一から書くことはなかったですが、ここをこう書き直すべきだという程度のことはしょっちゅうありましたね。私はあまりそういうことは言ってないですが（笑）。

菊間　先生が受け持っていたのは年に二回くらいでしょうか。

谷口　いやいや、もっとありました。

菊間　そうすると九〇日とおっしゃっていましたが、最初の四五日過ぎに口頭審問のために行って。

谷口　そうそう、自分の担当で行く場合は、最短で一〇日くらいですかね、最初の合議をして、審問やるでしょ、そしてまた合議がありますね。そして最終的に事務局に引き渡すまで。

菊間　その後、翻訳ですね。

谷口　いや、まだです。事務局が起案したものを送ってくるので、これを検討するために文章合議というものがあって、そのためまたジュネーブ行きです。そこで出来たものが翻訳ですから。結論合議と文章合議の間に他の事件の全体合議が入ることもあるし、その間日本に帰らないで旅行に行くこともありました。WTOの職員は旅行することが多いので、内部に旅行業者が大きなオフィスを構えています。そこへ探しに行って、ケニアのサファリに出かけたこともありました。

菊間　なるほど。では、ここで先生の夢は一回実現しているんですね。もう、裁判官ですものね。

谷口　そうですよね（笑）。WTOの上級委員というのは、まさに上訴裁判官ですね。

菊間　ここでいろいろな国の方と合議するんですよね。それで、大いに影響を受けたり考えたりしたと思うんですけど、WTOの七年間で、一番の思い出はどんなことでしょう。

谷口　強烈に印象に残ったのはインドの委員ですね。この人は公務員だったらしいんです。WTOを作るときのインドの交渉官だったそうで、結構詳しい人でした。この人はものすごく頭の回転が速いというか、頭がいいんです。それと口が凄いんですよ（笑）。一度しゃべり出すと止まらない。相手に話しかけるときは、まず「ノー、ノー」から始まるんです（笑）。典型的なインド人ですかね。とにかく頭が良いこと、皆が舌を巻いていましたね。記憶力も抜群で分厚い記録を前に置きながら議論するんですけど、「あなたの言っていることは間違っている。XXXページを見てみなさい」と言うので、見てみると確かに書いてあるんです（笑）。よく読んで勉強していたんでしょうね。そういうのはショッキングで印象的ですよね。

もう一人、フィリピンの人がいて、この方はフィリピンの元最高裁判事なんです。この人も非常に自己主張の強い人で、そのインドの委員と議論を始めると止まらないんです。こちらは入る隙もなくて、みんな唖然としていました。私と三人で事件を担当したとき、三人で合議中にインド人がカンカンに怒り出して、「あなたとはもう議論できない」と言って部屋から出て行ってしまったんです。どうしようもないから、私がインド人の部屋まで行って戻るように説得したんです。

さらにもう一人が、エジプトの委員。この人はハーバードでドクターを取って、ジュネーブ大学の国際法の教授でした。アビサーブさんといって世界的に有名な国際法学者なんです。日本の国際法学者のことも結構知っていて、「この人はどうですか」と聞くと、「その人は優秀だ」とかそんな感じで日本の国際法学者を評価してくれたりしてね。ニューヨークの大学（ＮＹＵ）で定期的に客員教授もしていましたね。喧々諤々の議論をする人ではないけれど、的を射るようなグサリとくる議論をする人で、いつも「なるほど」と思わされていましたね。議論の上手な人が多くて、「沈黙は金」の世界から来た私なんてなかなかついて行けませんでした。しかし黙っていたのでは「何のためにいるのか」と言われそうだから、理屈をひねくりだして、努力して言っていましたけど、あまりたいしたことは言えていません（笑）。

一つだけ貢献できたことを言うと、持論の手続保障論を持ち出して、慣行を改めさせたことでしょうね。詳しくは申せませんが。

2　委員長・チェアマンはどんなことをするのか？

菊間　委員長は、そういう個性豊かな人たちを、ある程度まとめないといけないですね。

谷口　まぁ、そうですね。ただ、事件の合議では担当の三人の一人が順番でチェアマンになりました。七人全体のチェアマンというのはもう少し行政的な感じというのかな、全体に関わる組織的な問題で意見をまとめるとか外部との連絡にサインをするとか（笑）、行政的なことが多かったですね。このチェアマンは順番に回ってくるのです。

私は二〇〇五年にチェアマンをやり、ちょっとしんどい思いをしたのは、WTOのメンバー国の皆さんが上級委員会に対して何か意見があるんじゃないかと。だから一度メンバー国の皆さんと懇談会をしようという話になったんです。その場に行くと、二〇カ国くらいの方がいらしていて、日本の大使もいました。それで全体を取り仕切らないといけない、司会的なことでね。そのときはちょっとしんどい。晴れがましいところを日本大使にも見られているからね（笑）。

そんなこともありましたが、チェアマン時代に特に困ったことはなかったかな。ちょうどその二〇〇五年はWTO創立一〇周年だったんですよ。それで記念行事を各国でやろうということになったんです。いろんな国が手を挙げて、日本でも東京でやりましょうとなってね。通産省の人に相談したら二つ返事で「やりましょう」と言ってくれて東京の国連大学でやったんです。あれはよかったですね。そのときはチェアマンでもあるし、日本人でもあるから、正面に立っていろいろやらなければいけなかったから大変でしたが大成功でした。さっき出てきたジャクソン先生も参加してくれました。

菊間　先生の後任の方というのもやはり、学者さんなんですか？

谷口　私が退任した後の選挙に日本は候補者を出して当選させました。大島正太郎さんという外交官で、私がやっている間のジュネーブ大使でした。彼はWTO内部の要職を兼ねていたので、WTOで大変良く知られた方でした。私が辞めたときは韓国大使でしたが、他の候補者を退けて文句なしに私の後に任命されました。
ところが、四年の任期の満了前、三年目ぐらいのときに、当時の民主党政権の野田首相が大島さんをＴＰＰの交渉代表に任命したのです。上級委員は自国の公職に就いてはいけないというルールです。それで上級委員を辞任され、後任の選挙で日本が出した候補者は敗れて、残存任期に中国の女性が選任されました。中国は私の在任中の二〇〇一年にＷＴＯに加盟し、私の在任中に上級委員会の事件はありませんでしたが、中国の外交官が熱心に上訴事件の審理の傍聴をしていました。ＷＴＯに加盟すると、当時問題だったブランド品の偽物作りなどが禁止されます。そこで中国は加盟にあたってＷＴＯについて国民に大々的に宣伝したそうです。ＷＴＯ関係の本が本屋に横積みされていたと聞きました。そのせいでしょう、ＷＴＯ建物の前に中国人観光客らしいグループが時々たむろしてＷＴＯの表札の前で記念写真を撮っていました。日本人の観光客などそんな所へ来ませんよね（笑）。

菊間　大島さん以降、日本人の上級委員はいないのですか？

谷口　そうなんですよ。大島さんのあと日本人の上級委員がいません。東アジアからは中国と韓国が委員を出しています。大島さん自身も外交官だから、上級委員として法律論をシコシコ捏ねているより、外交の本流で活躍したいと思われたのでしょう。それで辞任しちゃったんです。そこで補充のための選挙をしたら中国に負けたんです。中国が加盟したのが二〇〇一年。中国がどんどん力をつけてきていました。中国人女性が任命されて、日本の席はなくなりました。

ところが大島さんも、野田政権が終わってしまって、安倍首相は別の人をＴＰＰ担当に任命しました。大島さんはトヨタ国際財団の理事長になられたようです。ちょっと惜しいことをしましたね。いずれは中国に取られるとしても八年間はできたはずですから。

菊間　長年やった人は先生が最後なんですか?

谷口　そうなんですよ。

菊間　もったいない!　松下満雄先生は?

谷口　四年しかやられていません。私は正確には七年半です。

菊間　その後、選挙に候補者を出しても落ちているということですか。

谷口　日本は必ず出していますよ。けれど、中国や韓国にやられるんです。

菊間　なぜでしょう?

谷口　国柄ですね。アメリカやEUは必ずいますから。国の重要性でまわりは決めますので、中国が加盟してからは日本の影は薄くなっていますね。

菊間　そこを中国や韓国に取られて……

谷口　韓国もがんばっているから、中国と韓国という時代もあったんですよ。私が辞めてからの話ですけど、実は、韓国の委員の再任にアメリカが反対して大騒動になったことがあったようです。アジアの国々も力をつけてきたので、結構ゴタゴタしていますね。

菊間　そういうのってすごくわかりやすくて、世界が日本をどう見ているのか、アジアの代表はどこなのかとか。日本人だけが気づいていないけれど、世界は中国という認識なんですかね?

谷口　それは、もうはっきりしていますね。

菊間　インド人やフィリピン人、エジプト人のお話があったからあれですけど、アメリカからはどのような方が選出されるのでしょうか？

谷口　私が委員になったときのアメリカ人は元下院議員でなかなか影響力がありそうでしたね。アメリカがＷＴＯに加盟したときの国内法などを作った方だったようです。現在は弁護士として通商問題で活発に発言しておられるようです。その後任の方は、日本にも住んでおられたことのあるコロンビア大学の女性の先生、メリット・ジャノウさんでした。

菊間　紛争の当事者国の人は、委員にはなれないんですか？

谷口　自国の事件でも担当できます。私も、日本の鉄鋼輸出のダンピング事件とか、アメリカ産リンゴ輸入制限事件などを担当しました。できないのは、事件と個人的な関係がある場合だけです。

菊間　さきほどのウイスキー事件も、松下先生が担当できたのですか？

谷口　それはできたんですよ。自国が当事者になっていることは構わないんです。ただ、事件そのものに関係があるような場合は自ら回避する。私自身はなかったですけど、ほかの委員はありましたね。事件は予め決めた順番で当たりますから、自分の国の事件も当たればやらないといけないんですよ。

𝄞 3　経済摩擦の主張合戦の現場？

菊間　ＷＴＯでは、英語を使って議論をできるとは言っても、紛争は、国際貿易摩擦とか、いわば経済摩擦なわけですよね。

谷口　そういう議論を英語でちゃんとやるのは大変ですよ。もともと日本語の議論も上手じゃないのにね。

委員になってから二年目くらいに外務省の『外交フォーラム』という雑誌に「沈黙は金の世界から飛び出て」というタイトルで随筆を書きました。日本では、あまりぎゃあぎゃあ言わない方が得策で、みんなわかってるよという顔をしていれば、最終的にはあまり悪くならない（笑）。だから議論が強くならない。日本でも議論が強くて上手な人がいますが、そういう人は押しなべて外国が嫌いだ、という仮説を述べました。議論の強い人は外国では言葉の関係で議論が出来ないからフラストレーションに耐えられずに外国が嫌いになって、国内で羽を伸ばす。私のように日本語でも議論が出来ない者は、外国でもフラストレーションが少ないから、あまり抵抗なく外国語がなんとか身につく、という理論です。できるだけ何か言おうと思って努力していましたけど。やはり、子どものころから慣れていないことはできないと書いています。でも、合議でまともなことが言えないときは辛かったですね。議論の強い人は羨ましい、松尾翼先生とかね。

菊間　面白い視点ですね。確かに松尾先生は、WTOの委員になられたらよかったでしょうね（笑）。WTOは、グローバリゼーションの時代だ、ということで、華やかに世界各国が自由に貿易できるんだという形でGATTからグーっとWTOへ向かっていきましたが、それがだんだんとTPPが出てきたり、アメリカのようにTPPも参加せず自分のところでなんとかするという国もあって、グローバル化からどんどん自国利益へという経済の流れがありますよね。先生が委員をされていたころはグローバル化、自由化という波が大きかったと思うのですが。

谷口　確かにありますね。WTOの立場としては、経済学の理論などに依拠して、グローバル化みたいなのが、結局個別の国の利益にもなるんだという立場です。確かに、GATTの時代から世界経済は繁栄したわけです。日本の経済成長もGATT加盟のお蔭です。ただ、アメリカのように、自分自身だけでやっていけるところから見れば、むしろ損したということになるのかもしれません。トランプ大統領はそういう考えでしょうね。中国なんかは加盟してから、ものすごく経済発展しました。損した国・得した国、両方あると思います。私は今でもWTOというのは有益な装置だと思っていますが、昔ほど比重はないのかも知れませんね。

WTOを発展させるためにドーハ・ラウンドというのがあったのですが挫折しています。そこで、全世界で考えるのはやめて、TPPとか地域単位で、という傾向になっています。これもアメリカの単独主義で怪しくなっていますが。どうなるのですかね。

菊間 WTOが扱うのは国と国の主に関税に関する議論が多いんですか。

谷口 もともとは関税です。もともとあった輸出入制限など関税以外の貿易障害を廃止して、関税一本だけにして、その関税を徐々に低くして行こうというアイデアです。日本はコメの輸入数量制限をしていましたね。WTO設立の時にこれをやめて、物凄く高い関税化で認めてもらったのです。後は関税率を下げるだけですから、進歩なのです。

菊間 貿易に絡むもので一企業同士のものであれば、仲裁とか裁判所を使ったりしますが。

谷口 WTO紛争では国が当事者ですからね。国が当事者になるんだけど、貿易をするのは企業でしょ。そこで問題になったことを国の利害に関わるとして国が取り上げてWTOに提訴をする。企業に替わって代理戦争をしているような、そんな構造ですよね。

菊間 企業が国に相談して、WTOでやってもらったほうがいいんじゃないか、ということになるということですよね。

谷口　そうなんです。そのメカニズムがアメリカ辺りでは非常に発達して、企業と国とがツーカー関係になっています。その関係をとりもっているのがトレード・ロイヤーと呼ばれる専門弁護士です。トレード・ロイヤーは連邦政府のしかるべき部局とツーカーで、そういう人が企業の利益を集めて、政府に働きかけるんです。ＷＴＯに提訴しないといけないという話になって、国がそれで提訴すると、トレード・ロイヤーは今度はアメリカ政府の代理人として、ジュネーブで弁論するんですよ。日本の弁護士にそんな人はいません。ヨーロッパにもいなかったのですが、アメリカの真似をしてそのような弁護士をかなり養成したらしいです。日本ではだいたい通産省（今の経産省）や外務省の担当部局の職員がジュネーブへ来て弁論するんですよ。外部の弁護士が来ることはありません。ただ、最初のころ担当したアメリカの鉄鋼ダンピング事件だったかな、私がチェアマンだったと思います。その事件ではここ（松尾綜合法律事務所）にいた末《すえ》啓一郎弁護士が当時の通産省に三年間出向していて、ＷＴＯ紛争をやっていたんです。その事件では、末弁護士が代表団のトップに座って弁論されていました。その後、帰国子女の弁護士らしい方が素晴らしい英語で弁論されたこともありました。末弁護士は、その後一橋大学に社会人入学してＷＴＯ研究で博士になり、今は一橋大学ロースクールで「国際経済法」を教えておられます。私は毎年一回頼まれてそのクラスの学生に話をすることになっています。アメリカとＥＵはその点で充実していましたね。

菊間　そこの組織力で負けちゃいそうですね。

谷口　専門家ですからね。企業と国を結びつけるような弁護士というのは日本にも必要だと昔から言われていますね。でも、日本ではなかなか商売にはなりません（笑）。やはりアメリカが最初で、ヨーロッパがその真似をしています。日本も通商弁護士を育成する必要がありますね。

菊間　先生は、最近話題になっている投資仲裁にも関与されたと聞きましたが、どういうことなのでしょうか。

谷口　WTO上級委員会の同僚だったエジプトのアビサーブさんやイタリアのサチェルドーティさんが「上級委員の報酬が良くない、同じような仕事をしている投資紛争の仲裁人はもっともっともらっている」と合議の後の雑談などでよく言っていました。

私は何のことか当時はよくわからなかったのですが、退任してから日本でも投資仲裁が話題になるようになりました。企業が他国に投資して工場を建てたとします。途上国が一〇年間の免税を約束して誘致した工場なのに、三年後に政権が変わって課税を始めた場合に、国に対して損害賠償を求められる制度で、ワシントンにある世界銀行傘下のシステムです。ＩＣＳＩＤ条約と呼ばれている多国間条約があって日本も加盟しています。これに加えて投資国と投資受入れ国間にＢＩＴと呼ばれる二国間条約があると、ワシントンにあるセンターに仲裁を申し立てることができます。勝訴すると加盟国の何処ででも敗訴国の財産に対して強制執行できることが条約で定められています。仲裁人としては、世界トップクラスの商事仲裁人や国際法学者が参入しており、ＷＴＯの同僚もこれを経験したということなのです。

長くなって恐縮ですが、私のＷＴＯ退任後、日本でも関心が高まって、ＩＣＳＩＤの事務局長の女性を招いて講演会がありました。私は彼女に、ＷＴＯの同僚が経験した投資仲裁を私も経験してみたいと申しました。そうしたら、しばらくして「取消委員会をやる気はありますか」と問い合わせがありました。これは、仲裁判断に対する不服がある当事者がその取消しを求めるもので、機能としてはＷＴＯの上級委員会と似ています。ただ、常設ではなく、事件ごとに組織されるのです。私は、よくわからないまま、二つ返事で引き受けました。三名のうちチェアマンはグリーンウッドさんという国際司法裁判所判事のイギリス人、もう一人は以前からよく知っている香港の女性弁護士テレサ・チェンさんでした。

これを、詳しく言い出すとキリがないので止めますが、お陰で私は投資仲裁事件を担当した唯一の日本人らしいです。事件は、アルゼンチンに投資したフランスの電力会社が債権者でした。一九九〇年代末のアルゼンチンの経済危機のためアルゼンチン政府が投資時の約束を守らなくなったという事件でした。

第九章

京都からわざわざ東京に出てきたのはなぜ？

▷▶写真９．１　松尾綜合法律事務所のホームページより

▷▶写真９．２　松尾綜合法律事務所の集合写真

▶左端が菊間弁護士。

菊間　では、次の話題にいきます。今ちょうど、末啓一郎先生（弁護士）の話も出ましたので、ちょっと日本の話に戻ります。京都から東京の、この松尾綜合法律事務所へ来られた経緯ですが。

𝄞1　松尾綜合法律事務所をベースに帝京大学、東京経済大学へ

谷口　松尾翼先生は私の京大時代にも、ちょくちょく鑑定意見を求めてこられました。書面で書いたり、神戸地裁の法廷へ行って口頭で鑑定意見を述べたりしたこともありましたね。最高裁まで行ったサドワニ事件で、私の名前が判決に出てきます。そんなこともあって、「定年後はうちの事務所へ来てください」と言ってもらいました。好きなことをしてもらっていて結構、というお話でした。

私より先輩の京大の法学部の先生方というのは、だいたい関西、せいぜい名古屋の私学に再就職するのが普通で、東京へ再就職した人は全くありませんでした。私も漠然と東京へ行く気になっていたのですが、待遇のことははっきり聞きませんでした。松尾事務所のことも詳しくは知りませんでしたが、鑑定のことなどで事務所を訪ねたことは何回かありました。ただ、松尾翼先生の個性的な人柄については、いろんな人からいろんな評判を聞いていましたけどね。事務所に小杉丈夫先生がおられて、松尾先生があゝいう調子でワァワァ言って、お客さんを集めてくるのを小杉先生がカッチリと処理していると（笑）。そんな印象を持っていましたけどね。東京へ行くことに対しては、抵抗はなかったんです。同僚のみなさんなんかは、東京に行くことに抵抗がある人が多かったんですよ。だから、私より前に誰も行った人はいませんでした。東京へ行くというのは外国に行くように思っているから、京都の人は（笑）。私は外国にはしょっちゅう行っていて

抵抗がないから、東京だって日本じゃないかと、日本語も通じるしと。東京だからどうとか深刻に考えることはなかったですね。それで、引き受けたんですね。

菊間　先生は、社交的で海外人脈をもお持ちですから、京大を辞められたあと、東京の大学などからも、お声がかかったんですか?

谷口　大学からの引きは全然なかったのです。松尾綜合法律事務所へ行くと決めてから、松尾先生から「十分な生活費が払えるわけではないから、何処かの大学で教えて給料をもらって下さい」と言われて慌てて大学を探したんです。

菊間　事務所では机だけ貸してあげるという……

谷口　そういう趣旨かな。「どこか大学を探してください」と言われましたからね。それで慌てて有斐閣の人に頼んだりなんかして。でも何も反応がないので、ちょっとパニックでした。

どうして探したらよいのかわからないし、途方に暮れていたら、二月末頃かな、もと裁判官で帝京大学の学部長代理のようなことをしておられた田尾桃二先生から電話があって、「調べていたらあなたは今年定年でしょう、もう行くところは決まっていますか」ということで救われたのです。田尾先生は昔、服部高顕最高裁長官の片腕として、Hattori-Henderson, Civil Procedure in Japanの編集を手伝っておられ、私も執筆者の一人としてお世話になったのです。実は、一九九六年の新民訴法制定後この本の全面改訂を私が引き受けることになって苦労することになりました。詳しくは申せませんが、早稲田大学のアメリカ人の先生だったポーリーン・ライシ先生と元裁判官の三宅弘人先生との共編で、Taniguchi-Reich-Miyake, eds., Hattori-Henderson, Civil Procedure in Japan, 2nd ed.というのが一〇年がかりで間もなく完成します。

菊間　そうだったんですね。この間のお話からすると、先生は幼稚園・小学校からずっと京都じゃないですか。近所の中で生活されていて。そういう意味では京都にこだわりがあるのかと思ったのですが。

谷口　そういうのは全くなかったですね。アメリカの大学にパーマネントに移ってくださいと言われたらちょっと考えたかもしれませんが、東京は近いですしね。定年でやめてから東京へ来た人で、私よりあとに来たのは京大法学部からは二人います。行政学の村松岐夫さんは学習院大へ。法社会学の棚瀬孝雄さんは中央大でしたね。

今だにそれほど一般的ではないけれど、私としては抵抗は全然なかったです。この松尾事務所に行くことは承知したのですが、二月頃になって松尾先生に、ああ言われましたので、困っていました。

菊間　それで、さっきの話の帝京大学に……

谷口　そうそう。田尾桃二先生から、二月末頃に電話があって救われました。渡りに船という感じて、帝京大学に就職しました。

菊間　いかがでしたか？

谷口　あそこは医学部が有名です。東大の先生が定年になると帝京大医学部の先生になる。若い人も採用して、東京大学の助教授になって出ていくとか、そんな感じで医学部は有名なんです。私がドイツで知り合った帝京大学の助教授の方はその後東大の医学部の教授になられました。法学部は学生をたくさんとって、授業料を医学部につぎ込んでいるんではないかと勘ぐっていました。法学部は学生数が多くて、建物ももう一つでしたね（笑）。ただ研究室は結構大きくて、京大の研究室の本が全部入りました。

菊間　一クラス何人ですか？　三〇〇人くらいですか？

谷口　いや、私のクラスは民訴法ですからそんなにいないんです。「民訴法」と「倒産法」と「国際経済法」をやってくださいと言われて。国際経済法というのは、私がWTOの仕事を始めてから、ああいうのが国際経済法なんだということがわかりましたがそれまで知らなかったんです（笑）。田尾先生に「国際経済法とは何をやれは良いのですか？」と聞くと、「何でもいいんですよ」と（笑）。WTO法が国際経済法にあたるなんてまだ知らないから、国際民訴法みたいなことでお茶を濁していたんです（笑）。

菊間　それで二年間やって、その後、東京経済大学へ？

谷口　えゝ。東大の社会科学研究所におられた利谷信義先生は法社会学会などで知っていましたが、東大を定年で辞められて、お茶の水女子大の先生をしておられたらしいです。東京へ来て二年目の秋に東京経済大学の先生と一緒に会いに来られて。東京経済大学が来年の四月から、法学部を作るので人集めをしている。それに参加してくれないかと言ってこられたんです。いろいろ聞いてみると、帝京大学のときは給料のことなど何も言わなかったんですよね。ところが東京経済大学はきっちりしていて、あなたの年俸（給料）はいくらですと数字で言ってくれて、ずいぶんしっかりしているというので一度下見に行ったんです。明治時代のビジネスマン大倉喜八郎が作った大倉商業学校が前身で、その跡地はホテルオークラになっています。事務所の職員の皆さんもちゃんとしているし、こじんまりしているけれど、ちゃんとした大学だったので、移ることにしたんです。帝京よりも東京経済の方が給料は少し良かったです（笑）。その話をしている最中にWTOの話が来たんです。それで、東京経済大学の方に、こういう話が来ているので、もし選ばれたら、休講したりしないといけなくなる。前任者の松下先生の話によると、休講して補講をしょっちゅうしているということになると、副学長から怒られて再任を望まれなかったと聞いているので、そういうことになると困ると、話を持ってきていた外務省や通産省の人にも伝えました。すると、通産省の方が通産大臣の直筆の手紙を持って東京経済大学まで行って、学長に手渡してくれたそうです。外務省は担当の局長が、学長と学部長とベルギー大使を辞めてこの大学に就職されていた先生を私と一緒に立派な料亭に招待して丁重にお願いして下さいました。外務省から移られた先生は「こんな小さな大学でWTOの上級委員を出せるなんて大変名誉なことだから、講義なんてしなくても給料を払う値打ちがある」と横から言って下さいました。お蔭で学長・学部長も問題なしとなりました。新しい学部ですから、最初は一年生しかいないわけです、初年度の私の担当は、法学入門くらいです。これは他の先生に代講してもらえます。困るのは三年～四年にかけての専門科目ですね。そのときは、私の弟子にあたる当時横浜国立大にいた坂田宏君（現在は東北大学）とか駒澤大の間渕清史君に助けてもらいました。

𝄞2　WTO委員と専修大学法科大学院教授——二足のわらじ

菊間　専修大学はWTOの間ですか？

谷口　ロースクールができたときから専修大に移ったんですよ。専修大に移って、一、二年はまだWTOをやっていましたね。京大の第一回目のゼミ生で専修大で商法の先生をしていた武知君が「先生救ってください」と頼んできたんです（笑）。第一回のゼミは本来中田ゼミを途中で引き継いだものです。

菊間　「救ってください」とは？

谷口　専修大学の法科大学院は民訴担当として有名な元裁判官の方を採用したのですが、文部省がその方一人では不足していると言ったようで、法科大学院が認可保留になっちゃったんです。

菊間　文部省は論文の数とかで見るんですか？

谷口　そうなんです。実務家ですから論文は少ないですよね。

菊間　先生は専修のロースクールで実際に教えていたんですか？

谷口　教えていました。三年くらい民訴法と倒産法を。でも、初年度はＷＴＯに行っていたので、欠講はありましたが、補講して授業数をカバーしていました。

菊間　専修大学はまだ法科大学院がちゃんとありますよ。

谷口　あそこは、全体の真ん中くらいですかね、合格者数とかね。

菊間　その頃はアメリカの様々な大学で教えるということも並行してされていたんですか？

谷口　ええと、専修大学にいた頃は、ハワイとサンタクララぐらいしか行ってないんですよ。ハワイに最初に行ったのが二〇〇九年ですか、だいぶあとですね。日本と学期が違いますからね、二月、三月とかに行って、あまり休講などしなくていいようにしていました。このサンタクララ大学はカリフォルニアのいわゆるシリコンバレーにあって、一九九〇年代から全米から学生を集めて夏に東京で日本法講座をやっていて、私は最初からそこで教えていたという経緯があります。

菊間　ＷＴＯの頃は、お忙しくて、あまり他の大学にも行けませんよね。、アメリカにも日本にもあるから。

谷口　一番最後まで行ったのはハワイ大学かな。

𝄞3 法制審議会民訴法部会委員時代の秘話——三ヶ月先生の怒りと中野先生の立場

菊間　先生、一九九八年に弁護士登録をして、松尾事務所に入って弁護士として法廷に立ってみたいとは思わなかったのですか？

谷口　実は思っていて、倒産事件なんかはやってみたいと思っていました。友人の弁護士にそんなことを言うと、最初から管財人を一人でするのは無理だけど、管財人代理のような補助役をつけてもらってやればできますよ、という話があってしてみたかったんです。ところが、弁護士になって聞いてみると、管財人に選ばれようと思うなら、東京地裁の破産部がやっている研修会に出ないといけない。精勤に出て、熱心さを認めてもらうと声がかかる。そういうシステムになっているんですよ、と言われて。それで、もういいわと思って、一回も行ったことないんです（笑）。それでそういう夢はなくなりました。

菊間　先生は外国へもいろいろ行かれていますが、京都で労働委員会の委員長もされているし、法制審議会の委員もされている。強制執行も本体の民訴も。仲裁関係のこともされていますよね。活動が多岐にわたりますよね。

谷口　法制審議会というのは京大の先生だったら大体は当然のように任命される思っていました。指定席のような感じでね。法制審議会をやっているときにちょうど民事訴訟法全面改正があって。それは一九九六年です。ある程度知られていることですが、私が参議院法務委員会で問題発言をしたというので、法制審民訴法部会の座長だった三ヶ月先生にものすごく怒られたことがありました。それは結構多くの人が知っている、小杉先生なんかもよく知っておられます（笑）。それでこの事務所に私を入れるときに、小杉先生は三ヶ月先生の所へご挨拶に行って「先生のお怒りを受けた谷口をうちの事務所に入れますがどうぞ宜しく」とお願いをされたそうです。すると三ヶ月先生は真っ赤になって黙ってしまわれたそうですが、やがて、「よし、判った。俺も男だ。あいつはけしからんけれど、君の事務所でよく仕込み直すように」と言われたそうです（笑）。だけど、私は全然悪いことをしたと思っていません。新しい民訴法の草案に、公文書の文書提出命令は、その公文書を保管している役所が「これは提出できない」と言ったら、裁判所は手も足も出ないという規定があったんです。草案を作る段階で法務省は他の省庁からきつく言われたわけです。政府提出法案ですから閣議を通らないと出せません。それで、通らない案を出すことはできないというので、三ヶ月先生一流の表現で言われたそうなんですけれど、民訴部会としても承知せざるを得ないというので決まったそうです。私はその法制審議会のときは外国へ行っていて、欠席していたんです。

国会で審議されることになったとき、大阪の弁護士さんで日弁連の何かをされていたのかな、昔から少しは知っていた中務嗣治郎弁護士さんが頼んでこられて、国会の法務委員会で民訴の法案の審議をするときに、弁護士会としてはその条文を問題にしたいので参考人として学者の意見を述べて欲しいと言ってこられました。そのときには経緯をよく知っていたわけではなかったんです。私は民訴部会での経過を知らないけれど、一学者として考えてもそれはおかしいと思ったので引き受けました。法務委員会へ行ったら、待合室で中野貞一郎先生と櫻井よしこさんに会いました。控え室みたいなところで、櫻井よしこさんと初めて個人的に喋りました（笑）。中野先生は、もちろん前からよく知っています。そして、順番はどうだったかな。櫻井さん、中野先生、私だったかな。いろいろ質問を受けました。かなり話題になっていたからか、傍聴席は満員で、テレビカメラもずらっと並んでいました。櫻井さんは法律家ではないから、政府が出したくないといったものは出せないという制度はけしからんというようなことを言っておられました。中野先生は本当にお気の毒でした。

法制審議会民訴法部会で三ヶ月先生の横にいつも座って副座長をしておられましたから、これはおかしいとは言えないんですよ。主として言われたのは、情報公開法が審議されているので行政書類の情報公開はむしろそちらで決めてもらうべきだと。そこで決まれば改めて民訴を改正してすり合わせることができますと、少し歯切れの悪いことを言っておられたわけです。するとと野党の議員で弁護士でもある枝野幸男さんなんかからワァワァと突っ込まれて、中野先生はお気の毒でした。私も法制審議会民訴法部会の委員ですから、本当は同じようなことを言うべきなのかも知れないのですが、ここまできたら言いたいことを言いたいと思ったんです（笑）。この案が決まった会議にアメリカ出張中で欠席していたことも口実になりました。それで、それはおかしいと。行政庁が判断するのではなくて、裁判所に最終的な判断を委ねるべきだと言ったんです。すると、野党も攻撃してこなくて、じっと聞いてくれていてスムーズに終わりました。帰りに東京駅まで中野先生と一緒にタクシーに乗っていると、中野先生が「谷口さんは自由な立場だからいいですね」としんみりと言われるんです（笑）。その日の証言の様子が夜にテレビでも流れたみたいで、友達が電話してきて「テレビで見たぞ。格好良かったよ」なんて言ってくれました（笑）。

私はそんなに悪いことをしたと思っていなかったんですが、それから一週間後くらいに後に、東京で何かのパーティーがあって京都から出てきました。三ヶ月先生がいらしたので、いつものようにご挨拶しようと思ってニコニコしながら近寄っていったんです。すると、二メートルほどに近寄ったときにものすごく怖い顔で怒鳴られてね（笑）。「君はあんなところで、あんなことを言うとはけしからん！」と。「法制審議会の委員としてけしからん、あれは全員一致の意見だったのだぞ」とボロクソに怒られたんです。三ケ月先生とは結構長い付き合いだけど、あんなことを言われたのは初めてで、びっくりしました。それで私も「悪いことをしたつもりはありませんが」なんて言っていると、周りに人がいっぱい集まってきたんです。非常に落胆したのは、みんなが三ヶ月先生の肩を持つんです。三ヶ月先生がワァワァ言い出されると、「そうですよね、そうですよね」とか言うんです。私はいたたまれなくなって、こそこそ逃げ出したんです（笑）。あれはちょっと大変でしたね、しばらく。

そのうえ、法務省の担当参事官の方から電話があって、法制審議会民訴法部会委員の辞表を出してください、と言われるんです。私は何も悪いことはしていないので、辞表を出す気はありませんが、任期満了後再任されないのは、そちらの勝手です、と申し上げました。結局、翌春の任期切れでクビになりました。

菊間　三ヶ月先生は、なぜそのような条文にしたんですか？

谷口　それはそうでないと新民訴法全体が通らないおそれがあったからです。いろんな省庁からのプレッシャーがありますから。政府提出法案なので、各省横断的な局長会議を通らないとダメなんです。局長会議の前に担当課長会議とかいろいろあるらしいのですが、そこがそもそも通らないと法務省の担当官に言われて。私が欠席したときに、三ヶ月先生は「そういう事情があるので、涙を呑んで、新民訴法を実現するためにどうか承知して下さい」と言われたそうです。私は聞いていませんが。

菊間　そのとき唯一出席してない先生に国会に出てくださいと声をかけた方が素晴らしいですね。その視点が。昨年だったか、憲法について長谷部恭男教授が喋ったときのような感じですよね。専門家を三人呼んで意見を聞くという。あれも、話題になりましたよね。

谷口　あれは憲法ですからね。民訴法はそこまでじゃないですよ（笑）。

菊間　自民党寄りのことを言うかと思ったら、全然違うことを言ったから、みんながビックリしたんですよね。

谷口　私のときも話題になったようです。夜の報道番組（ニュース・ステーション）でも放送されたみたいでね。それを見た友人が「久米宏が君のことを褒めていたよ」とか教えてくれました。どう言ってくれていたのか知りませんけど（笑）。

菊間　だって、先生の意見でいまの民訴法がありますから。

谷口　結局、あの条文を除いて法案が通って、公文書については二年以内に条文を作り直すようにといって突き返されたんです。それでまた別の民訴法部会が作られたのですが、そのときは私はクビになりました（笑）。それで、三年かかってやっと今の条文ができたんです。結局私の言ったとおりになったんですよね。まぁ、でもおもしろい経験でしたね。

菊間　法務委員会での答弁は緊張されましたか？

谷口　そりゃしますよね。テレビでしか見たことないですから。

菊間　あらかじめ、何を聞かれるのかはわかっているんですか？

谷口　中務弁護士からこういうことを言われるだろうということは聞いていました。でも正確にはわかりませんよね。ああいうことをした人はあまり他にもいませんから。最近の憲法の長谷部さんの話なんかテレビで見るとその前後関係なんかは想像がつきますね（笑）。私の場合は日弁連と当時は野党の公明党が連携して私を推薦したようです。

菊間　三ヶ月先生が怒ったのは、法制審議会民訴法部会の委員でありながら、自分たちの部会の顔をつぶして……みたいな、そういうことなんでしょうか？

谷口　そうですね。反乱したみたいな感じです。

菊間　でもたった一人、先生が言ったからというわけではないですよね。

谷口　それは世論としてはね。弁護士会は断然反対していましたし。だから私はそんなに三ヶ月先生に怒られる必要はないと思いますけど（笑）。でもすごく怒られたというのは結構知れ渡ってしまったんです。さきほどもお話ししましたが、それでこの事務所に入るときに、三ヶ月先生と近い関係におられた小杉先生が三ヶ月先生にご挨拶に行ってお許しを請われたんです。

菊間　その話は全然知りませんでした（笑）。

谷口　そうですか。松尾先生はどうか知らないけれど、小杉先生は三ヶ月先生とかなり近かったんですよ。だから、やはりかなり気にされたんだと思います。

菊間　三ヶ月先生は法務大臣にもなられましたね。

谷口　細川政権時代ですね。私は三ヶ月先生とのつきあいは結構長くて、八〇年代から仲裁研究会というのをやっていたんですよ。これは、三ヶ月先生の先生だった、菊井維大先生という東大の民訴の先生で、兼子先生の影に隠れて、少し印象が薄かった先生ですが、その先生が主導して始められた研究会でした。三ヶ月先生は菊井先生に言われて、そこへ入って来られたんです。月に一回くらい京都から来て、参加していました。だから、三ヶ月先生はその頃から知っていて、その研究会は、仲裁実務をやっている商事仲裁協会の担当者の方も入っていて、提言を印刷物にまとめて公表しようということになったときに、三ヶ月先生が法務大臣になられてしまったんです。それでその後を私が引きついで、責任者として報告書を作ったんです。だいぶ前の話ですが。

私は大体において大勢順応的な人間なのですが、もう一回だけ反乱したことがありますので、ついでに言わせて下さい。

京都にいたころ地方労働委員会の会長をしていました。全国会長会議というのが年一回あって、会長の数人が回り持ちで講演をするのです。京都の会長に順番が回って来たときに問題発言をしてしまったのです。というのは、当時公労使三者構成の労側から総評・全労連系（共産党系）を排除しようという動きが全国的にありました。いわゆる連合が力を増している時代です。ところが京都は伝統的に総評が強いところで、我々の扱っていた事件の大半は総評系の組合の事件でした。委員は知事の任命なので、連合系は総評系から誰も任命しないように全国的に働きかけていたようです。

事件の処理は、公益・使・労の三者で担当します。和解を勧めるときは、各側の委員に説得してもらいます。総評系の組合には連合系の委員は説得力がありません。京都の特殊事情のもとでは、総評系の委員は実務上必要なのです。そのことを全労委大会のスピーチで言ったら、後の懇親会で「良いことを言ってくれました」と言われたのは、やはり総評系が強かった神奈川県の会長だけで、少々落胆したのですが、京都へ帰ってから大変でした。労側委員から呼び出され知事のところにへ連れて行かれました。そして、「あのようなことをまた言えば、会長の再任はないと思え」と。さすがに知事は黙っておられましたが…。

二度あることは三度あるといいますから、もう一回はこんなことがあるかと思っていましたが、今のところ次はなさそうです。

現在、京都の地労委会長は、私のゼミ生で元裁判官の笠井正俊京大教授です。最近はどうなのでしょうかね。

第十章

仲裁とADRの専門家として

▷▶写真10．1　シンガポールの就任宣誓

▶手前に着席の婦人はタン大統領夫人とメノン最高裁長官夫人

▷▶写真10. 2　ICSID（世界銀行の国際投資紛争解決センター）の審問室

▶ワシントンDC

§1　仲裁への関心

菊間　先生と言えば仲裁というイメージがありますが、その仲裁とのかかわりについて教えてください。

谷口　菊井先生の仲裁研究会にどうして入れてもらったのかというと、私の先生である中田先生が若い頃、戦前ですが仲裁研究に関心があったんです。その当時の法律学全集、評論社のものだったかと思いますが、それに仲裁法というのを書いていたんです。昭和一〇（一九三五）年前後です。日本の仲裁法研究としてはわりと草分け的な存在だったんです。晩年に、病気で亡くなる前に、アメリカにしばらく行くという話があって、アメリカで仲裁法の資料を集めてきたいというようなことを言っていましたね。若い頃にやったことをもう一度やり直したいと。結局、病気になって行けなくなってしまったのですが。

菊井先生が、一九八〇年頃に研究会を作られて、中田先生の弟子の谷口ならいいんじゃないかとなったのではないかと思うんです。東京以外からは名古屋大学の松浦馨さんと私だけでした。なかなか熱心にやっていましたね。一〇年後くらいには「仲裁法試案」というのを発表しました。そのうちに、まだ京大にいる頃に全然面識のない人から仲裁人になって欲しいと頼まれたりしたんです。どこかの会社の人だったと思うんですが、引き受けました。相手がスリランカで、お金を払ってくれないとかそんな話で、引き受けたんです。

菊間　仲裁地はどこだったのですか？

谷口　スリランカだったのかな。場合によっては、スリランカに行かないといけないかなという事件でしたが、あれは随分苦労しました。というのは、スリランカ側の弁護士はもちろんスリランカにいるわけです。そこへいろんなことを通知しないといけない。それをあの当時はＦＡＸでやっていたんですよ。大学の事務室にあるＦＡＸ機からスリランカにＦＡＸを送ろうとすると、必ず途中で切れてしまってやり直しです。半日くらいかかりました。電話回線の問題ですね。あの頃はe-mailはまだ無いから、ＦＡＸが一番早かったんです。アメリカなどへ送るＦＡＸは問題ありませんでしたが、スリランカには弱りました。結局、だいぶやっているうちに和解したと通知が来て終わったんです。

他にも二、三件事件があって、ＩＣＣ仲裁のチェアマンに任命されて東京で事件をやったこともあったし、メルボルンに行ったこともありましたね。パリでもエアーバスにからむ大きい事件があって、私のイニシアティブで和解ができた思い出があります。そんなことで、仲裁の実務もボチボチ体験することになりました。京大を辞める少し前ですが、仲裁協会の事件が大阪であって、私が集中審理で毎日やりたいと言ったら、双方東京の弁護士で、そんなことをされたら、東京での仕事が全然できないと大反対されて、一日置きにやったことがありましたね。

研究会でもいろんなことを勉強したりしているうちに、専門家の一人として目されたのかなと思います。仲裁協会の理事になったりとズルズルと仲裁の世界に入ってしまいましたね。

菊間　実践経験もあり国際的な経験もあるということでいえば、仲裁スキルは体得されていらっしゃいますよね。

谷口　そこまで事件は無いんですがね。

菊間　世界で見たら多いんですよね、仲裁は。

谷口　世界中ということでいえば、世界的な仲裁の研究普及組織であるＩＣＣＡ（International Council for Commercial Arbitration 商事仲裁国際評議会）の理事になったことも大きいでしょうね。これは、京大の道田信一郎先生がやっておられて、一九八八年に東京でＩＣＣＡ会議という国際会議をやったのです。ここで私は日本側のキーノートスピーチをしたのですが、道田先生はその時すでに死の床にあって、その直後亡くなりました。そんなことがあって一九九五年から私がＩＣＣＡの理事になりました。この辺から、本格的に国際商事仲裁の世界に入って行ったという感じですね。でも日本で行われる事件というのはいまだに少ないんです。

菊間　先生が民訴法学者として見たときに、紛争解決方法として裁判と仲裁等がありますが、仲裁のいいところってどういうところだと思われますか？

谷口　日本の企業同士の紛争なら、最終的には裁判で結着がつけられます。だけど、外国との間の紛争になった場合、日本の裁判所へ行くといったって、相手は嫌なわけです。仮に、日本で勝手に裁判所に訴えてみても、日本に裁判管轄があるかどうか、外国の当事者が問題なく応訴してくれるか、してくれない場合に欠席判決の効力はどうかなど、いろいろ問題があります。最終的に勝てるとしても、執行段階でまた問題があります。だから、国際取引ではなかなか裁判所というのは使いにくいんですよね。

仲裁に行けばニューヨーク条約というのがあって一六〇カ国以上が加盟しているので、大抵の国で執行できます。そういう点で、仲裁による解決には合理性があるわけです。だけど、日本の企業の皆さんは相手から訴えられると仕方がないから仲裁に応じるけど、自分から仲裁を起こすことはあまりしないようですね。

菊間　確かに執行の問題は大きいですよね。日本国内の場合は、直接裁判をして、白黒をはっきりさせたいという思いが強いかもしれませんね。最近は国際的なＡＤＲ（Alternative Dispute Resolution 裁判外紛争解決手続）も発達しているようですが。

谷口　そうですね。ただ、日本の裁判所というのは、世界に冠たる信用力があります。国内紛争を訴訟でやろうということに抵抗がないんですよ。多くの国は裁判所にいろいろ問題があって、裁判じゃなくて仲裁にしようということになる。だけど、日本の場合は裁判所に絶大な信用があるので、裁判所へ行って負けたら仕方がないという感じが一般的なんですよ。世界ではわりと珍しいでしょうね。だから、国内紛争は仲裁になりません。

菊間　調停も同じですね。調停委員が司法試験に合格していないとか、そういう人ではないという話をすると、その時点で嫌だという人が結構いますね。自分たちと同じ人に裁かれるのは嫌みたいで。それは離婚などでもそうですが、調停委員に言われても当事者はまったく納得していないんです。ただ一応調停前置なので、調停を踏んですぐに決裂させて裁判に行きたいと。それで裁判官に言われたら納得するという人が多くて。日本人はそれだけ裁判官の判断を信用しているということですよね。

谷口　そうなんですよね。日本の裁判制度にとっては大変有難いことですよね（笑）。

𝄞 2　仲裁とＡＤＲ

菊間　先生は、「仲裁ＡＤＲ法学会」や仲裁以外のＡＤＲの実務などにも関与されていますね。

谷口　いわゆるＡＤＲ法関連ですね。一部ではわりあい成功している例もあるようですね。俗にＡＤＲ

法と称する法律が二〇〇四年にできて、法務省がＡＤＲ機関に認証を与えることになったんです。すでに一〇〇以上の認証機関ができていて、その機関の連合体もつくられて、その協議会に私も関与していますが、紛争解決の実績にはかなりムラがあるようです。

金融ＡＤＲなんかはよく使われているようです。長い目で見ないとわかりませんが、アメリカで一九八〇年頃からＡＤＲ運動というのが始まったんです。一九七〇年にハーバードのロースクールに一年いたときに、ハーバードの先生方がそういうことを考えて研究会を立ち上げたんです。ＡＤＲは、Alternative Dispute Resolutionの略ですね。アメリカはそれまで訴訟一本やりでしたから。ただ、伝統的に労働仲裁人という確立した職業があって、労使紛争を仲裁するという、そんな人たちが何百人〜何千人といたらしいのですが、そういう人を招いて紛争解決のテクニックとかについて講義してもらったりしていました。私もその研究会に出ていたんですが、日本は伝統的に調停を盛んに使っているので、求められて裁判所の調停の話をしました。そうしたら、反応がとても冷たいんです（笑）。

そういうことは日本社会ではできるかもしれないが、アメリカ社会ではとても無理だというんですね。じゃあ何で私を呼んだのかと思いましたが（笑）。そんなことを言っていたアメリカで、ＡＤＲが今のように発展するとは想像できませんでした。

ハーバードの先生方はその後の状況を、予測できなかったのかも知りませんが、全然まともに相手にしてくれませんでしたね。日本社会は特殊だという先入観が強すぎたのでしょう。その当時のアメリカ社会の一般的な風潮でしたね。だけど、八五年くらいからＡＤＲというのは当たり前になって、理論的研究も進んで、それを今度は日本がアメリカから輸入しているのです。いろいろ理論化して、ロースクールでも教えるようになって、日本人はこれを勉強して逆輸入しているわけでしょ。日本人にとっては調停的な紛争解決というのは身についた、持って生まれたみたいなところがあるので、そんなものが学問の対象になるなんて思っていなかったんです。でも今は学問の対象になっている（笑）。

菊間　国も当事者も変わるのに共通に通用するテクニックがあるんですか？

谷口　それはあるんじゃないですか。私も知らないけれど。家内が家裁の調停委員をやっていました。家裁は男女間の問題が多いです。晩ご飯の時にいろいろ話をしてくれましたけど、相手によってやり方を変えないといけないし、調停をする人がもっている個性、それに相性もありますからね。国は変わっても人間は人間。それを見抜いて適切に対処するということでしょう。

菊間　相性はありますね。

谷口　川島武宜先生（当時・東大教授）が岩波新書の『日本人の法意識』（岩波新書、一九六七年）の中で、日本人は裁判嫌いで、調停や和解が好きだと。欧米では合理的な裁判でものごとを解決するから進んでいて、日本は遅れているとあります。今では、アメリカでＡＤＲが盛んで、ＡＤＲ学を世界に輸出している有様です。どっちが本当で正しいのかはわかりませんが、日本もアメリカも変わったのでしょう。アメリカだけではなくて、アメリカ流のＡＤＲはヨーロッパでも行われています。ＡＤＲはそのままドイツ語やフランス語にもなっていますから。そういう動きはとても面白いですね。

やはり、日本では和解の伝統があります。この（二〇一七年）九月にローエイシア大会の開会式で皇太子殿下夫妻の前でした基調講演でもそのことを申しました。証拠法の権威ウイグモアが一八九〇年代に三年間東京に住んで江戸時代法を研究しましたが、日本法の最大の特徴を「和解主義」だと言っています。大正時代から今日までの一連の調停法の展開を見てもそれは明らかです。日本がアメリカのＡＤＲに血道をあげるのは滑稽でさえありますね。

菊間　日本的な紛争解決の仕方を欧米が取り入れたのでしょうか。

谷口　現象としてはそのように見えます。ただ、西洋社会自体の仕組みが変革を迫られてそういうことになってきたのかなと思います。その辺はまた、ちゃんとした研究者がやってくれるんじゃないでしょうか。さっき言ったように一九七〇年にハーバードのロースクールでそういう研究会を始めたこと自体が変化の始まりで。それと同じ頃に、連邦最高裁長官が演説で、訴訟ばかりをするアメリカ社会のありかたを変えていかなければならないと演説したんです。そういうのが始まりでしたね。

菊間　日本人の訴訟嫌いは神話だ、という説があるそうですが……

谷口　日本人が訴訟嫌いだというのは神話であって現実ではないというのが当時ワシントン大学（シアトル）のヘイリーさんの論文で、裁判官の加藤新太郎さんがワシントン大学へ留学していたときにヘイリーさんがそこの先生だったのです。先生がその論文を書いて加藤さんが翻訳して『判例時報』に載せたので、瞬く間に日本中に知れ渡った論文ですね。短いものでしたけど、私たちにとってはショッキングでした。日本では訴訟が少ないし、日本人は訴訟をしたがらないと一般に言われているけれど、これは神話であって、現実ではないんだと。日本人が訴訟をしないのは現実だけど、それは嫌いだからではなくて、できない制度になっているからだと。

たとえば、日本は印紙代が高いけれど、アメリカでは何億円請求しようが安い定額でできるんです。そういう使いにくい制度にしているから、日本人は訴訟嫌いなのではなくて、できないのだというわけです。手数料はなるほどと思うけれど、他の理由はあまり納得できませんでしたね（笑）。でも、あれは日本でも広く読まれましたね。その後、手数料つまり印紙代はかなり下がりましたから、実際の効果もありました。

菊間　事務所に相談に来られたかたが、訴訟を起こすことには二の足を踏まれるということはよくありますね。

谷口　私自身、民事訴訟を専門にしていながら、自分で訴訟を起こすとなると躊躇してしまいましたね。昔、アメリカでタクシーに衝突されて私の車がへこんだのです。早速タクシー会社の保険会社の人が来て三〇〇ドルと査定しました。私が独自に修理工場で査定させたら五〇〇ドルでした。そう言ったら、「特定の修理工場へ行けば三〇〇ドルで直せる」というのです。

それは近づくのも怖いような場所にある工場でした。五〇〇ドルを払わせるために少額裁判所に訴訟を起こそうかと思いましたが、結局決断できず、勇気を出してその怖い場所へ行って修理してもらいました。ボディの直し方がひどかったですが、泣き寝入りしました。

菊間　谷口先生でも、そんなことがあるんですね。

谷口　いざとなると、ちょっと二の足を踏むところがありましたね。ただ、アメリカで訴訟が多いというけれど、やはりアメリカではそういう気持ちにさせられることが多いです。そういう体験は日本ではあまりしなくて済みます。日本では大抵のお店などでは、そういう気持ちにさせないというか、させたとしてもちゃんと対応してくれます。アメリカでは、相手を怒らせるんですよ。だから訴訟が起りやすい社会的素地があるんだと思いますよ。

菊間　だいたい日本なら、相手に対して悪いと思ったらお菓子を持ってお詫びに行くとか、ここで収めようという話になりますよね。

𝄞3　シンガポール国際商事裁判所判事に就任して

菊間　では、シンガポール国際商事裁判所のお話を。これはどういう経緯で。

谷口　ある弁護士の方から電話があって、シンガポールの最高裁長官が明日私に電話をしたがっているということでした。それで、聞いてみると、新しい裁判所をつくって、外国人の裁判官を任命したいと思っているらしい。翌日、シンガポールのメノン長官から電話がかかってきました。イギリスに商事裁判所というのがあって、これはロンドンにある地裁の一部なんですが、取引法をリードする判例法を作っている。シンガポールは元植民地の英法圏ということもあって、アジアに関わる国際商取引上の紛争を引き受けて、ロンドンに匹敵する国際商事判例法を作っていけるような新しい国際的裁判所を作りたい、ということでした。英米法系の人を裁判官にするけれど、大陸法系の人も三名入れたい。それで、大陸法の裁判官の一人として入ってもらえないかと。私は頼まれたら何でも引き受けるくせがあります（笑）。おもしろそうだったので引き受けました。その翌年（二〇一五年）の一月にシンガポールに出向いて大統領の面前で宣誓して就任しました。

菊間　以前、先生にお話を伺ったときに、シンガポールの国策のようなところがあるというお話でしたが……

谷口　それは、意図としてはそうだと思います。成功しているかどうかは別問題ですけれど。シンガポールは小さな国だし、仲裁では私的な機関ですがシンガポール仲裁センターというのが非常に成功していて、世界でも冠たる仲裁機関になっています。それはそれで、仲裁としてやっていればいいのですが、本来裁判所でやるべきような事件もありますし、裁判所でやるメリットもあります。仲裁では、仲裁人の報酬は当事者が払わないといけません。だけど、裁判官の報酬は国が払います。少なくともその分は安くなりますし、書記官もいます。メリットはあるはずです。しかるべき人材をそろえれば、仲裁事件の一部は裁判所に来るだろうと考えたんでしょう。それは、その通りだと思うんです。長官は馬力のあるインド系の方でした。ただ、思ったほど事件は来てないんじゃないかな。もうちょっと長い目で見ないといけませんが。おもしろい野心的な試みだと思います。そういうことをやったのはシンガポールだけです。

国が外国人を裁判官として雇うということはそんなにあることではありません。裁判官はその国の国民です。私が知っていた唯一の例外はパラオです。パラオは大昔にスキューバダイビングをやりに行ったことがあって（笑）。バークレーで教えたとき、ロースクールに入るまでスキューバダイビングのインストラクターをしていた学生がいたんです。彼はロースクールを卒業してロイヤーになったんですね。あるとき手紙が来て、パラオの最高裁調査官をしているので、遊びにきてくれればダイビングを教えますよということでした。耳寄りな話ですが、京大にいた頃ですから、パラオへ出張というわけにもいかない。それで、機をねらっていたところ、香港大学から講義を頼まれて一か月ほど行くことになりました。香港からなら黙ってパラオに行けるので（笑）、それで行ったんです。行くと、最高裁判所に連れて行ってくれて、裁判官を紹介してもらいました。その方はアメリカ人の弁護士でした。ああいう国は自国で裁判官を養成できないからやむを得ないのでしょう。最高裁長官はナカムラさんという方でした。あそこはもとドイツ領で第一次大戦で日本がドイツに勝って日本領になっていました。その名残りでしょう。そういうことはあるにせよ、他にそんな話を聞いたことがないので、歴史もあって、立派な大学もあるシンガポールがそういうことをするというのが画期的で、面白いと思いました。

菊間　シンガポールで仲裁が成功した理由は何でしょう。

谷口　東南アジアのど真ん中にあって、国自体が中立的で、英語国で政府もしっかりしていますよね。そして、教育程度が高くて人材も豊富です。あそこはいろんなもののハブみたいになっていますから。あそこで仲裁をするのは当然といえば当然という気もしますね。ただ、はじめ一九八〇年代にはは細々とやっていたんですよ。でも、急に大きくなって世界有数の国際商事仲裁機関になりましたよね。だから、そのマーケットに裁判所が乗り出したということなんですが、まだ三年半ですか、思ったほど事件は来ていないみたいですね。来た事件も、シンガポールの裁判所に起こされた事件で、適当な事件を当事者の同意を得てを内部で移送しています。最初からシンガポール国際商事裁判所に提訴してきたという事件はまだ少ないんじゃないでしょうか。

菊間　そういうものをつくって、海外当事者が訴訟する地としてシンガポールを選んで欲しいということなんですよね、国として。選ばれるとどんなメリットがあるんでしょうか。

谷口　かなり間接的なことになりますが、事件がシンガポールに集まるということで、シンガポール全体としていろんなメリットがあるというんです。それはロンドンでも昔からいわれています。ロンドンもヨーロッパでは仲裁の中心地のひとつで、あとはパリですね。ロンドンがどうして仲裁に来て欲しいかというと、仲裁に来られる当事者はみんなお金持ちだから、高級ホテルに泊まるだろうし、高級レストランで食べるだろうと（笑）。そして、ロンドンでいろんな人たちと知り合って、経済を発展させていくというのがロンドンの理論なんです。そんなことが起こるのか、どうもあまりピンときませんが（笑）。でもそれが向こうの実感なのかな。それで、シンガポールはロンドンとは思想的には同じだから、同じようなことを考えて、仲裁は現に成功しているから裁判所も、となったみたいですね。その辺は日本と発想が違うというか、人寄せすればいいことがあるみたいな（笑）。日本だと変な人が来たら、かえって迷惑だから、いい人だけ寄ってきて欲しいと思いますけれどね、シンガポールはなんでも寄ってきたらいいことがあるという発想ですね。イギリス的かもしれませんね。

菊間　先生はシンガポールでは何件くらい担当なさったのですか？

谷口　今までは二件です。

菊間　それは日本企業ですか。

谷口　一つは日本で事件になってもおかしくないものでした。英領マーシャル諸島法人が原告で、被告は四人全員日本在住の日本人でした。マーシャル諸島法人の代表者も日本人で、おそらく日本に住んでいると思います（笑）。シンガポールに銀行預金があって、内部的ゴタゴタに紛れて被告がそれを使い込んでしまったというような話でした。それで、シンガポールで訴訟が起こり、国際商事裁判所に内部移送されて、シンガポールの裁判官が裁判長、私とオーストラリアの裁判官と三人が担当しました。シンガポールの裁判官が言うには、原告代理人の弁護士はシンガポールで有名な弁護士だと。ところが、ＣＭＣ（Case management conference）と称する準備手続を数回ビデオ会議でやったところで、原告代理人が辞任して、代わりの人が選ばれないまま、結局ポシャってしまったんです。それで終わってしまいました。

菊間　そんなことがあるんですか。

谷口　原告の訴訟追行懈怠ですね。日本だと、休止満了みたいなことなのかな。その手続的処理ははっきりしませんが、終わったという処理をしたらしいですけど。

菊間　訴えを取り下げたんですか？

谷口　正式にはしていません。そのうちに違う弁護士を頼んで出てくるか、本人が出てくるか待っていないといけないといって待っていました。でも、だれも出てきませんでした。そのうちに処理されたみたいです。ちょっと怪しいと、その弁護士は思ったんじゃないかと思います。

菊間　怪しいから代理人を降りたんでしょうね。

谷口　最後まで行っていたら、面白かったかもしれないですけどね。ちょっと違法の匂いのする取引だったんですよね。日本国内ではできないような取引をマーシャル諸島法人を使ってしていたようなんです。為替相場に掛けるような商売がイギリスにはあるらしいです。そのイギリスの会社に日本人を紹介するという商売をしていたようです。日本ではその商売は禁止されているそうです。だから、ちょっと怪しい話でした。そうやっている最中にも被告の一人が逮捕されたとかね、出てくるんですよ（笑）。

菊間　もう一件は。

谷口　それはもっとまっとうな事件で、マレーシアで放送会社を設立しようとしていた会社が放送機器を買ったんですけど、その機器の売り主から代金を請求するという一見至極当たり前の訴訟でした。ただ、五年ほど前に売っているんですよね、なんで今頃まで放っておいたのかわからないんですけど（笑）。

菊間　売り主はどこの人なんですか？

谷口　それが問題なんです。最初はシンガポールだったようですが、複雑な承継関係があって、請求している会社が正当な権利者かどうかわからないと言って被告は支払いを拒んでいたようです。原告は三社あって、その一つがアメリカの会社で、その間、これがこうなってそれがそうなって社名変更してあなってと、もう訳がわからない（笑）。被告は「自分は払う気はあるけれど、本当に正しい債権者かどうかわからないから払わない」と言うんです。でも、それもどうも怪しくて、金がなさそうで（笑）。

そこでのわれわれの仕事は、原告が本当に適格者であることを証明させることでした。結局、適格者であることがわかって、われわれが判決をする直前に、放送会社が倒産してマレーシアの倒産手続が始まったんです（笑）。最終的に我々の判決は、原告のみなさんはマレーシアの倒産手続に参加して下さいと（笑）。

この話は面白いと、松尾綜合法律事務所の小杉丈夫弁護士と金子浩子弁護士が『国際商事法務』に書いて下さいました（小杉丈夫・金子浩子「外国倒産手続への援助問題を扱ったシンガポール国際商事裁判所判決——谷口安平裁判官審理事件の初判決」国際商事法務四五巻三号三三二頁（二〇一七年三月）をご参照ください）。

第十一章

奥様とご家族、そしていまとこれから

▷▶写真11.1　アメリカで両親と家族で

▶ミシガン大学滞在中（1976～1977年）

▷▶写真11．2　都ホテルでの会費制結婚式

▶先導は大森忠夫先生（1961年4月）

▷▶写真11．3　夫婦でリコーダを吹く
（京都の自宅で）

▶明子の隣のバイオリンは中学生の朋子
（曲はバッハのグランデルブルク協奏曲4番）

菊間　最後に、ご家族をめぐるエピソードをお伺いします。まずは、先生の奥様についてお話を聞かせていただけますか。

𝄞1　結婚にいたるまでの秘話

谷口　妻は戦災にあって西宮から京都に移住したこととかは言いましたかね。妻はもともと京都の人ではないので、いつも京都の悪口を言っていましたね。たぶん、彼女の親が言っていたんでしょうね（笑）。西宮というと、関西でもわりとスマートなところで、大阪とはまた違って、近代的なところなんです。親が京都の悪口を言っていたと思うので、それを真似して言っていたんでしょう。

菊間　先生はお見合いでしたっけ？

谷口　お見合いではなくて、高校時代の仲間みたいなところで会ったんです。結婚相手、つまり私の妻とは、修習生の頃に、知り合ったんです。

菊間　社交ダンスで知り合った？

谷口　社交ダンスには少し来たけど入ってないんです。お姉さんはしばらく入ってましたね。私の高校時代の親友の近所に住んでいて一緒に合唱などしていたようです。紹介するとか言って姉妹で紹介してもらいました。最初は大学四年の終わり頃です。修習生の頃には、他の友達も入って一緒に遠足に行ったりもしましたね。私は歌がダメで、肝心の合唱では相手にされなくて、歌の会には入れてもらえなかったんです。個人的に付き合い出したのは、修習生の後半くらいからですね。それで、京大から誘われてるんだけどってことを、彼女に話したことを覚えてますね。
結婚の約束をしたのは、いつ頃かな。大学に就職してからだったかな。若かったですよね。二五歳ぐらいでしたかね。それで結婚したのは二六歳の四月だから、結構付き合いの期間は長かったですね。ちょくちょく音楽会に行ったりとか、婚約を正式にしてからは、論文を清書してもらったりしましたね。彼女は字が上手で。一番最初の「和解」の論文を彼女に清書してもらったんじゃないかな。
その頃は私も張り切っていて当時流行っていた会費制の結婚披露宴をしたんですよ。高校時代からの親友や京大で同僚だった商法の龍田節さん、まだ大学院生だった鈴木正裕さん、井上正三さん、民法の北川善太郎さん、などで「谷口君結婚実行委員会」みたいなのを作ってもらって。「都ホテル」という、京都の一番いいホテルの一番大きな宴会場でやりました。
ですから、そんなに安くではできないわけですよ。そこは譲歩して、会費は一人五〇〇〇円もらって、一人二〇〇〇円くらいの予算でした。当時はそのくらいで結構豪華でしたね。あと一五〇〇〇円は親から出してもらうことにしてね、形だけは会費制でやったんですね。ずいぶんたくさんの人に来てもらって、盛大だったと思います。皆さんの前で結婚を誓うという形です。神前ではなく「人前」結婚と称していました。
菊間　先生はその時はお着物ですか?
谷口　いえ、モーニングでした。
菊間　では、奥様はウェディングドレス?
谷口　はい。でも、お色直しをしましたね。
菊間　最初ウェディングドレスで、それから文金高島田ですか?

谷口　いえいえ、普通の振り袖みたいなのを着ていました。私はずっとモーニングでした。当時は一般にまだ地味だったし、男の和装は流行っていませんでした。当時は媒酌人を大学の先生なんかに頼むでしょう。私は中田淳一先生に頼みたかったのですが、入院中だったんです。それで、ゼミの先生である大隅健一郎先生に頼んだら、その時は外遊中になる予定というので駄目。結局、大森忠夫先生という商法の先生にお願いしたんです。大森先生は直接関係ないのですが、大隅先生が自分ができないから大森君に頼もうとなって、横に滑っていったんですね。大森先生のことはまったく知らなかったわけではなかったんですが、大森先生は酒飲みで有名で、私も当時は酒飲みでしたから、親近感はありました。

菊間　先生、プロポーズはしたんですか？

谷口　結婚する一～二年前くらい前にしましたね。今でも覚えているなぁ。二人で奈良県の室生寺へ行ったんです。名刹ですね。夜になって、そこで話をしているときに、そんなことを言った覚えがありますよ（笑）。

菊間　それは、もうその日に室生寺で言おうと思っていたんですか？

谷口　そのうちに言おうと思っていたと思うんですけどね、なかなか機会がなくて。室生寺で夜になって、境内でしんみりとしたときに言った覚えがありますね。それで、そのときの返答が「私はどうにでもなりますけど」だったんです（笑）。

菊間　先生はそのときストレートに「結婚してください」と言ったんですか？

谷口　そういう趣旨のことです（笑）。

菊間　（笑）

菊間　奥様とはプロポーズの時の話とかしますか？

谷口　全然しないです（笑）。
菊間　新婚旅行は行かれたんですか？
谷口　その日に夜行列車で新婚旅行に行きました。その頃の定番は九州だったんですよ。雲仙や指宿へ行って宮崎から初めての飛行機で帰って来ました。
菊間　へぇ。

2　奥様はまだ学生で結婚

菊間　奥様のことをお話しいただけますか。
谷口　家内の実家のお父さんは東大の法学部を出ているんですよ。だから、まんざら縁がないわけでもないんですよね。ただ、かなり変人で、それは家内も言っていましたが、当時は京都の仏教系の華頂女子高等学校の英語の先生をやっていたんです。だから、偉い人というわけではありません。何でそういうことになったのかというと、後から聞いた話ですが、神戸出身なんです。神戸にある三光汽船という今もある大きな船会社に東大を出て就職したそうです。その頃の若手の社員は、外航船が神戸へ帰ってくると、船長を接待していろんなところへ飲みに連れて行って相手をするのが仕事だったんだそうです。でも、家内のお父さんは全然お酒を飲めない人なんです（笑）。こんなことではとてもやっていけないと思って、辞めたそうです。
　そこで、神戸の女学校の英語の先生になったらしい。西宮に家があって、そこで家内は生まれたらしいです。戦災に遭って、京都の国立博物館の学芸員をしていた弟を頼って京都に逃げてきて、知恩院のお世話になって、その系列の華頂女子高等学校の英語の先生を最後までしていたんです。博物館勤務の弟は京大の文学部の美学出身で知恩院とコネクションがあったのでしょう。東大の法学部を出て、そんな仕事をしているのは珍しいです。でも、本人は野心などが全くない、飄々とした人でした。東大法学部という印象からすると、私もちょっと意外ではありましたけど。あの頃東大法学部は法律学科と政治学科があって、(お父さんは)政治学科出身だったそうですよ。

家内の父親は全然有名人でも何でもなかったですが、その弟は東洋美術の専門家としてプリンストン大学の客員教授になったりして、かなりの有名人でした。その息子はアメリカ育ちでハーバードで考古学者になり、ペルーで新しい古代文明を発見したことで有名です。いま、上野の科学博物館でやっている「古代アンデス文明展」は家内の従弟の南イリノイ大学教授・島田泉の監修だそうです。

私も婚約するような段階になったら、その家へ行って晩ご飯を食べたりしていました。京都の鞍馬口の辺りです。なんだか変な家だなと思いました。晩ご飯をごちそうになっても、お酒が全然出ないんです。私の実家の場合はお客さんというと必ずお酒を出すことになっていたんです。私もお酒が好きな方だから、変な家だなと思っていたけれど、そんなことは言えません(笑)。そのうち、言いたいことが言えるようになったから「酒が飲みたい」と言ったんです(笑)。すると、向こうは初めて気づいたみたいで、私が来るときは一升瓶を置いてくれるようになりました(笑)。家内も全然飲まないのでね。

菊間　そうですか。全然お酒をたしなまないご一家だったんですね。

谷口　そうなんです。だから、一升瓶があっても、私しか飲まないんです。だけど、結婚することになって、私の親も家内のお父さんが東大の法学部出身だということを知って、ある程度信用したと思います。一度家で両親をご馳走したときも、東大の美濃部先生がどうだったとか話していました。父は俳句仲間で知恩院や華頂の知り合いもあったようで、島田先生がどんな人かということは聞いたみたいです。

家内の父親がそういう人で昔の人なんですよね。女の子は大学なんか行かなくてもよろしいという、そういう信念の人だったんです。お母さんもお父さんの言うことには反対できないような感じで、昔の家庭ですよね。二年上の家内の姉がどうしても大学へ行きたいと言い張って、京大は落ちたけど、京都学芸大学（今の教育大学）に行っていました。私の家内は、別に勉強をしたいということでもないので、親の言うままに高校を出てすぐ就職しました。三井生命の京都支社で勤務していました。私が付き合い出して、結婚しようと思うようになってから「やっぱり大学へ行った方がいいんじゃないか」と言ったんです。会社を辞めさせて、京大は無理でも同志社なら入れるかと思ったんです。それで、入試準備のために私が家庭教師となってしばらく教えに行っていました（笑）。結局、同志社大学の文学部に入りました。それで、入学して一年後くらいに結婚したんです。だから、結婚したときはまだ学生だったんです。

菊間　学生結婚なんですね。

谷口　それから、一年くらいしてアメリカへ行ったんです。だから同志社大学は中退です。その辺はちょっと変わっていますね。一応、英文科ということでしたが、中退してアメリカへ行ったんです。でも、子どもは向こうでつくったら大変だし、二年いて帰りにヨーロッパを通って帰ってきたんです。今から思うと、ローマ辺りで長男ができたみたいです（笑）。ちょうど、ホテルのテレビで東京オリンピックを見ていましたね。長男は翌一九六五年の七月生まれですから。

𝄞3　モダンな新居とエレガントな家族？

菊間　その頃に新居完成とありますが。

谷口　その時すぐではないですが、帰ってきてから家を建てる話になっていて、ちょうど大文字の見える（左京区）吉田神楽岡に。そこに借家があったんですよ。京大の理学部の先生が借りておられたんですけど、定年で辞めてどこかに家を建てられたそうです。京大に近いし、父が私の家を作ってやろうと思ってくれたのです。

その頃、私自身も建築には大いに興味があって、アメリカの建築雑誌などを買って帰っていました。前にも申しましたがもともとそういうことが好きなんです。それで、高校の同級生で大阪市立大学の建築科を出て、京都市の建築課に勤めていた友人に相談したんです。すると彼が、同級生で建築事務所に勤務している友人を紹介してきたのです。その人は京都の四条烏丸の産業会館の設計コンペで優勝して彼の設計であれができたと言うんです。確かに当時としてはセンスのある建物でした。将来性のある建築家だという触れ込みでね。それと、もう二人同級生を連れてきて、その三人で設計をさせていただきたいと言ってきたんです。若い人ですから、実績をつくりたいわけです。思ったことが提案できるプロジェクトはそうないですから、ぜひともやりたいと。それで、お願いすることにしたら、当時としてはモダンな建物になったんです（笑）。でも、子どもが中学くらいになって勉強部屋を作るために増築したので、少しダサいスタイルになってしまいましたね。増築の時私は大工さんと一緒に働いて、自分で温水床暖房を設置したのですよ。大工さんが「明日ここをやります」と言われると徹夜で間に合わせたし、仕事を途中で放り出して講義に走って行ったこともありましたね。子供の頃と同じ「もの作り」です。一九八〇年のことですが、この床暖房は今も動いています。

菊間　どうして神楽岡にしたんですか？

谷口　それは借家があったからです。敷地も二〇〇坪ありました。京大にも近いし便利だと親が思ってくれたたらしい。確かに京大に通うのは便利で、家から吉田山を越えて歩いて京大の正門まで一一分でした。山道ですから、健康にもいい。ところが、昔の土地だものだから、登記所にある公図が無茶苦茶で、境界がはっきりしていない所があって。生きているうちにと思って、数年前から測量と地図訂正に大金を使っています。エライところを相続してしまったものです（笑）。

私の家は吉田山の東側の中腹なので、頂上までそうないんですよ。西側はずっと降りますけど、下りだから楽です。帰りはちょっと大変でしたけど。健康のためには良かったと思います。朝行って、夕方帰って食事をして、夜は車でずっと遠回りして大学へ行きました。昼は車が停められないけど、夜は大丈夫でした。それで、深夜遅くに帰ってきていましたね。

菊間　それで、新居ができてお子さんが生まれたんですか。

谷口　工事中に長男が生まれたんです。それまでは、住むところをうろうろしていたんです。京都の弁護修習のときにお世話になった北川敏夫先生が裁判所の近所に事務所兼住宅を持っておられました。だけど、私が修習の頃にはもっぱら事務所にして、ご家族は北の住宅地に邸宅を構えておられて、アメリカから帰ってきましたというような挨拶に行ったときに、住む所がないなら、事務所に住んだらどうだと言ってもらって、しばらく住んでいました。それから今、奥田昌道さんが住んでおられる鴨川に面したところね、あそこにもしばらく住んでいましたね。私の母親はアメリカから帰ってきて新居ができるまでは、実家に住むと思っていたのに、私が途中で出て行ったから、だいぶあとに「あなたたちは勝手に出て行ったから」と嫌みを言われました（笑）。家内にしてみると、母と一緒にいたくなかったのかもしれません。

𝄞 4　子どもたちそして孫も生まれて

菊間　ちょっと話が変わりますが、先生のお名前について。先生のご兄弟はみなさん名前に「平」がついていますよね。ご長男に「平」をつけるという発想はなかったんですか？

谷口　これ以上は「平」をつけるにしても種切れしていたので、「平」はやめて、「安」をとることにしたんです。そのときは、あと何人生まれるかわかりませんから。長男に「やすし」とつけたのは唐時代の「安史の乱」がヒントです。私はあまり反乱を起こさないでハイハイと言って過ごしてきたから、息子は少し反乱するような勇気のある人になって欲しと思ったのですが。でも、あまりそうはなっていないようですけど。

菊間　朋子さんは、そこからいくつ下になるんですか？

谷口　そこから、三つ下になるのかな。高校は同時に在学していたから、二つ下か。生まれたのは、こちら、吉田山の方に住みだしてからですよね。

菊間　朋子《ともこ》さんは先生のお父様の知平先生がつけられたお名前だとか。

谷口　そうなんです。生まれたとき私は外国へ行っていたんです。それで、私の父がつけてくれた名前です。

菊間　谷口先生のお父様は、子どもたちのうちの誰かに自分と同じようなことをして欲しいということで

▷▶写真11．4　傘寿記念パーティでのあいさつ

した。先生もご長男が生まれたときに、同じような世界で働いて欲しいと思われたんですか？

谷口　いや、私はそのようなことは思わなかったですけどね。高校まで鴨沂高校という、とても自由な校風の公立高校なんですね。一家四人全員そこの出身なんです。それもちょっと珍しいですけど。

菊間　先生って教育一家で生まれて、教育熱心な感じだと思うのですが。

谷口　中学、高校から私学にやるとか、全然考えなかったですね。自分自身の親がそんなことを何も考えないで、公立にすーっという感じでしたから。

菊間　高校も先生の後輩になるんですか、お二人とも。

谷口　そうです、娘も。

菊間　一家四人ということは、奥様も同じ高校なんですか？

谷口　妻も後輩ですが、同時に在学はしていません。三つ違いだから。私が卒業したときに妻が入学してきたので。稀な例かもしれませんが、家族全員鴨沂高校卒業です。

それでも、皆まともに行っているんです。でも、鴨沂高校自体は、伝統はありますが、すごく庶民的な高校だったんです（笑）。国立大学は八〇以上もあるのに、現役で入る人はほとんどいないと聞きました。だけど、私の息子は現役で東大に入ったし……

菊間　すごい。学年で一人だけですか？

谷口　もちろん。何年かに一度そういうことがあるらしいです（笑）。

菊間　先生の時とはだいぶ違うんですか？

谷口　全然違いますよね。息子は中学生の頃から歴史が好きで、そういう本を読んでいました。京大は文学部の歴史学がわりと有名だから、そこへ行くつもりだったようです。そのときに高校の先生に「文学部に行っても、俺みたいに高校の先生になるのがオチだぞ。お父さんが法律家だから法学部に行きなさい」と言われたらしいんです。そうすると、京大の法学部は親がいるから行くわけにはいかないと思ったようで、東大へ行くしかないと進路を変えたようです。

菊間　先生のアドバイスを素直に受け入れたんですね。

谷口　高校三年のときの先生がいい先生だったらしいですよ。家内もPTAなんかで先生のことを知っていましたから。本人もわりと尊敬していたんじゃないかな。

菊間　そこまでは法律の道なんて思ってもみなかったんでしょうか。

谷口　そうでしょうね。私も歴史学の方に行けば面白いな思っていたんですけどね、結局法学部ということになって。予備校の東大コースへ行きだして、東大向けの試験勉強をしていたようです。幸い現役で受かりましたけどね。鴨沂高校としては珍しいことなので在校生に話をするみたいな会に呼ばれていましたね

（笑）。

菊間　朋子さんはバイオリンをされて、東京芸大へ行かれた？。

谷口　そうそう、現役で入りましたから。それも珍しいんですよ。

菊間　才能にあふれたご一家ですねえ。息子さんは東大法学部に入ると順調に…

谷口　あまり順調でもなかったんですよ。本人は司法試験を受けたいと思ったらしいんです。東大に入って仲間ができて、関西から来ていた畑瑞穂君という人がいましてね。畑郁夫さんという裁判官の息子さんです。その人と仲良くしていて、一緒に司法試験を受けたみたいですよ。四年生の時に落第して、二回目に通ったんです。大学の成績は二人とも良かったらしいです。東大はA・B・Cでつけるので A がいくつとかいう評価をするんです。民訴は高橋宏志先生の授業を受けたそうで、高橋さんが「今度の試験で谷口君と畑君は抜群に良かった」と言われたことがありました。畑君は助手に採用してもらって、今は東大の民訴法の教授です。二人は、いまも仲良くしているようですよ。

菊間　それで裁判官に？

谷口　息子も商法の竹内昭夫先生から助手のお誘いを受けたそうです。でも、「商法はあまり好きでない、民法なら」などと、えらそうなことを言って、修習生になりました。もう裁判官と思っていたんじゃないでしょうか。弁護士みたいな話はなかったですね。札幌で修習していて、東京の大手法律事務所に面接に行ったことがあったようですが、旅費を出してくれるので東京へ行くために、などと怪しからんことを言っていました。それで、裁判官に任官して、それで裁判官と結婚して（笑）。

菊間　奥様も裁判官なんですね。

谷口　妻の園恵さんは法務省の民事局に長いこといて、最初の女性参事官らしいですね。平成一五年の民事執行法の改正を担当した参事官でした。法務省がずいぶん長かったですね。彼女は人柄的にも愛想のよい人で、いろんな人をよく知っています。今の寺田最高裁長官が民事局長時代に民事局にいたでしょう。個人的にもよく知っているようです。息子は愛想がない人間だから、まぁ、ああいう奥さんで良かったと思いますよ。私のゼミ生で法務省に長くて寺田さんのあと民事局長になり仙台高裁長官を経て東京高裁長官で退官した倉吉敬君は自分が息子たちの仲人をしたと言っているんですが、本当かどうかはわかりません。園恵さんが彼の下にいて、親しい関係だったことは確かです。結果としては良かったんじゃないですか。要するに二人ともフランス留学組なんです。奥さんの方が先に行きました。パリで裁判官は代々同じアパートを使うんです。息子はその二年後くらいでしたね。

菊間　一緒の時期に二人で行っていたんですか？　それともつきあう前に？

谷口　いや、つきあう前に彼女の方が行っていました。息子はどこに留学するか考えたときに、アメリカへは大勢行くし、フランスは一人なんですよ。それで希少価値があると思って志望したらしいです（笑）。それで、以前に行った人の話を聞いたりするので、そういうところから知り合ったらしいです。彼女はフランス語が好きで若い時からフランス語に凝っていたらしいです。だから、今でもフランス語は上手ですよ。だけど、息子は一年も行っていたのに全然できません（笑）。

菊間　お孫さんは？

谷口　今年やっと中学生になりました。私も年寄りだから、孫が大学に行くまでは生きていたいと思っているんですが、あとまだ六年ですからね。大変ですよ（笑）。

菊間　お孫さんは男の子ですか？　女の子？

谷口　女の子です。唯一の孫です。バレエを習っているので発表会には必ず行かないといけないし（笑）。でも、孫が一人でもできてくれたのはよかったです。

菊間　今は東京地裁にいらっしゃるんですか？

谷口　そうです、二人とも民事裁判官で、二人とも部総括です。所属は何部ですかね。

菊間　あたったことないですね。

谷口　そのうち、あたるかもしれませんよ。どうかよろしく（笑）。

菊間　お嬢さんはバイオリニスト？

谷口　娘は小さいときからバイオリンを習わせていたんです。家内は高校生の頃からバイオリンを習い始めたらしいんです。もちろん全然ものにならないわけで、自分の夢を実現したいということもあって、小さいときから習わせていました。結局、鴨沂高校に行ったんですけど、やっぱり東京芸大に行きたいということになって、いろんな先生に習いました。私の同僚だった国際法の香西茂先生の奥様は桐朋で小澤征爾さんと同級だった有名なバイオリニストですが、レッスンをお願いしたこともあります。受験前は、東京芸大の学長にもなられた澤和樹先生が関西へ月一回ほどまわって出稽古をするみたいなことが

▷▶写真11.5　孫と一緒に家族で食事会

あったんです。バイオリンの先生が東京芸大出身だったから、紹介してもらってレッスンを受けるようになりました。それから、受験の半年くらい前からは月一回くらい東京までその先生のレッスンを受けに行っていましたね。やっぱり、そういうことをしないとだめだと言われてね。そうしたら、現役で通ったんですよ。うまくいって良かったです。

芸大を卒業して東京ゾリステンという弦楽合奏のグループに一時入っていました。でも、先輩の皆さんを見ていて留学したいと思ったみたいです。夏に日本の各地で音楽祭があって、そこで有名な外国の先生がマスタークラスみたいなのをやるんです。霧島かどこかの音楽祭で習ったマーシュナー先生を気に入ったらしくて、その先生にじっくりと習いたいということで、ドイツのフライブルク音楽大学へ留学しました。四年くらいいたのかな。そのあと、ドイツのオーケストラやオペラで少し弾かせてもらって。その間、私も一回だけフライブルクの下宿を訪ねて行ったことがあります。何をしていたのかよくわかりません（笑）。とにかく日本人がいっぱいいるんですよ。

菊間　音楽で留学している人がですか？

谷口　そうです。だから、五年近くいてもドイツ語がちっとも上手じゃないんです。私の方が上手なくらいです。日本人ばかりいるからだと思います。東京芸大の先生が関係して作った、神戸市の、神戸市室内合奏団へ入らないかと誘われて帰ってきたんです。今もそこで演奏を続けています。

菊間　ときどき京都には戻ってこられているんですか？

谷口　いや、もう京都に住んで神戸に通勤しています。毎日朝から行くような仕事ではなくて、練習や演奏会の時に行くので。あまり忙しい楽団ではなさそうです（笑）。東京で年一回演奏会を紀尾井ホールでやるんです。その時は弦楽だけじゃなくて、管楽器の人も入れてオーケストラでちゃんとした曲を演奏するんです。いつも小杉丈夫先生や花見忠先生にはご夫婦で来ていただいています（笑）。来年は菊間さんも、ぜひいらしてください。毎年三月二〇日頃にやっていますから。ただまぁ、舞台でその他大勢のなかで弾いているだけですがね。一応、安いけれど、固定給を貰っていますから（笑）。京都の家に家賃も光熱費もタダで住んでいますから、生活はできています。

菊間　先生のお父様である知平先生は、俳句がお好きだったとか。

谷口　ずいぶん若いときから俳句をやっていたらしいです。父からみて姑にあたる、私の祖母は、もともと文学素養のある人でしたが、結婚するときに、親父が勧めたので祖母も俳句を始めたんです。祖母は熱心に取り組んで、大垣で何とか会を作って俳句の指導をしていたようです。

菊間　お父様は、どこかに投句するなどして、入選されたりしていたんですか？

谷口　ホトトギス派の鈴鹿野風呂という京都の俳人の先生がいまして、その人がやっている「京鹿子《きょうがのこ》」や「ホトトギス」にも投句していました。私が子どもの頃に雑誌が送られてくると「出た出た」と言って、自分の句が採用されると喜んでいましたね。晩年は「京鹿子」の選者をしていたようです。

菊間　投句しても採用されないと載らないということですよね。毎月応募なさってたんですか？

谷口　毎月かな、応募していましたよ。我々が子どものとき、魚釣りに連れて行ってくれるんですが、父は全然やらないんですよ。「お父さんは俳句を釣りに来た」とか言ってね（笑）。その辺の景色を眺めながら一所懸命ノートに書いているわけ（笑）。母もちょっと影響を受けて俳句をやっていましたけど、子どもたちは全然（笑）。

菊間　「俳句を考えてみなさい」とか言われなかったんですか？

谷口　あまり、そういう押しつけは父はしなかったからね。だから、もう少し教えてくれていれば、私も少しはできるようになったかもしれません（笑）。

文学的なものは俳句以外はなかったですね。私の母方の祖母は大垣藩の上級武士の娘で日本女子大の二期生で小説を書いて、『毎日新聞』の懸賞小説に応募して一位になって『毎日新聞』に連載されたんです。それが単行本になって出ました。『黒牡丹』というタイトルです。コピーしてもらったんですけど、まだ読んでいません。あまり面白くなさそうなので（笑）。

菊間　でも、懸賞小説で優勝したんだから、おもしろいんじゃないんですか（笑）。

谷口　かなりの文学少女だったらしいですね。有名な「青鞜」のメンバーになって、『智恵子抄』で有名な（のちの）高村智恵子さんと親友だったそうです。でも、昔のことだから、若くして結婚して。結婚相手は郷里の人だったらしいけど、京大の医学部を出て博士論文を京都で一人で書いていたとか。だから、博士になるまではしばらく別居で、文学活動を続けていたみたいですね。それで、旦那が博士になりお医者さんになって京都や大阪でも開業したんですけど、どこで開業しても失敗してお客さん（患者さん）が全然来なくて（笑）。最終的には宇部炭鉱でやっている病院の院長になったみたいです。そこで、亡くなるまでいたのかな。

私の両親が外国へ行ったときに、そこへ私は二年間預けられたんです。当時はお祖父さんが私を膝に乗せて酒を飲んでいたそうですが、そんなこと全然覚えていません（笑）。二歳ですから。その祖父か亡くなって一家は郷里の大垣に落ち着いたようです。前に言ったように、私は小学校四年生の二学期にそこに預けられていました。栄養補給のため。だから、母方の祖母とは親近感がありましたね。優しいお祖母さんでもあったし。父方の祖母は怖いばかりで、あまり好きじゃなかったですね。

𝄞5　いまとこれから——からだと好奇心を大切にして

菊間　先生は大人になってからも大きなご病気とかはないですか。

谷口　おかげさまで、大人になってからは全然病気はしていませんでしたね。子どもの時は、体が弱いと親も思っていたようですが、成人してからは風邪を引くくらいで、まともな病気は比較的最近までしなかったですね。

菊間　すごいですよね、このお年で。松尾翼先生だって、しょっちゅう「病院、病院」と言っているし、小杉丈夫先生もそうですから。

谷口　私も同じ病気を今やっていますけれどね。前立腺がんです。それは昨年からですから。それまでの大きな病気というと、WTOの任期の終わり頃に帰国したら、強い腰の痛みがあって、近所の診療所へ行ったんです。血液検査をすると、ただごとじゃないから、すぐ大きな病院へ行きなさいと言われたんです。そうしたら、感染性大動脈炎で、下手をすると命にかかわるといわれて四四日間入院したんですよ。あの時は大変でしたね。主治医は家内に命にかかわる病気だから覚悟してくださいと言ったらしいです。主観的にはそれほどと思わなかったけど、とにかく腰が痛かったんです。大動脈が化膿してブヨブヨになって、血圧で破裂すると命取りになったそうです。だから、抗生物質を点滴でどんどん入れて抑えたらしいです。ところがその最中に、WTOの私の担当事件の命令書の期限が近づいて、他の二人の委員が向こうでやってくれた

▷▶写真 11.6　WHO 退任式へのビデオ出演

▶ジュネーブのWTO大会議室で。

ものをFAXで病院に送ってもらいました。病院にも仕事の事情を説明して、頼みました。病院のFAX機に原案がどんどん送られて来るんです。それをベッドで見て直して返信していました。その時は少し体調が快復していましたからね。

菊間　WTOでの仕事のストレスから体調を崩されたんでしょうか？

谷口　結局はそうでしょうね、疲れもあると思いますが。それらの集大成といった感じでしょうね（笑）。退任式の時はまだ入院していたんですけど、いちおう服を着替えて歩けるようになっていました。向こうからはビデオでの出演を依頼されましたが、松尾事務所にはビデオなどの設備はありません。西村あさひ法律事務所にお願いして、病院からタクシーに乗って向かいました。それを録画してジュネーブでスクリーンで流してくれたみたいです（**写真11・6**）。そのスクリーンに映っている写真をあとで見せてもらいました。あれはちょっと劇的でしたね。

菊間　その二回ですか、大きな病気は。

谷口　そうですね。子どもの時の病気は、そんな大きな病気だとは思っていなくて、普通に生活していたんですけど。大動脈炎と言われたときはちょっと深刻でした。先生も必ずしもその専門じゃなかったのでね。秋葉原のあたりにある三井記念病院の専門の先生に意見を聞いてくるようにとデータと紹介状を貰って家内が行ったのです。するとその先生が紹介状を読むなり、ため息をついて「感染性は難しい」と言われたそうです。その話を聞いて、ちょっと恐怖を感じたんですけどね（笑）。でも、おかげさまで抗生物質が効いて、感染が収まったみたいです。

実は、ジュネーブが終わったら、日本でもスキーを続けようと思って、ちょうど腰が痛くなったときというのはリゾートマンションを買おうと思って草津温泉に行っているときだったんです。物件を見て、不動産屋に居るときに、腰が痛くなってきて。家内が契約の手続をしている後ろで私はソファで寝ていたんです。それで帰ってきたら、ますますおかしいので近所の医者に診てもらったんです。血液検査の結果を見て只事でないから直ぐ病院に行けと言われました。そうしたら、即刻入院です。入院中にＦＡＸで処理したのが最後のＷＴＯの仕事だったんですけど、やっぱり疲れが出たのかな、よくわかりませんがね。

菊間　かなりハードだったんでしょうね。

谷口　そうでしょうね。スキーを楽しみにしていたのに、そのシーズンは全然ダメでしょう。そのあと、三年くらいはやっぱりダメですよ。そう言われました、お医者さんに。だから、三年間はシーズンを棒に振って、四年目くらいから初心者コースでこわごわ滑りはじめました。

WTOが終わって、帰国したらもっとスキーをしようと思っていたんです。WTOの時はシャモニーとか日本でも有名なところに行っていましたね。もっとやろうと、張り切って帰ってきたら、罰が当たってずっとダメになっちゃった（笑）。

菊間　そうなんですね（笑）。先生はいまでもお酒をたくさん飲まれるんですか。

谷口　この頃はもうあまり飲めなくなったし、飲んでいませんね。特に昨年前立腺がんをやってからは、ほとんど飲まないようにしています。

菊間　今回お話しをお聞きするまで、それほどお酒がお好きとは知りませんでした。

谷口　学生の頃からですね。お酒なら何でもよかったです。あの頃は、ワインなんてあまり飲めなくて、学生は日本酒でしたね。焼酎はあまり飲まなかったな、やっぱり日本酒ですね。修習生の時もよく飲んでいましたね。

菊間　お食事は？　お肉も食べます？

谷口　お肉は好きですよ。

菊間　お肉を食べる方ってずっと元気ですよね。

谷口　そうかな。お肉を食べるといっても松尾先生みたいには食べないですけど（笑）。

菊間　松尾先生はすごく食べますよ（笑）。

谷口　おいしいお肉ならいくらでも食べられるかもしれないけど（笑）。お肉は高いし、私の家でも肉料理をそんなに毎日はしませんよね。

菊間　学生コンパの話がありましたが、先生は学生とよく付き合われたのですか。

▷▶写真11.7　第30回コーエイシア大会開会式での基調講演

▶2017年９月（東京）

谷口　そうですね。あの頃は私も元気だったから，ゼミ生も遊び仲間みたいな感じでした。コンパのあとカラオケに行って，一生懸命に歌詞を覚えたアダモの「雪が降る」をフランス語で披露したこともありましたね。東天王町と銀閣寺道の間くらいのゴーゴー喫茶にみんなで押し掛けて明け方まで踊ってましたね。まあ，学生をダシにしてこちらも楽しんでいたということです。

菊間　昔のことはこれくらいにして，先生の現在と将来のことについてお聞かせいただけませんか。

谷口　そうですね。えらく回顧的になってしまってすみません。現在は，ご存知のように，松尾綜合法律事務所客員弁護士ということで，事務所内にこじんまりとした部屋をいただいて，朝遅くからですが，晩は九時頃まで毎日，土・日も事務所で何かと仕事をしています。朝食後少しチェロの練習をすることにしているので，事務所到着が遅くなってしまいます。マンション住まいですから，この時間帯が一番近所迷惑にならないかと思って。

菊間　事務所の事件などはなさっていないですよね。

谷口　全然事務所の収入には貢献していません（笑）。経費ばかり使っています。それでも、置いていただいているのは、有難いことです。論文とまではいかない作文を頼まれたり、国際的な訴訟や仲裁の事件のために鑑定意見書を頼まれたり、お陰様で結構忙しくしています。日本銀行の役員の資産状況を監視する委員会の委員長を引き受けているので、日銀の担当職員の方が定期的に事務所に見えます。国際商事仲裁事件で仲裁人を頼まれることもたまにあります。

この九月には、東京で開かれた第三〇回ローエイシア大会の開会式で基調講演をしました（写真11・7参照）。ローエイシアの元会長の小杉先生、前会長の鈴木五十三先生に頼まれました。アジア諸国を中心に参加者一六〇〇名だったそうです。この開会式には、皇太子殿下ご夫妻のほか、各国の最高裁長官や弁護士会長が列席され、厳粛な雰囲気のなかで、二〇分ばかり同時通訳付きの英語で話しました。あとで、いろいろな方々から面白い話だった、と言っていただいたので、お世辞ではなく本音だと思うことにして安堵しています。

この基調講演のネタは、私がもう何十年も前からアメリカで日本法の講義をするときに、冒頭の教材として使ってきたウイグモアによる江戸時代の法制度の概観です。ウイグモアは、英米法を少し勉強した人なら誰でも知っている証拠法の大家で、彼が書いた『証拠法』という本は、彼の死後も代々改訂が加えられ分量も増え、証拠法の研究には欠かせない基礎文献です。

しかし、その同じウイグモアがハーバード・ロースクールを出て間もない一八九〇年代に、東京に三年間滞在して慶応大学で講義の傍ら、江戸時代の法制を熱心に研究したことは、あまり知られていません。彼は、その後イスラム法だとかケルト法だとか、人があまり研究しないものも研究して、一九二八年に『世界法制度のパノラマ』という本を書きました。私が持っている本は、一九三六年の改訂版です。

江戸時代の裁判は、イギリスと同じ先例拘束主義で、その時代に厳格に先例拘束を実践したのは世界中でイギリスと日本だけだったとか、秘密主義だったとか、和解主義だったとか、いろいろその後今日まで尾を引いている日本法の特色を述べてくれています。私の講演では、特に和解主義を取り上げて、明治初期の勧解制度とか大正時代にはじまり今日に至る調停制度の系譜などを述べて、江戸時代から今日に至る日本法の継続性を示唆しました。何分短時間なスケルトンの話でしたので、注を補充して雑誌『法の支配』に載せてもらう予定です（法の支配一八八号二九頁・邦訳三五頁〔二〇一八年〕に掲載）。

そうそう、将来のこともでしたね。サァー。これから何が出来るでしょうね。昨年から今年にかけて前立腺がんの治療をしたので、その副作用らしきものに悩まされています。親しかった方が何人か前立腺がんの転移で亡くなったので、転移がないうちにと思いました。加齢の効果もあるのでしょうが、足元がフラつきます。

菊間　先生は今もちょくちょく外国へいらしてますね。旅行はお好きなのですか。

谷口　旅行は好きですね。今までに八〇か国以上に行っています。足を踏み入れたことのある国をちょっと数えてみましょうか。国と地方という言い方で、香港なども一国と看做します。

アジア・オセアニアでは、中国、韓国、台湾、香港、マカオ、ベトナム、タイ、スリランカ、インド、パキスタン、ネパール、マレーシア、シンガポール、インドネシア、パラオ、オーストラリア、ニュージーランド、で一七国。

中近東では、イラン、バーレーン、サウジアラビア、イスラエル、レバノン、シリア、トルコ、ヨルダン、アルメニア、ジョージア、キプロス、で一一国。

東西ヨーロッパでは、イギリス、アイルランド、ポルトガル、スペイン、マジョルカ、フランス、ドイツ、スイス、オーストリア、イタリア、マルタ、チェコ、ロシア、ラトビア、イストニア、リトアニア、ハンガリー、ブルガリア、ルーマニア、スロベニア、クロアチア、ギリシャ、スエーデン、デンマーク、ノールウエー、アイスランド、グリーンランド、サンマリーノ、アンドラ、ルクセンブルグ、リヒテンシュタイン、で三一国。

アフリカでは、インド洋の島も含めて、エジプト、モロッコ、チュニジア、レユニオン、モーリシャス、マダガスカル、ケニア、モザンビーク、ザンビア、ボツワナ、ジンバブエ、南アで一二国。

南北アメリカでは、カナダ、アメリカ、メキシコ、グアテマラ、ベリーズ、コスタリカ、コロンビア、ベネズエラ、ブラジル、ペルー、ボリビア、チリ、アルゼンチン、パラグアイ、で一四国。

で、計八六国ですかね。死ぬまでに一〇〇国は無理でも、九〇国は行けそうかな、と欲を出しています。来年（一九一八年）のローエイシア大会は、カンボジアのアンコールワット近くのホテルであるそうで、楽しみにしています。カンボジアはまだ行ったことがないので、ついでにラオス、ミャンマー、ブータンを狙っています。これで四つ増えて九〇になりますね。全くの観光だけの旅行はしていません。どこかで学会などがあると、それに出席がてら近隣の国を廻るという方針です。

今年（二〇一七年）も、九月にアイスランドのレイキャビックで国際商事仲裁の研究会があったので、足はフラフラながら、余分に日を取ってアイスランドに出かけ、ついでにグリーンランドに日帰り旅行をして、イヌイットの村落を訪ね、氷塊が浮かぶ入江をモーターボートで渡りました。アイスランドは火山島で、アメリカとヨーロッパを結ぶ航空路の真上にあって、何年か前、火山が噴火したとき、噴煙で空路が妨げられたことがありました。今は大丈夫です。地熱発電が盛んなため、電力は世界一安いそうです。美しい自然が印象に残っています。一〇メートル以上噴き上がる名物の間歇泉は凄かったですが、期待したオーロラ鑑賞ツアーは空振りでした。有名なロシアのピアニストのアシケナージの奥さんがアイスランド人だそうで、アシケナージが設計に関与したという立派なホールでコンサートを聴けたのも収穫でした。

まあ、今のところは足元フラフラながら、何とかこのように元気にしています。でも、いつまでもつか、怪しくなってきたことも自覚しています。三歳下の家内も病院通いしていますので、そのうち老老介護ということになるのでしょうか。四、五歳年長の松尾翼先生も花見忠先生も、すこぶるお元気なので、何とかあやかって、少なくとも孫が大学へ行くまであと五、六年くらいは頑張りたいと思っています。

菊間　ありがとうございました。お話はつきませんが、予定された時間も過ぎましたので、そろそろこのあたりで、お話をお伺いするのを終えることといたします。谷口先生、どうもお疲れさまでした。

【聞き取り――二〇一七年六月～一〇月】

オーラル・ヒストリーの聞き役を終えて

菊間　千乃

　暑い夏だった。事務所中の扇風機を会議室に集めて（休日のクーラーのつけ方を谷口先生も私も知らなかった……）、谷口先生の幼少時代のお話しを聞きながら、戦前の京都の街並みに思いを馳せた。谷口先生のお話は、全てのエピソードがとても具体的で、思わずインタビュアーという立場を忘れて、聞き入ってしまうことがしばしばであった。あたかも自分がその時代にタイムスリップしたような感覚。

　京都の街中にある六五〇坪あまりの大きなお屋敷で、庭の池の方から家を覗くと、ピアノを弾いている安平少年が目に浮かんでくる。お兄様と夜な夜な宝くじを売っていた話し、お父様と英語の授業を受けていた話し、司法試験のために東京に上京した時の話し、いつの時代の安平少年も、一生懸命何かに没頭するというよりは、どこか飄々と、軽やかに激動の時代を泳ぎ切っているのである。

　今の谷口先生も、同じである。事務所の仕事を担当なさることはないので、普段はあまりお話をする機会がないのだが、お昼頃にふらふらっと出所なさったかと思うと、夕方頃、蝶ネクタイをつけて、「蝶ネクタイの会合に行くんですよ～」と嬉しそうに事務所を去っていく。週末は事務所の一番奥の谷口先生の部屋の明かりだけが、夜遅くまでついていることもある。そして、今現在も毎年数回は、海外の大学で教えるため、会議に出席するため、と、飄々と海外に飛び立っていかれるのだ。

大学教授という職業は、一か所に腰を据えて、ものすごい集中力で資料を集め、分析し、論文を書いていくことが仕事だと思っていた。もちろん、そういう意味での谷口先生の大学教授としての素晴らしい功績は、わざわざ私がここで述べるまでもないであろう。しかし、谷口先生の素晴らしさはここにとどまらない。前世は遊牧民であったのか、と思うほど、一か所にとどまらず、声を掛けられるまま、興味の赴くままに、世界中を飛び回り、各地で確実な成果を上げていらっしゃるのである。とてもお忙しいはずなのだが、焦ってバタバタしている様子をお見かけしたことは一度もない。谷口先生の周りだけ、時間の進み方が違うよう。ものすごい功績を成し遂げられていらっしゃるにもかかわらず、それを自慢することもなく、いつもニコニコ、飄々と。

インタビュー中も「わりあいできたみたいです」等とおっしゃりながら、英語、フランス語、ドイツ語、ピアノ、チェロ、司法試験、倒産法、民事訴訟法と次々に大きな山を、軽々と制覇してこられたお話をお聞きした。普通の人がこういう話をすれば、自慢話のようになるのだが、谷口先生クラスになると、もはや、自慢でもなんでもなく、事実だからしょうがない、ということになる。こういう才能にあふれた方がいらっしゃるのだなぁとため息が続くインタビューの中で、私が唯一聞き出せた谷口先生の「あれはできませんでしたね」という言葉は、ジャズピアノに関してであった。それだけなのである。

当事務所には八〇越えの弁護士が三名いる。代表の松尾弁護士、労働法の花見弁護士、そして谷口先生である。私が入所するとき、松尾弁護士に言われた入所の条件は、"endless curiosity"であった。そして、この三名の大先輩に共通することは、若手を圧倒的にしのぐ"endless curiosity"を持ちあわせているということである。好奇心の幅で言えば、間違いなく谷口先生がダントツ№1であろう。その生きざまに、我々若手はいつも大いに刺激を受けている。

こういった本にご自身の半生をおまとめになられても、まだまだ谷口先生の学者としてのお仕事が終わるということではないだろう。世界中から請われる存在とは、本当に稀有で素晴らしい。くれぐれも、お身体をご自愛なさって、いつまでも好奇心の赴くままに、飄々と歩み続けて頂きたいと切に願う次第である。

谷口先生の教え子の方のほうが、インタビュアーとしては最適ではないかと思ったのだが、あえてほとんど谷口先生のバックボーンを知らない私をインタビュアーに指名するあたりも、谷口先生の好奇心のなせる業なのであろう。読者の皆様には、「もっとここは突っ込んで聞かないと」などという箇所が散見されると思うが、なにとぞご容赦頂き、さらなる詳細は、谷口先生ご本人に直撃して頂きたく。

日本を代表する素晴らしい学者であり、事務所の大先輩である谷口先生のこのような素晴らしい本の作成に携わる機会を頂き、身に余る光栄である。

【きくま・ゆきの　弁護士・松尾綜合法律事務所】

跋文

小杉　丈夫

まことに羨ましい人生である。御本人の才能もあるのは勿論であるけれども、家庭環境、学究としての生活、多くの人との出合いとつながり、どれをとっても恵まれている。これだけ多くの体験をされながら、大きな波乱や挫折がない。民訴法改正における国会の参議院法務委員会の発言で、三ヶ月章先生と法務省の怒りを買って、法務省出入り禁止になった件でも、その後、法務省と疎遠になったことが、かえって経済産業省との関係につながり、WTO上級委員、更には、シンガポール国際商事裁判所判事に就任という、未知の世界での新たな発展と活躍につながっている。

「終わりなき好奇心」という題名そのままに、あれこれ色々手を出されて、あれほど多忙な日々を送られながら、研究生活では、『民事手続法論集全五巻』を物され、『倒産処理法』、『口述民事訴訟法』の著作、その他、日本語、外国語による多数の論文の発表という、民事訴訟法学者として業績を残されている。谷口先生の学問的な業績を云々できる立場にはないけれど、歴史的にドイツ法の系譜の狭隘な民事訴訟法の分野に、アメリカ法の研究成果、アメリカやヨーロッパでの生活体験、人との交流から得られたものを、説得力のある形で採り込まれ、本物の比較法の成果を示されたことに谷口先生の真骨頂があると思う。「フェアネス」や「手続的正義」の論文は正にその典型であるが、そのような論文だけでなく、御自身の、物事の分析の視点や、論ずべきテーマを選び出す思考過程などに、このことが随所に現れている。中国で爆発的な人気を呼んだ「程序的正義与訴訟」にしても、大陸法を十分に咀嚼したうえで、英米法の考え方と見事に調和させた、世界どこでも通用する素晴しい内容である。

ジェローム・コーエン教授、マウロ・カペレッティ教授との出合いと、その後の長い交流も素晴しい。谷口先生御自身に、それを可能にするものが備わっていなければ、このような長年の密な関係は続かない。コーエン教授とは、私も、松尾弁護士も、それぞれ違った形で深い交流がある。同じ事務所に所属する三人が、全く違う出合いをしながら、同じアメリカ教授と半世紀に近い交遊を続けているのは、まことに珍しく、また有難いことである。

谷口先生は、学究生活ばかりでなく、WTO上級委員、シンガポール国際商事裁判所判事、国際仲裁の仲裁人という法律実務を経験されているが、司法修習生の課程を修了されていることが、大いに役立っているのではないかと推測する。裁判官志望であったのに学究の道に進まれたということだが、おそらく、裁判官になられても、立派に裁判実務をこなされたと思う。しかし、弁護士業は無理ですね。弁護士業に好奇心を示されなかったのは賢明でした。

感心するのは、一旦、自分の部屋でパソコンの前に坐られると、それこそ何時間も動かずに、仕事に集中されることである。これがなければ、学問的にも、実務家としても、成果をあげるのは到底難しい。それにしても、端から見ていると、他人が手を出さないようなことを、些末なことでも、大きなことでも、頼まれると、いとも簡単に引き受けられる。断るのは下手とお見受けしました。二〇年がかりの **Hattori-Henderson, Civil Procedure in Japan** の改訂作業もそのようなことの一つでしょう。

「フラフラとよく外国に出かけた谷口君」、京都大学時代の谷口先生を揶揄された奥田昌道（京大名誉教授、元最高裁判事）の言葉である。その行動パターンは今も変らない。とにかく、外国には嬉々として出かけられる。WTO上級委員や、シンガポール国際商事裁判所判事を二つ返事で引受けられた理由の一つに、この外国好きがあることは間違いない。今までに訪れた国は八〇を超えるというから驚きである。昨年も、谷口先生の外国旅行好きのお蔭で、大変な目にあった。昨年九月、東京で第三〇回ローエイシア東京大会が挙行された。谷口先生には、皇太子殿下・雅子妃殿下の御臨席を仰いだ開会式での基調講演をお願いした。一年前から講演を依頼し、原稿（英語版と日本語版）を、余裕をもって提出していただくことになっていた。ところが、大会が近づいても原稿が出てこないばかりか、あろうことか、直前に、国際商事仲裁関係の学会のため、アイスランド旅行に出かけられてしまった。ようやく帰国されたのが大会一週間前、講演原稿が同時通訳者に手渡されたのは、実に、講演当日であった。両殿下の御日程について、東宮御所と分刻みの綿密な打合せをしていた大会副委員長の私は冷汗をかいた。普通の人は、皇太子殿下・妃殿下の面前での講演を引き受けたら、こういう行動はとらない。まことに、おおらかというか、浮世離れというか、とにかく、いささか世間の常識に外れたところがある。前述の参議院法務委員会での谷口先生の発言の後、中野貞一郎先生が、帰りのタクシーの中で、「谷口さんは、自由な立場だからいいですね」としんみりといわれた、というのは、まことに、むべなるかなで、三ケ月章先生を補佐して法案のとりまとめに苦労されていた、中野先生の心中を察して余りあるものがある。

谷口先生の名誉のために申せば、谷口先生のローエイシア大会の基調講演は、アメリカの法学者 John Henry Wigmore の徳川時代の日本法研究を引用しつつ、日本の法の根底にある和解好き、先例遵守などに触れられたレベルの高いもので、各国最高裁長官を始めとする外国の参加者にも、日本の参加者にも、大変好評であった。皇太子殿下も、御退場の際、後ろに従う山岸憲司大会委員長を振り返えられて、「よかったですね」と、一言、感想を洩らされたそうである。

音楽が生活の一部になっている。よく演奏会にも行かれるし、御自身でチェロを演奏される。毎日、事務所出勤前にチェロの練習をしてこられるという。「その時間帯が一番近所に迷惑をかけない」そうである。

二年前、谷口先生の傘寿、叙勲、シンガポール国際商事裁判所裁判官就任の三つをお祝いして、谷口先生の京都大学時代のゼミ生を中心に、祝賀会を開催することができた。孫の有希ちゃんから花束を手渡され、大勢の出席者の前で、お嬢様の朋子さんのバイオリン、坂本利彦氏のピアノとの共演を楽しまれる様子をうれしく拝見した。それにしても、この勝手気ままな自由人を、長年支え続けてこられた明子夫人はえらいですね。

ますます、お元気に活躍されることを祈っております。

【こすぎ・たけお　弁護士・松尾綜合法律事務所】

あとがき

出版工房ひうち《燧》の編集者・秋山泰さんから、オーラル・ヒストリーを作りませんか、とお話があったので喜んでお引き受けした。私も随分長生きをしてその間色々なことがあったので、これを喋って人様にも見て欲しいという自己顕示欲も起こってきたし、この歳になって、自分自身の過去の再確認という期待もあった。もうかなり前に、私の古稀のお祝いをしてもらったとき、スピーチをお願いした奥田昌道先生が開口一番「フラフラとよく外国に行った谷口君」と皮肉交じりに仰った。私がよく外国に行くのに批判的だった家内からは、あとで「やっぱり奥田先生も仰ったでしょ！」と念を押された。確かに、奥田先生は批判を込めて言われていたようであったから、そのような方は同僚の中に多かったに違いない。

改めて、読み直してみると、確かによく外国に行ったな、と思う。今となって、反省してもしようがないので、外国行きは私の現在を作ってくれた一要素であると居直って、積極的に考えておきたい。今や、人生の末路に差し掛かって思うことは、ご多聞に洩れず、若い時にもう少し本気で頑張っておくべきだった、ということである。しかし、振り返って後悔することはしたくない。人生の時間は限られているから、もし出来なかったことをしていたら、出来たことのうち何かができなかったであろう。思い返してみると、したことはみなそれなりに良かったと思えるから、それのどれかをしないで他のことをしたとしても、人生の大勢は変わらなかったのではないか。それに、したいと思ってもできるとは限らない。済んだことは済んだこととして、これからは、あまり欲を出さず、このまま行きつくところまで流れて行くほかない。まだこれから、途中で橋桁に当たって沈没するのか、無事に河口まで辿り着いて大海原の海底に静かに沈むことになるのか。最近の洪水のテレビ画面を見て思ってしまった。

幸い、今のところは、年なりの健康にも恵まれ、この松尾綜合法律事務所に一室を与えられて、事務所の経営とは無関係な日々を送らせてもらっている。同年の多くの人達が自宅で身を持て余しているなかで、有難いことである。仕事としても、シンガポール国際商事裁判所判事と日本銀行の金融取引等審査委員会の委員長を今もさせてもらっており、新年には必ずシンガポールへ出かけて裁判所を中心とする法曹の新年行事に参加して、大統領官邸で夕食会に参加するし、東京の事務所に居ながら、時々はビデオ会議で事件の審理もする。日本銀行の職員が定期的に事務所に見えて、総裁以下理事者の個人資産の状況について報告をして下さる。何年か前に日銀理事者の個人的な投資取引が国会で問題になったことがあって、それを機に作られた制度である。確かに一定の効果はあるであろう。しかし、他人の懐の中を見せてもらうのは複雑な気持ちである。

これからまだどのくらい生きられるか、正確には、生きているらしく生きられるか、を考えざるを得ない。高校時代からの親友二人もかなり前に死んでしまったし、司法修習同期だった同年の元裁判官も施設に入ったというのでお見舞いに行ったら、認識はしてくれたようだが、会話はできない状態であった。いつ何があってもおかしくないこの時期に、自分のオーラル・ヒストリーの出版を見届けることができるのは真に幸運なことと言うほかない。年寄りの自慢話に類する話が多くなってしまったし、当然ながら、恥ずかしくて話したくないことや、諸般の事情で話せないことも多くあったことを告白しておきたい。それでも、私のことをご存知の方々、名前だけは知っていて下さる方々、さらには、この本で私の名前を知ったという皆さんにも、少しでも「面白い」と思って頂けたら幸いである。

末筆になってしまったが、本来の業務で多忙な菊間千乃弁護士が多大の時間を割いて協力して下さったことに感謝したい。菊間さんはごく自然に色々なことを私から聴きだして下さり、さすがはプロと改めて認識させられた。また、日常業務で多忙な松尾翼弁護士と小杉丈夫弁護士から丁寧な序文と跋文を頂いたことに感謝する。

最後に、オーラル・ヒストリーの試みとして私に白羽の矢を立ててくださった編集者の秋山泰さんにも感謝したい。

谷口　安平

二〇一八年七月

谷口《たにぐち》　安平《やすへい》

■略歴

昭和９年12月26日（1934年）	京都で出生。父・知平，母・三保子
昭和22年３月	京都市立銅駝小学校（入学時は国民学校）卒業
昭和25年３月	京都市立銅駝中学校卒業
昭和28年３月	京都府立鴨沂高等学校卒業
昭和32年３月	京都大学法学部卒業
昭和32年４月	司法研修所入所（第11期）
昭和34年３月	法曹資格取得
昭和34年４月	京都大学法学部助教授
昭和36年４月	島田明子と結婚
昭和38年６月	カリフォルニア大学バークレイ法学修士課程卒業（L.L.M. 1963）
昭和39年９月	コーネル大学法学博士課程卒業（J.S.D. 1964）
昭和40年８月	長男安史：誕生
昭和43年１月	長女朋子：誕生
昭和45年９月	ハーバード大学 Law School 有給研究員（Research Associate）（昭和46年９月まで）
昭和46年４月	京都大学法学部教授（昭和67年より組織変更により大学院法学研究科教授）
昭和51年１月	司法試験第二次試験考査委員（昭和61年12月まで）（但し，昭和52〜55年を除く）
昭和51年９月	ミシガン大学 Law School 客員教授（昭和52年７月まで）
昭和52年８月	フンボルト財団研究員としてケルン大学で研究（昭和53年８月まで）
昭和54年２月	京都府地方労働委員会公益委員（平成４年12月まで（昭和60年より同会長））
昭和57年７月	法制審議会強制執行法部会幹事及び委員（平成８年10月まで）
昭和58年５月	京都弁護士会綱紀委員会参与員（平成５年11月まで）
昭和60年１月	カリフォルニア大学バークレイ Law School 客員教授（同年４月まで）

昭和60年５月	法制審議会民事訴訟法部会委員（平成９年６月まで）
昭和61年４月	（財）民事紛争処理研究基金評議員 （現在まで（平成11年より14年まで理事））
昭和62年９月	デューク大学 Law School 客員教授（同年10月まで）
平成元年３月 （1983年）	京都機会均等調停委員会委員 （平成８年３月まで（平成５年より同会長））
平成２年１月	香港大学法学部客員教授（同年２月まで）
平成２年５月	商事仲裁国際協議会（ICCA）理事（平成23年から顧問）
平成２年８月	ジョージタウン大学 Law Center 客員教授（同年10月まで）
平成３年２月	スタンフォード大学 Law School 客員教授（同年３月まで）
平成３年７月	マードック大学・メルボルン大学法学部客員教授（同年９月まで）
平成３年12月	京都地方裁判所簡易裁判所判事推薦委員会委員（平成12年まで）
平成４年９月	民事訴訟法学会理事長（平成７年５月まで）
平成５年１月	バーバード大学 Law School 客員教授（同年12月まで）
平成５年１月	ニューヨーク大学 Law School 客員教授（同年６月まで）
平成６年12月	（社）国際商事仲裁協会理事（現日本商事仲裁協会） （平成12年から顧問）
平成７年２月	ニューヨーク大学 Law School 客員教授（同年４月まで）
平成７年９月	International Association of Procedural Law 副会長（平成19年９月まで）
平成８年１月	ニューヨーク大学 Law School 客員教授（同年３月まで）
平成８年３月	パリ第12大学法学部客員教授（同年４月まで）
平成９年１月	ニューヨーク大学 Law School 客員教授（同年４月まで）
平成10年３月	京都大学定年退職
平成10年４月	帝京大学法学部教授 弁護士登録（東京弁護士会所属），松尾綜合法律事務所入所（現在まで）
平成12年３・４月 （2000年）	帝京大学退職，東京経済大学現代法学部教授
平成12年６月	WTO（世界貿易機関・ジュネーブ）上級委員会委員（平成19年12月まで）（平成16年12月より同17年12月まで同委員長）
平成15年５月	国際商業会議所（ICC）世界ビジネス法研究所理事（平成20年10月まで）
平成17年12月	（社）日本仲裁人協会（JAA）理事長（平成25年３月まで）
平成18年３・４月	東京経済大学退職，専修大学法科大学院教授（平成21年３月まで）
平成21年７月	シドニー大学特別客員フェロー（同年８月まで）
平成21年９月	ハワイ大学 Law School 客員教授（同年10月まで）
平成22年９月〜	日本銀行金融取引等審査委員会会長（現在まで）
平成22年10月	サンタクララ大学 Law School 客員教授（同年11月まで）
平成24年１月	サンタクララ大学 Law School 客員教授（同年２月まで）
平成26年２月	ハワイ大学 Law School 客員教授（同年３月まで）
平成26年10月	北京精華大学法学院客員教授（同年11月まで）
平成27年１月〜	シンガポール国際商事裁判所判事（現在まで）

■受賞・叙勲　外務大臣賞・瑞宝中綬章

■主要著書

現代憲法裁判論　(有斐閣, 1974年)　マウロ・カペレッティ著, 佐藤 幸治氏と共訳
倒産処理法 (現代法学全集)　(筑摩書房, 1976年)
演習 破産法 (法学教室選書)　(有斐閣, 1984年)
口述 民事訴訟法 (口述法律学シリーズ)　(成文堂, 1987年)
裁判とフェアネス　(法律文化社, 1998年)　坂元和夫氏と共編著
民事紛争処理　民事手続法論集 第3巻　(信山社, 2000年)
民事執行・民事保全・倒産処理〈上〉　民事手続法論集 第4巻　(信山社, 2001年)
民事手続法の基礎理論Ⅰ　民事手続法論集 第1巻(上)　(信山社, 2013年)
民事手続法の基礎理論Ⅱ　民事手続法論集 第1巻(下)　(信山社, 2013年)
多数当事者訴訟・会社訴訟　民事手続法論集 第2巻　(信山社, 2013年)
民事執行・民事保全・倒産処理〈下〉　民事手続法論集 第5巻　(信山社, 2013年)
国際商事仲裁の法と実務　(丸善雄松堂, 2016年)　鈴木五十三氏との共編著

【著者】

谷口　安平（たにぐち・やすへい）

京都大学名誉教授／シンガポール国際商事裁判所判事，
弁護士（松尾綜合法律事務所）〔詳細は略歴を参照〕

【聞き手】

菊間　千乃（きくま・ゆきの）

弁護士（松尾綜合法律事務所）

谷口安平オーラル・ヒストリー
終わりなき好奇心
―グローバル・ジュリストへの軌跡―

2018年11月10日　初版第1刷印刷
2018年11月20日　初版第1刷発行

著　者　谷口　安平
聞き手　菊間　千乃

発行所　(株)北大路書房
〒603-8303　京都市北区紫野十二坊町12-8
電　話　(075) 431-0361(代)
ＦＡＸ　(075) 431-9393
振　替　01050-4-2083

企画・編集　秋山　泰：出版工房　燧（ひうち）
装　　丁　上瀬奈緒子：綴水社
印刷・製本　モリモト印刷（株）

ISBN 978-4-7628-3043-3　Printed in Japan©2018
検印省略　落丁・乱丁本はお取替えいたします。